体育・スポーツ科学概論

体育・スポーツの新たな価値を創造する

福永哲夫・山田理恵・西薗秀嗣　編

大修館書店

はじめに
体育・スポーツの新しい価値創造に向けて
社会に必要なリーダーとしての能力を

　体育・スポーツ科学は，人間が健康で文化的な生活ができるように，身体を育成することを対象とした学問領域であるといえます。近年のめざましい科学技術の発達は，日常生活における身体運動の機会を著しく減少させる傾向にあります。このような社会生活では，身体の機能は低下し，「動けない身体」になってしまいます。その結果，慢性的な運動不足からくる生活習慣病やさまざまな健康障害を引き起こします。

　そこで，「動ける身体」をつくるためには，日常生活において「身体を動かす工夫」をする必要があります。人間としての理想的な身心と精神を創造するための知識と技術は，これからの人類の存続のためにもなくてはならない資質です。高度な生活の質（High Quality of Life：HQOL）を獲得するためには「動ける身体」に関する知識と技術が必要なことはいうまでもありません。また，さまざまな人間関係の不具合などは，人と人とが直接触れ合うコミュニケーションの不足により引き起こされている深刻な問題と考えられています。

　このような社会現象を改善し，健康で文化的な社会生活を遂行するには，人々がお互いを尊重しながら助けあい，融通しあいながら，自己主張できるような資質が必要になります。体育やスポーツは，このような資質を育成する最適な環境であるといえます。体育・スポーツ科学の研究者は，体育やスポーツに関するさまざまな事象を対象として，「身体を動かす」メカニズムの解明やその具体的方法，「身体を動かす」ことの意義や可能性について，最先端の手法を用いて追究しています。

　本書では，このような体育・スポーツ科学の成果に基づき，人間の身体や身体運動をめぐる諸事象について，人文・社会科学的立場から自然科学的立場に至るさまざまな観点からアプローチしています。本書が，体育科教師やスポーツの指導者を目指して体育・スポーツ科学を専門に学んでいる学生はもとより，体育・スポーツに関連する職業の方々，さらには体育・スポーツに関心のある一般の読者の方々にとっても，現代の体育・スポーツの背景を理解し諸問題を考察するうえで大いに資するよう，内容を吟味し構成しました。

　本書を通して，読者の一人ひとりが，それぞれの立場から体育・スポーツの新しい価値を創造し，人類の生活を健康で文化的にするための社会のリーダーとしての存在を確かなものにすることを期待しています。

2011年3月　　　　　　　　　　　　　　　　　　　　　　　　　　　　編著者

目　次

第1章　「体育」「スポーツ」と科学 …………………………………… 1
　1 体育・スポーツを科学的に研究すること　1
　2 体育・スポーツ科学の専門性と領域　9

第2章　「体育」の概念 …………………………………………………… 13
　1 「体育」とは何か　13
　2 用語「体操」と「体育」　19

第3章　「スポーツ」の概念 ……………………………………………… 23
　1 「スポーツ」とは何か　23
　2 用語「スポーツ」の概念史と日本的受容　30

第4章　「スポーツ」と倫理 ……………………………………………… 35
　1 「スポーツマンシップ」の登場と展開　35
　2 筋肉的キリスト教とその思想―近代スポーツへの影響―　40

第5章　「プレイ」とは何か―遊戯論とスポーツ― ………………… 45

第6章　「競争」とは何か ………………………………………………… 55
　1 近代スポーツと「競争」　55
　2 なぜ「競争」するのか　60

第7章　「身体」の多様性―近現代における「身体」― …………… 67

第8章　日本における学校体育の展開 ………………………………… 75
　1 近代学校体育の成立と展開　75
　2 欧米スポーツの移入と運動会　84
　3 体育教師養成史　90
　4 舞踊教育と児童の遊戯　99
　5 体育科教師の役割と課題　105

第9章　現代のスポーツ振興政策 ……………………………………… 111
　1 諸外国のスポーツ振興政策　111
　2 日本のスポーツ振興政策　115
　3 スポーツと法　119

第10章 総合体力とトレーニングの科学 ……………………………… **131**
1 「体力」を考える　131
2 体力と競技成績とトレーニング科学　135
3 トップアスリートのサポートシステム　137
4 スポーツの広がり―産業界・学術・行政　139

第11章 子どもと体育・スポーツ ……………………………………… **141**
1 子どもの発育　141
2 子どもの体力・運動能力とスポーツ　145
3 子どものスポーツと障害（外傷と障害）　148

第12章 高齢者・障害者とスポーツ …………………………………… **153**
1 高齢化社会とスポーツ　153
2 障害者スポーツの過去・現在・未来　160

第13章 運動文化の意義と効用 ………………………………………… **169**
1 日本の伝統武道の歴史　169
2 薩摩藩の郷中教育と身体鍛錬　176
3 日本の伝統スポーツの変遷　178
4 俘虜(捕虜)生活とスポーツ　185
5 儀礼としてのスポーツ　188

第14章 オリンピックと現代 …………………………………………… **193**
1 オリンピックの展望と課題　193
2 「21世紀オリンピズム」の構築　202

参考資料：スポーツと法　213
さくいん　223

コラム
- 競争×共同＝？　65
- イギリス・スポーツ団体におけるチャイルドプロテクション　130
- 歴史の中のボールマニア　192
- ネメア競技祭　209
- 金メダリストになるために　210
- ドーピングの現状と課題　211

第1章

「体育」「スポーツ」と科学

本章のねらい

　健康で文化的な生活を遂行するためには歩行，走行，椅子立ち上がり等，日常生活を構成するさまざまな身体運動をこなさなければならない。身体は動かなければ退化し，適切な運動によりその機能は向上する。一方，野球など一定のルールの下に勝敗や記録を競う文化としてスポーツ競技が存在する。このように，体育，スポーツ，身体運動など人間が動くことに関連したさまざまな現象を科学的に解明し，健康で文化的な生活を保障するための科学が体育・スポーツ科学である。本章では体育・スポーツ科学が取り扱う内容を明らかにし，その専門家としての資質を考える。

　キーワード：体育・スポーツ科学，科学的指導，競技スポーツ，健康スポーツ，教養スポーツ

1 体育・スポーツを科学的に研究すること

［1］スポーツの意義

　健康的で体力のある身体は多くの人の願いである。このような身体を作り上げていくには，健康・体力に関しての理論的に明らかにされている原理原則に従って身体運動・スポーツを実践していかなければならない。一般に，野球，テニス，サッカーなどは「スポーツ」と呼ばれ，散歩，ジョギング，山登り，ストレッチングなどは「身体運動」とか「エクササイズ」とかの言葉で表現されているようである。しかし，1992年の「新ヨーロッパスポーツ憲章」では，「スポーツ」を「体力向上，精神的充足感の表出，社会的関係の形成，および競技力向上を目的とするあらゆる身体活動の総体」と定義している。この定義に従えば，健康のためのジョギングや山登りやストレッチも「スポーツ」に含まれる。

　本章においてもこの「新ヨーロッパスポーツ憲章」の定義に従い「スポーツ」を「パフォーマンス向上のため，健康つくりのため，および人間としての教養の形成のためのあらゆる身体運動」と定義して用いることにする。

　そこで，スポーツを実施する際の動機あるいは目的として，以下のものが考えられる（図

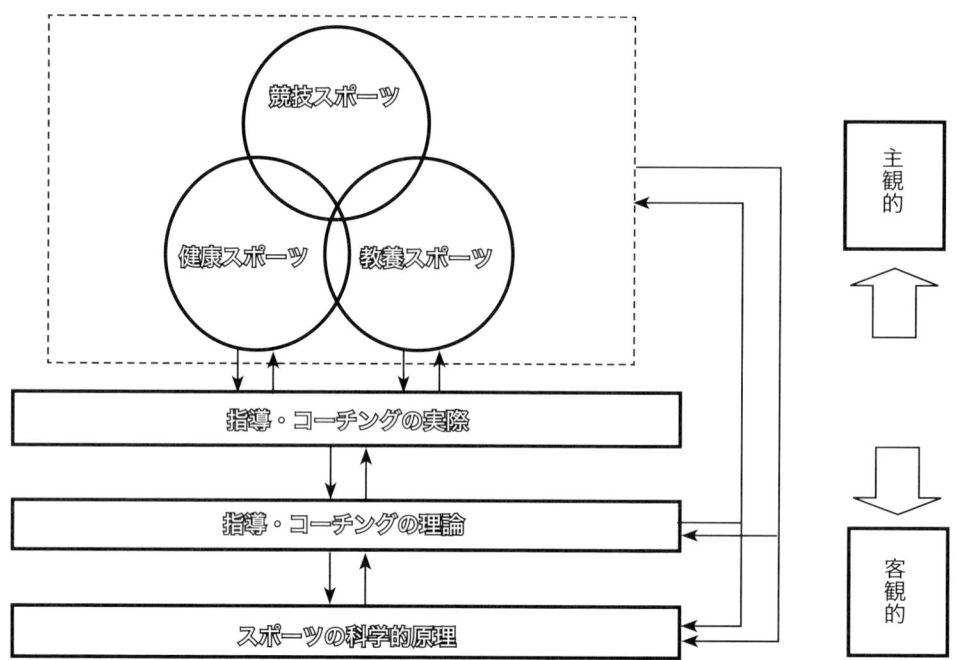

図1-1 スポーツをめぐる指導，実践，科学的原理 (福永, 2009)

1-1)。

①競技としての記録や勝利をめざして（競技スポーツ）

②健康つくりのために（健康スポーツ）

③文化的な人間生活をめざして（教養スポーツ）

それぞれの目的相互の間には密接な関係がある。たとえば，「競技スポーツ」の代表であるオリンピック選手が，勝利をめざして記録の向上を願い，連日激しいトレーニングを実施している場合でも，健康を維持増進する「健康スポーツ」の側面がなければ，障害や病気に悩まされ，トップレベルを持続できないであろう。さらには，仲間と仲よくプレイする側面や，自らの人間性を磨く「教養スポーツ」の側面が必要な場面も多い。

一方，健康のためのジョギングやウォーキングを実施する「健康スポーツ」の領域においても，仲間と競争するような側面（「競技スポーツ」の側面）があったほうが楽しく長続きできる場合が多い。

さらに，「競技スポーツ」「健康スポーツ」とは別に「教養スポーツ」の観点から，仲間と楽しくプレイをする，新しいスポーツ技術を獲得する楽しみを味わう，気分を転換する，人間性を涵養するなどの目的を意識しながらスポーツする人も数多く存在する。これは，モーツァルトを聴く楽しみ，ゴッホを鑑賞する楽しみ，外国語を読み書き喋る楽しみなどと同等のものである。つまり，人間の教養としてのスポーツを実施する側面である。教養とは「単なる学殖・多識とは異なり，一定の文化理想を体得し，それによって個人が身につけた創造的な理解力や知識である。そして，その内容は時代や民族の文化理念の変遷に応じて異なる」（広辞苑）と定義されている。スポーツをこのような概念でとらえて

実施するのは「競技スポーツ」や「健康スポーツ」とは異なる。つまり,「教養スポーツ」とは「理想的身体を意識,理解し,それを創造するための知識と技術の獲得を目的としたスポーツ」(福永,2003)と定義される。最近の多くの大学で行われているスポーツを観察すると,いわゆる運動部にあまり人が集まらず,同好会サークルに多くの学生が参加する傾向があるといわれている。この現象は多くの大学生が「教養スポーツ」を体験していることを意味し,「教養スポーツ」の社会的意義が高いことを象徴するものであろう。また,中高齢者のスポーツには,健康を維持したり,病気にならないようにするための運動(「健康スポーツ」)が多くを占めるが,仲間とスポーツを楽しんだり,よりよい姿勢や体型を保つことや,機敏な動きができるようになることなどの「教養スポーツ」の側面も高齢者の生活の中で重要な意味を持つ。つまり,「健康スポーツ」は Quality of Life(QOL＝生活の質)をめざし,「教養スポーツ」はより高い QOL (High Quality of Life; HQOL)(福永)をめざすものであるといえよう。

このように「競技スポーツ」「健康スポーツ」「教養スポーツ」と大きく三概念でのスポーツを考えてみたが,いずれにせよ,それぞれの間には密接な関係が存在することは前述の通りである。

ここで筆者個人の場合を振り返ってみたい。子どものときから運動することが好きで,学校での体育の時間を楽しみに毎日を生活していた。これは,跳び箱を跳ぶ面白さや,ボールを投げたり蹴ったりする,逆上がりができるなどのさまざまな身体運動での動きの獲得や,できなかったことができるようになる喜びを求めてスポーツをしていたものである。これは「教養スポーツ」の範疇に入ると思われる。その後,小学校高学年から中学校にかけては陸上競技短距離走とバレーボール競技が面白くなり,学校での運動部活動に精出し,勝つための努力をしてきた。また,高校,大学からはラグビー競技に熱中し,勝利にこだわってスポーツを実施した時期があった。「競技スポーツ」への興味である。成人になってからは,テニス,サッカー,ゴルフなどに興味がわき(「健康スポーツ」「教養スポーツ」),さらに,テニスやゴルフで仲間に勝つために,壁打ちでストロークの練習をしたり,ゴルフ練習場でショットの練習をしたものである。それらのことは,同時に自らの「健康」にもつながったことを考えると,「健康」と「競技」とが同居する感じでスポーツに親しんできた。60歳を過ぎてからも「教養スポーツ」および「健康スポーツ」を主な目的としながらも「競技スポーツ」の側面を忘れることはできない。競争する意識は人間の本能によるものであろう。いずれにせよ,スポーツを実施する場合,多くは「競技スポーツ」「健康スポーツ」「教養スポーツ」が混在して行われていると考えられる。

スポーツとはつまり,人間が生きていく上で欠かせない文化であり,将来に向かって人類生存の必修な財産として,時空を超えて引き継がれていくものであろう。そのためには,「競技」「健康」「教養」スポーツに関わるさまざまな問題(ドーピングなど)を適切に解決するための理論と実践を踏まえた科学的なアプローチ(体育・スポーツ科学)が必要である。

［2］スポーツにおける主観と客観

　スポーツを実施する場合にはさまざまな言葉が使用される。たとえば，「腰を入れて踏み切る」「ボールに体重を乗せる」「ボールが伸びる」「鞭のように腕をしならせる」「手首をやわらかく使う」など。このようなスポーツの場面で使用される言葉は，そのほとんどが主観的な「感じ」を表すものである。しかし，その言葉の意味が通じるためには「動きのイメージ」が共有できなければならない。さまざまな動きのイメージや動きの感覚が共有されて，はじめて上記のような言語が通じることになる。キャッチボールをしたことのない人は，「投げられたボールが伸びる」といっても意味が通じないであろう。

　一方，スポーツを科学的に分析したり統合することは，自然科学的，人文・社会科学的手法を用いて行われるが，そこでは正確に定義された客観的な言葉，数字や図表が共通の言語として使用される。スポーツのさまざまな科学的原理や原則は，客観的言語により解明されてきたものである。この領域では，生理学，医学，力学，経済学，哲学，倫理学，歴史学など，さまざまな学問領域が利用されてスポーツの科学的原理を明らかにする試みが行われている。

　科学的な指導・コーチングの領域では，主観的言語と客観的言語の相互関係が論理的に整理される必要がある。たとえば，「鞭のように腕をしならせる」といった主観的言語を客観的な言語で説明する必要がある。最近の三次元動作分析法を用いれば「鞭のようにしなる投球動作時の身体各関節の動き」が図1-2のように説明することができる。つまり，投球動作では下半身の関節から動きが生じ，時間的に遅れながら段階的に関節の動きが繋がっていくと説明される。つまり，各関節の持つエネルギーがロスなく次の関節に伝達されていくと解釈されている。最終的に手指からボールが離れることになる。この一連の関節の動きがスムーズに行われるときに，「鞭のような腕がしなる動き」として表現される。「しならない動作」では各関節の動きがこの図1-2のようにはならないで，複数の関節が同時に動く結果，エネルギーが伝達されないで，各関節の速度が増加していかなくなり結果的にリリースされたボールの速度が高まらないことになる。

　科学的指導とはこのような「主観的感じ」と「客観的事実」との関係が理解された上でプレイヤーに合わせた指導が行われることをいう。スポーツにおける「理論」と「実践」との連携とはこのような現象を意味する

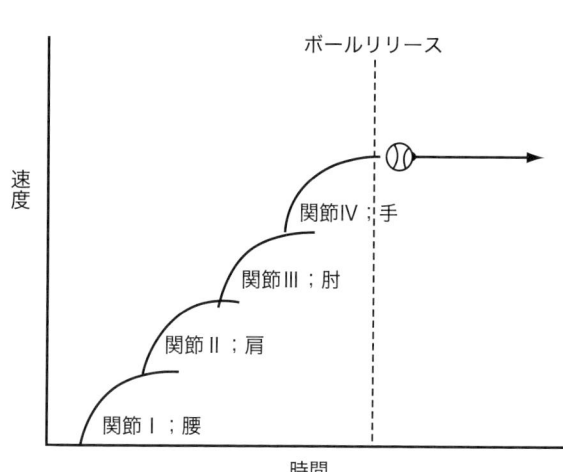

図1-2　投球動作における各関節の関わり合い

ものであろう。多くの指導者講習会などのプログラムは，スポーツの実際（スポーツ実践）とその科学的メカニズム（スポーツの科学的原理）とで編成されている場合が多い。体育大学や体育学部などのスポーツ科学の専門家養成教育機関においてもこのような観点からの授業プログラムが考えられている。

[3] スポーツにおける主観と客観をつなぐ研究

　多くのスポーツにおいては,「苦しい」「楽しい」「面白い」「重い」「軽い」「強い」「弱い」「速い」「遅い」「遅れる」「開く」「閉じる」……などの言葉が頻繁に聞かれる。この言葉の意味は個人によりその程度が異なるために客観的データとはなりにくく，したがって従来から科学論文にはなじまなかった。しかし，小野寺ら（1976）の主観的運動強度の論文は非常に興味深く，応用範囲が広く，多くの場面で利用されている。図1-3に見られるように，走速度を徐々に増加していったときの主観的に感じる苦しさの程度の指標（「苦しい」「やや苦しい」「楽である」など20分割）と心拍数とか酸素摂取量とかの客観的指標との間には統計的に有意な相関関係が見られ，このことから，主観的強度が客観的強度を推定する有効な指標として使えることを科学的に示したものである。この研究結果は，現在においても多くのスポーツ現場で利用されている。つまり，スポーツ実施時の運動強度を測定するには心拍数とか酸素摂取量の計測が必要であるが，そのときの「苦しさの感じ」を数字で表すことが客観的な運動強度と非常に関係が深いことが明らかになったことにより，特に測定することなく主観的感じにより運動強度を推定でき，日常生活における運動処方などに応用される機会が多い。このような科学的研究が他の領域においても開発されることはスポーツ科学が現場に応用される上で重要であろう。

　体育・スポーツ科学の領域においては，スポーツ実践と理論との連携は重要であり，かつ，体育・スポーツ科学のアイデンティティを示す上でも欠かすことのできない重要な部分であろう。先の論文のような研究が今後も大いに期待されるものである。

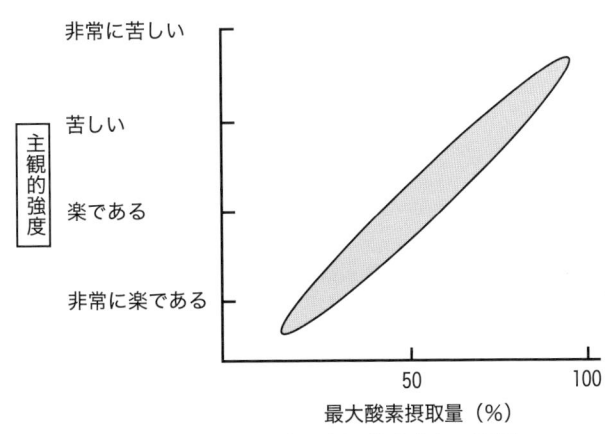

図1-3　主観的強度と客観的強度との関係
（小野寺ら，1976）

[4] スポーツにおける科学的指導法の必要性

　競技スポーツ，健康スポーツ，教養スポーツのいずれにしてもスポーツ実施に際しての必要な科学的手続きを無視するとスポーツを楽しむことができないばかりか疾病や故障を引き起こすことになる。つまり，科学的な指導・コーチングは必要不可欠である。

スポーツを指導・コーチングする領域では，自然科学的，人文・社会科学的手法が広く用いられる。たとえば，最大筋力を向上させるためのトレーニングに関して，発揮筋力とその筋力を維持できる時間との関係は科学的に明らかにされており（100%最大筋力は10秒間，50%最大筋力では60秒間持続可能），最大筋力を向上させるには最大筋力の40%以上の筋力発揮が必要であることが実験的に確かめられている。この法則に従ってさまざまな関節の筋力アップの具体的な筋力トレーニングプログラムが考えられ，その指導が行われることになる。この筋力トレーニング原理をスポーツパフォーマンス向上に生かすためには，各スポーツ種目に適したプログラムとして処方する必要がある。つまり，種目別筋力トレーニングプログラムの作成が必要である。そのためには，それぞれのスポーツ種目独自の動きの分析とその動きを形成する神経－筋－骨格系および呼吸循環系の機能評価システムの開発に関する研究が望まれる。

　また，スポーツを実施する人の性，年齢，体力水準，性格などによっても，対象者によって同じ方法でも効果的な結果が得られない場合も多い。ある人に対する練習やトレーニングが適切であったとしても他の人には適切でない場合もよく見られることである。つまり，きめ細かな指導をするには，それぞれの個人の特性に合わせた指導が必要になる。このように，複雑な環境条件を考えて個々に対応できる指導ができるためにはさまざまな研究領域の研究結果を身につけた人材の育成が必要であり，そのような能力が身についたスポーツ指導者によってはじめて適切なスポーツ指導が実現する。

❶成熟度を考えた子どものスポーツ指導

　たとえば，図1-4は発育期の子どもの暦年齢と骨年齢（骨年齢は生物学的な成熟度を表す指標として用いられている）との関係を見たものである。暦年齢が14歳でも骨年齢には12～16歳の差が見られる。つまり，誕生からの年月が同じ同年齢でも，生物学的な成熟度から見れば，未だ12歳くらいの成熟度の子ども（晩熟）から18歳くらいのほぼ大人にま

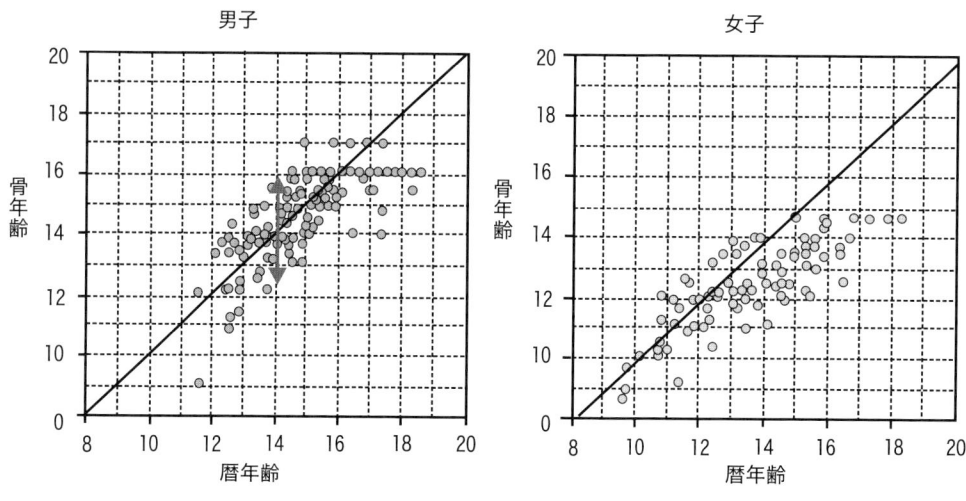

図1-4　発育期にみられる暦年齢と骨年齢との差異

（日本体育協会『ジュニア期の体力トレーニング』，1996）

で成熟した子ども（早熟）が混在していることを示している。筋は発育期の成長ホルモンの分泌に伴い急激に発達するので，この成熟度の個人差は筋骨格系の発達の個人差に直結し，それはパワー系の身体能力の個人差に直接関係することになる。

そこで，各種のスポーツ種目の優れた子どもについての筋量と年齢（暦年齢および骨年齢）との関係を見た図1-5は，10歳〜15歳の陸上競技，スケート，テニス，重量挙げのそれぞれ競技をしている少年の年齢（暦年齢および骨年齢）と筋量との関係を3年間にわたり追跡したものである。暦年齢が同じ場合には筋量に大きな種目差が見られ，スケート選手や重量挙げ選手の筋量が多い傾向が見られる。しかし，骨年齢で見ると，同一骨年齢では筋量に大きな種目差は見られない。つまり，スケート選手などは早熟であったことによる筋量が多いことに起因していることが明らかである。

発育期の子どもを対象にスポーツを指導するときには，子どもの身体的成熟度の個人差を考慮する必要がある。科学的な指導とは，このような知識を身につけた上で適切な運動を個人別に処方することである。この事例は，発育期のスポーツ指導法における科学的根拠を示すデータとして重要な示唆を与えるものである。つまり，暦年齢が同じであることだけで，子どものスポーツ能力を比較すると間違った判断を起こしかねない。早熟な子どもの能力を過大評価し，晩熟な子どもの能力を過小評価することになる。

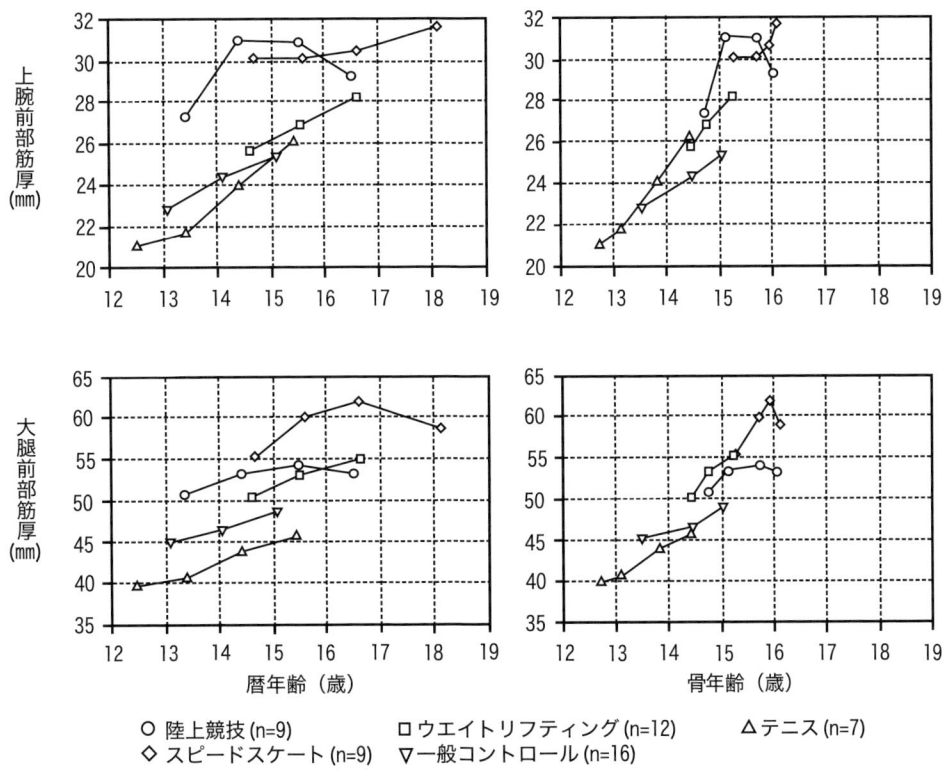

図1-5　発育期に見られるフィットネスの個人差

（日本体育協会『ジュニア期の体力トレーニング』，1996）

❷ 高齢者のスポーツ指導

　高齢者に対するスポーツ指導においても，従来は「高齢者は現状の体力を維持することが重要であり，そのためには軽い負荷で運動を行うべきである」とのメッセージが一般的であった。ところが，近年の研究を見ると，ある程度の強度条件での筋力トレーニングによりかなりの高齢者でも筋が肥大し，パワーアップが認められたデータが数多く発表されてきている。また，身体各部位の筋量の加齢変化を見ると，上肢の筋量に年齢差はあまり見られないが，下肢（特に大腿部）の筋量は著しく減少し，60歳以上の高齢者では個人差が非常に大きく（体重あたりの大腿四頭筋量は10～20g/kg），10g以下ではほとんどの人が車椅子か寝たきりであることのデータが示されている。この個人差は主にその人の生活環境に身体運動の機会が多いか少ないかによって生じていることが確かめられている。さらに，85歳の杖を使ってやっと歩行が可能な高齢者においても適切な身体運動（椅子の座り立ち動作）を日常生活に組み込むことによって，自由に元気に歩行ができるようになった例もある。つまり，高齢であっても非常に体力の低い人でも，適切な身体運動により体力が改善されることがデータで示されている。このような社会生活の改善に資した体育・スポーツ科学の研究例は多く，今後はさらに，発達・加齢に呼応した指導法の開発が望まれ，その効果的な利用法の啓蒙が期待される。

［5］スポーツにおける実践研究の意義

　スポーツ現場では実践研究の集積が必要である。グラウンドや体育館では数多くのスポーツの実践や指導の例が繰り返され，多くの成功例や失敗例が存在する。小，中，高，大学でのスポーツ指導の例は数知れず行われており，フィットネスクラブやスポーツクラブなどでの実践例を含めると無限とも思われるほど多くのスポーツ実践例が存在することが容易に想像される。そこには，意図した結果が得られなかった失敗例も多いであろう。スポーツの指導者は日々プレイヤーの状況を見ながら最も効果的であると思われる方法を処方し指導に当たっている。このような，さまざまなスポーツ実践例を収録した研究誌が必要である。従来の研究誌にも「実践研究」の収録が試みられているが，その領域での研究論文はあまり多くない。

　体育・スポーツ科学が社会に認められ必要な科学として認知されるためには，このようなスポーツ実践例を論文として収録するジャーナルが必要であると思われる。このような観点から実践研究のみを集めた研究誌『スポーツパフォーマンス研究』が生まれた。

　スポーツ科学の領域は主に，(1)自然科学系，(2)人文・社会科学系，(3)スポーツ実践科学系に分けることができ，それぞれの系において研究誌が発刊されている。特に，自然科学系と人文・社会科学系においてはすでに数多くの学術誌があり，多くの学術論文が発刊されている。一方で，前述のように実践科学系においては学術誌がほとんどなく，その領域で発刊される論文も少ないのが現状である。

　スポーツ指導に関する実践系の研究は，個々のプレイヤーの能力をいかに伸ばすかに焦

```
┌─────────────────────────────────────────────────┐
│              体育学のめざすもの                    │
│ 健康で文化的な生活を営むためには「動ける身体」を所有することが基本である。│
│ 体育学・スポーツ科学は「動ける人間の育成」に最も貢献できる科学として    │
│        健康で文化的な生活の獲得に資することができる              │
└─────────────────────────────────────────────────┘
┌─────────────────────────────────────────────────┐
│                  発刊の意義                       │
│     体育・スポーツに関する指導者，コーチ，実践者によるによる        │
│  自らの体験しているさまざまな活動が記載された論文の集積化とその体系化は，│
│          従来の自然科学系および人文・社会学系の研究と           │
│ 領域横断的にリンクすることにより，「動ける人間の育成」に寄与できると考える │
└─────────────────────────────────────────────────┘
```

図1-6 スポーツパフォーマンス研究発刊の意義

(http://sports.performance.jp)

点が絞られて個人別に指導される場合が多い。つまり，スポーツ指導は個人の事例を対象にした場合が多く，事例研究として発表されることになる。このような実践例を対象とした事例研究においても，従来の統計的手法を用いる自然科学的，人文・社会科学的手法と同じように重要な研究として注目されなければならない。特に，スポーツ指導の現場においては前述のように主観的イメージ言語が多く使用されており，このイメージ言語の意味を解説する「動き」を動画や音声を利用して伝える方法を利用した研究誌「スポーツパフォーマンス研究」はこれからの発展が期待される。たとえば，この研究誌に掲載されている論文では，「脚で踏み切る」イメージから「腰を使って踏み切る」イメージへ動きを変えた結果，走り幅跳びの記録が非常に伸びた事例が動画で説明されている。この論文に掲載されている映像（動画など）からバイオメカニクス的あるいは運動生理学的研究のアイデアが数多く浮かんでくる。つまり，このような実践研究例の論文が従来の自然科学的研究と連携することによって新しいスポーツ科学研究のテーマが出現することが大いに期待できる。

2 体育・スポーツ科学の専門性と領域

［1］体育とスポーツ

　ここで，「体育」と「スポーツ」の意味について考えてみたい。「知育，徳育，体育」といわれてきたように，「体育」は教育の一環として考えられてきた。多くの大学で体育に関する教育は教育学部に位置づけられていることからも理解できる。つまり，「体育」は身体運動を通しての教育として考えられてきている。一方で，スポーツは前述のように「健康体力向上，スポーツ競技力向上，人間性涵養など目的とするあらゆる身体活動の総称」と定義される（新ヨーロッパスポーツ憲章，1992）。

　「体育」と「スポーツ」のそれぞれの意義についてはこれまでも多くの研究者により議論されてきている。最近出版されている書物から「体育」と「スポーツ」に関する考え方をみてみよう。たとえば，阿部（1990）は「スポーツは体育の上位概念としてとらえ，体

育の名称を学校体育に限定し，スポーツは教育の枠を超えたすべての人間の文化活動」と位置づけている。宮下（1990）は「健康志向型運動を主体とするものを体育，競技指向型運動を主体とするものをスポーツ」と定義し，野坂（1990）は「体育は身体教育であり，体育は場合によって，スポーツを教材として用い，運動やスポーツに関する基礎・応用科学を運動・スポーツ科学と呼ぶ」としている。また，玉木（1990）は「日本では，長い間体育とスポーツが混同され続け，スポーツはそれ自体を楽しむものではなく，身体を鍛え，その身体を他の目的のために活用するものと考え続けられた」と指摘している。

さらに，「体育学」と「スポーツ科学」に関して，小林（1990）は「体育学は，今日では教育という範疇に収まりきれない部分も多く，教育的価値観をはなれて，人間の身体活動に関する科学というとらえ方が必要になっている」と述べている。また，友添（1990）は「スポーツ科学は，スポーツ的運動とそのような運動をする人間に関する専門諸科学から構成された，自然・人文・社会科学にまたがる総合科学であるといわれているが，総合科学としての総合性とは何かを問わずにきた部分がある。つまり，スポーツ科学のアイデンティティとは何か問われずに，そしてまた総合科学であるスポーツ科学を総合する原理が不問に付されてきたのではないかと思える」と述べている。

筆者は，「体育」はその文字のごとく「体を育む」と単純に考えると「元気で動ける身体を育む（創造する）こと」を「体育」としたい。そして「スポーツ」は，前述の新ヨーロッパスポーツ憲章の定義「体力向上，精神的充足感の表出，社会的関係の形成，および競技力向上を目的とするあらゆる身体活動の総体」に従うと，両者の意味はほとんど同じになる。したがって，体育学とスポーツ科学をほぼ同意語として用いたいが，未だ明確な定義がなされていないので，ここでは「体育・スポーツ」また「体育・スポーツ科学」の用語を用いたい。

［2］体育・スポーツ科学の専門性

体育・スポーツ科学を専門とする大学で養成する人材としては，以下のようなものがあげられる。

❶トップアスリート

高いスポーツパフォーマンスを有する人材。オリンピック大会に代表される各種スポーツ競技における記録や勝敗にこだわる競技スポーツでの高い競技力を有し，スポーツ教養を身につけた人材。

❷スポーツ指導者

スポーツ指導者には，以下のようなものがある。
　①学校における体育教師
　②社会における生涯スポーツの指導者
　③トップアスリートを指導する指導者
　④トレーニングやコンディショニングを指導する指導者

⑤健康つくりを指導する健康スポーツ指導者

❸スポーツ科学者

　スポーツを科学する専門家として大学や研究所などで研究に専念するスポーツ科学者には，自然科学的手法を用いる科学者と人文・社会科学的手法を用いる研究者が存在する。

　スポーツ自然科学：生理学，力学，心理学，医学，などの自然科学を利用してスポーツを研究する領域である。

　スポーツ人文・社会科学：哲学，倫理学，歴史学，社会学，経済学などの人文・社会科学的手法を用いてスポーツを研究する学問領域である。

　スポーツコーチ学：自然科学，人文・社会科学の手法を用いてスポーツの指導法を研究する学問領域である。

❹スポーツ政策者

　社会生活においてスポーツの果たす役割は非常に大きい。行政におけるスポーツ政策も体育・スポーツ科学の専門的知識が必要である。専門的知識を有するスポーツ政策者を育成する必要がある。

❺高度な身体教養を有する社会人

　人間として社会で生活できるためには社会生活にフィットした能力が必要である（生活フィットネスと定義する）。生活フィットネスは自然と身につくものではなく，適切な教育によりはじめて可能になる。他者および自らの身体を科学的に認識し，憲法で保障された健康で文化的な社会生活を創造し運営することができる人材の育成に，体育・スポーツ科学は欠かすことができない領域である。

　以上のような体育・スポーツ科学の専門家を育成するためには，次のような内容を基盤にした体育・スポーツ科学の知識が必要であろう。

①スポーツ実践科学
②スポーツ自然科学
③スポーツ人文・社会科学
④スポーツ教養

　日本国憲法によると，日本国民は健康で文化的な生活が保障されている。「人間が動く」ことはあまりにも常識的すぎるために，「動く身体」に関する配慮が足りない場合，また，体育・スポーツに無頓着な場合には，「動けない人間」をつくり出すことになりかねない。このような状態は「健康で文化的な生活」が保障できないことを意味する。現在の日常生活があまりにも動かない生活に依存しているからである。「動く」とは筋 - 骨格 - 神経機能ばかりでなく身体のあらゆる機能を活動させることであり，このような身体機能は「動かなければ」退化していくことは科学的に明らかにされている事実である。あらゆる人間に必要な「動く」ことの重要性を科学的に実証するとともに，その科学的成果を社会に還元するために「体育・スポーツ科学」が果たす役割は非常に大きい。

（福永哲夫）

> **課題**
> 1. 体育・スポーツの専門家として具備すべき資質を考えてみよう。
> 2. 体育・スポーツを指導するときの観点を考えてみよう。

【参考文献】
1) 福永哲夫・湯浅景元著『コーチングの科学』，1986年，朝倉書店．
2) 福永哲夫編著『筋の科学事典：構造・機能・運動』2002年，朝倉書店．
3) 日本体育協会編『ジュニア期の体力トレーニング』，1996年．

第2章

「体育」の概念

本章の ねらい

これまで「体育」はどのように論じられ考えられてきたのであろうか。また「体育」は，今後どのように進んでいくのであろうか。そして，体育学に関わる我々は，どのような体育論を展開していけばいいのであろうか。

ここでは，先人の言説をレビューしながら，体育の理念の展開を概観するとともに，それらの概念に共通する「体育」の特徴と意義，スポーツとの違いについて考察しよう。またそれを通して，「体育」の課題と在り方について考えてみよう。

1 「体育」とは何か

[1] 現代における「体育」の概念

「体育」とは何か—。「体育」については，これまでにも，国内外の多くの研究者が，その概念を追究してきた。彼らは，それぞれの立場から「体育」にアプローチし，その意義と価値を論じてきたのである。

「体育」の概念をまとめたものとしては，まず前川峯雄の『体育原理』(1981)が挙げられる。前川は，さまざまな研究者の言説を網羅したうえで，そこから「体育」の概念の普遍性を考察した。さらに高橋ら(1990)は，前川の著述をふまえ，「体育」の概念を「身体の教育」「身体活動を通しての教育」「運動教育」「スポーツ(運動文化)の教育」に分類した。ここでは，前川の著述と高橋らの分類に添って，「体育」の概念はどのように考えられてきたのかを整理してみたい。

❶身体の教育

これは，体力づくりを強調する考え方である。高橋ら(1990)は，猪飼道夫(1970)と江橋慎四郎(1966)の考え方を取り上げている(pp. 226-227)。それによると，猪飼は，その専門的立場から，「たくましく生きていくための能力」として，身体の能力を統制し方

向づける「体力」を身につけることが必要である，と述べている。また，江橋は，体育の基礎として，身体の諸機能の向上を図ることが「体力」の育成であり，それが体育の目的であるという立場を取っている。

❷身体活動を通しての教育

これは，身体活動によって行われる教育作用に注目した考え方である。

前川（1981）は，ニクソンとカズンズ（1974），ウイリアムズとブロウネル（1951）の考え方を取り上げている。前川は，ニクソンとカズンズの理論については，体育は「身体活動によって行われるところの教育作用である」と解釈している（前川，p.51）。ウイリアムズとブロウネルの理論については，「体育はまず学校のプログラムであるとし，しかも，それは，今日の世界において必要とする人間発達をめざす人体運動の芸術と科学のプログラムである。方法的には，運動と人的な作業を手段とする。」とまとめている（前川，pp.52-53）。

また，高橋ら（1990）は，「身体活動を通しての教育」という立場として，前川自身の考え方を挙げている（p.230）。前川（1981）は，体育とは，正しく身体活動または身体運動を媒介として（手段として）行われる教育である，と規定することが妥当であると考えている（前川，p.56）。

❸運動教育

これは，運動それ自体の価値を重視する考え方である。

高橋ら（1990）によると，アーノルド（1979）は「運動に関する知識の教育」「運動を通しての人間形成」「運動の内在的価値に基づく教育効果を期待する立場」という三つの次元を示して体育を総合的にとらえていることから，彼の理論を「運動教育」という考え方として位置づけている（高橋他編，p.233）。

❹スポーツ（運動文化）の教育

高橋ら（1990）は，この考え方をさらに，①運動文化論，②「楽しい体育論」，③プレイ論，に分類している。

1）運動文化論

この考え方としては，高橋ら（1990）は，丹下保夫の『体育原理（下）』（1961）を取り上げている。その理論は，体育とは「運動文化そのものを追究し，それを継承し発展させることを目的とした教育活動にほかならない」とまとめられる（高橋他，pp.235-236）。

2）「楽しい体育」

「楽しい体育」を唱えた研究者として，佐伯聰夫が知られる。高橋ら（1990）も，佐伯の論文（1986）を引用し，「『楽しい体育』は，生涯スポーツの時代の新しい運動需要に対応する体育の考え方と方法」であると紹介している（高橋他，p.237）。

3）プレイ論

「プレイ論」として著名な考え方に，シーデントップの理論(1981)がある。高橋ら(1990)

も，シーデントップの「体育とは，競争的で表現的な運動をプレイする個人の性向や能力を向上させる過程を意味する」という定義を取り上げている（p.255）。すなわち，シーデントップの考える体育とは，「プレイ教育の一形態」として展開されるものである，とまとめられる（高橋他，p.237）。

以上みてきたように，先人たちの理論は，いずれも，今日「体育」を論じる研究者や教育者の考え方のなかに継承されているといえる。これら先人の考え方に共通するものは，「体育」が教育的機能を有するものであり，人格形成および社会の発展に寄与する重要な分野である，ということである。

［2］古典古代の体育思想

ところで，「体育」の理論は，どのように展開されてきたのであろうか。それは，いつ頃までさかのぼることができるのであろうか。

古典古代においては，哲学者と医学者によって，体育論の萌芽といえる理論が述べられていた。プラトン（B.C.427頃‐B.C.347頃）は，『国家』（B.C.375頃）等において，「カロカガティア」（「善」と「美」を兼ね備えた，心身ともに調和した状態）を教育の目標と位置づけた。そして，「ギュムナスティケー（体操術）」における運動は，健康，美，体力をもたらすものであり，「ギュムナスティケー」によって「カロカガティア」を実現させることができると述べている（高橋，pp.14-15）。なお，プラトン自身も，運動家であったといわれている。また，アリストテレス（B.C.384-B.C.322）は，多くの著作のなかで，「ギュムナスティケー」の目的を「医術の目的である健康をさらに向上させた『強壮な状態』」と位置づけ，このような状態こそが「過剰でも不足でもない最善の中庸」である，と述べている（高橋，p.102）。

医聖と称されるヒポクラテス（B.C.460頃‐B.C.359~357の間）もまた，数々の著作のなかで，健康と身体運動の関係について述べている。彼によれば，「食物の摂取と運動による消費との均衡が健康を保持する」（高橋，p.138）のであり，運動法を，「自然に則した運動」と「強制による運動」に大別した。その「自然に即した運動」には，見たり聞いたりする感覚運動から発声運動に至るまでの身体運動が含まれている（岸野，p.117）。

このようなヒポクラテスの養生論的体育論にみられる発声運動，感覚運動を含む考え方は，イタリア・ルネサンス期の医学者メルクリアリス（1530‐1606）の『体育論』（1569）を経て，汎愛派に受け継がれ，さらに，次節において述べるグーツムーツの市民体育理論へと継承されていく。いわゆる「ヒポクラテス的発想法の歴史的展開」がみられるのである（山本，p.80-81）。

（山田理恵，藤坂由美子）

［3］啓蒙主義と近代体育：個人（私）教育と「市民」体育

16世紀イタリア・ルネッサンス期の「紳士教育」論は17～18世紀の啓蒙思想期に継承された。ジョン・ロックやジャン・ジャック・ルソーらに代表される家庭教育論や「市

民」教育論が示すように，市民階級の子どもの健康を求める身体教育が重視された。啓蒙思想期の教育家は市民の内面と身体の形成を私事の領域に委ね，行動の指標を理性に求め，円満な個人の完成を目標とした。彼らの教育思想は肉体の自然法則に応じた身体形成，児童の興味や関心の重視，遊戯を用いた感覚訓練や感性の陶冶，児童の成長発達への配慮などの原則を確認してゆく。ルソーの影響を受けたバゼドー（1724 - 1790）はデッソーでブルジョアジー子弟の汎愛学校 (Philanthropische Schule) を創始して騎士運動を取り入れ，「近代体育の父」と呼ばれるグーツムーツ（1759 - 1839）はザルツマン（1744 - 1811）の汎愛学校でより広範な内容と体系を持つ汎愛体育を集大成した。汎愛体育はその後のヨーロッパの市民体育と国民体育の基礎を提供した。また啓蒙思想期には身体を機械のアナロジーでとらえる機械論が身体運動の科学を先導した。身体運動のシステムは「文化」から目的論的に編成されるのではなく，「文化」性を捨象した抽象化と数量化の操作を経て編成される。システムの一定の手順を踏めば，特定の目的ではなく，総ての目的に応ずる基本的で一般的な身体を獲得できるように編成するのが理想とされる。

［4］ナショナリズムと近代体育：国民教育と「国民」体育／「教科体育」

しかし，近代啓蒙思想の理性を核とする普遍のシステムは，ナショナリズムという固有性を核とするシステムに転換され始める。フランス革命（1789 - 1799）は自由，平等，博愛という市民社会の普遍原理をもたらし，ナポレオン（1769 - 1821）の近隣諸国への揉躙は疾風怒濤の時代をもたらした。諸国は固有の歴史と民族性を重視するナショナリズムに基づく「国民」国家（nation state）を形成し，グーツムーツの「ギムナスティーク」を基礎に「国民」体育を形成した。ドイツではヤーン（1778 - 1852，国民体育の父）が「トゥルネン」(Turunen) を，デンマークではナハテガル（1777 - 1847，デンマーク体育の父）がデンマーク体操を，スウェーデンではリング（1776 - 1839，スウェーデン体育の父）がスウェーデン体操を育て上げた。

各国では国民／民族の教育が模索され，軍隊も徴兵制を含む「国民」軍に再編された。普遍的，抽象的「市民」は，義務，無償，世俗というフランス革命期に導かれた近代公教育の原則を確認する一方で，労働力保全と軍事力増強という二つの体力政策を通して「国民」を形成しようとする「国民」体育，すなわち公的な学校教育制度の下での「教科」としての体育によって練合された。国民体育では啓蒙思想期の家庭での「私事」としての身体形成にかわって，公費によって設立される義務制の公立学校での「必修」の「教科体育」として制度化する。「教科体育」システムの編成原理は，民族性，国民性を下支えする大量教授や基礎的，一般的身体の科学的，合理的，効率的な形成に置かれる。「教科体育」は，①学制の確立（義務就学），②国費・公費による学校の設置と運営，③行政による監督と統制，④義務制公教育機関における体育教授の設置義務，⑤教員養成課程における体育必修化と教員免取得における体育の必修化，⑥身体運動の内容と指導を規定した公的な指導書の制定（指導要目制定によるシステムの公的な基準化と指導内容の限定化），⑦運動施設を規

定した公的な設置基準の制定，等の中央集権化された制度的諸階梯を経て成立する。近代体育には「市民」体育と「国民」体育という二つの側面があった（浅見他編，pp.120-165）。

各国の学制，体育必修化，指導要領制定を例にとると，それぞれドイツ1848, 1860, 1862年，フランス 1833, 1887, 1894年，イギリス 1870, 1894, 1902年，日本 1872, 1885, 1913年，というように成立した。

近代体育の形成は国民を統合する教科体育の制度化でもあった。

[5] 用語「体育」（Physical Education）の成立

体育的な活動に対して，ドイツ汎愛派の教育実践では「ギムナスティーク」が，ヤーンの民族的教育実践では「トゥルネン」が使用された。「体育」(physical education, education physique, Leibeserziehung)という用語の初出を特定することはできない。しかし清水(2000)によれば，フランス語や英語の「体育」という表現は18世紀の教育論に散見され，用語として積極的に用いられ始めるのは19世紀末から20世紀初頭であるという。

イギリスでは1822年にスイスの陸軍士官のクリアス(1780-1854)がイギリスの陸海軍で体操コースを開設するために招聘されグーツムーツの体操を導入した。1823年に出版された彼の英語で書かれた本では「体操運動」(gymnastic exercises)を説明する時に「physical education」という言葉を用いている。また，榊原(2013)によると，イギリスで"Physical Education"という表題の本が出版されるのは，スマイルズ(1812-1904)の「体育論」(Physical Eucation 1838年)が唱矢であるという。教科としての「体育」は，フランスでは1891年の新指導要領でジムナスティーク科から「体育」科に変更されたこと，イギリスでは1912年に教育院医務局の報告書で「体育」という名称が公式に用いられたことに見られる。

日本では，1873（明治6）年に，文部省学監マレー(1830-1905)によって紹介された知育，徳育，体育の三育主義が広く浸造した。「體育」は「身體の教育」として「精神教育」に対応する概念として定着した。スペンサー(1820-1903)の教育論は尺振八（せきしんぱち）によって『斯氏教育論』(1888)として翻訳され，教育の三育論的理解を広めた。その他，体育を表す外来語の翻訳は「養生の法」，「身体教育」，「身教」，「体教」，「体の教育」等と訳され，1876年に近藤鎮三によって「体育」と訳された。

帝国主義競争が激化した時代には，軍隊教練(military drill)や「身体訓練」(physical training)という用語が用いられた。1920年代には，アメリカのウッド(1865-1951)によって「新体育」(New Physical Education)という考え方が提起された。それは，ルソーの自然教育を源流とする児童中心主義や19世紀末〜1920年代ドイツの改革教育学で重視された子供の自発性，興味，創造性，生活教育，労作教育の脈絡から「体育」に着目するものであった。新体育は，①毎日の生活での自然な運動（走・跳・投…），②自由遊戯，ゲーム，③運動競技やスポーツ，④演劇的表現（ダンス等），⑤社会奉仕活動や職業訓練的活動，⑥自己試し運動（スタンツ，巧技），⑦矯正運動，⑧レクリエーション活動，といった広い

活動で構成された。

　世界的に広く「体育」が用いられるようになったのは第二次世界大戦後であった。しかし，戦後には「体育」よりも「レクリエーション」や「スポーツ」，「スポーツ教育」等の表現が用いられはじめた。1970年代の余暇時代の到来は，スポーツの多様化と「プレイ論」を背景に「レジャー教育」や「スポーツ教育」という表現をもたらした。「体育」は三育主義という智・徳・体に分断された「身体」領域の専門教育ではなく，「身体」を起点にした知的，精神的，道徳的，情緒的な全領域と関連する，人間的全体性と全面性を形成する教育的な営みであり，活動なのである。

［6］「体育」の可能性

　現行の指導要領が指摘するように，体育は「生きる力を育む」重要な教科であり，「心と体を一体としてとらえ，適切な運動の経験と健康・安全についての理解を通して，生涯にわたって運動に親しむ資質や能力の基礎を育てるとともに健康の保持増進と体力の向上を図り，楽しく明るい生活を営む態度を育てる」ことができる教科である。しかし，重要なことは，体育の目標は，個人の体力を向上させ，健康を保持増進させることのできる知識と実践，楽しく明るい生活を営むことのできる態度の養成だけにあるのではない。体育という教科は人と楽しく競い，あらゆる差別を超えて仲間を作り，社会性を広げ，情緒を豊かにし，技術や技能や戦術を分析できる能力を養い，フェアーさを学び，自然を愛し，あらゆるイデオロギーや対立を超えて交流できる，自由で，民主的で，平和な社会を築こうとする「人間」を育てることのできる「教科」なのである。体育を基盤にスポーツを通じて，グローバルな世界へ飛び立つことを教えることのできる教科なのである。体育はスポーツのマトリックスとならなければならない。

（阿部生雄）

【参考文献】

1) 浅見俊雄・宮下充正・渡辺融編『現代体育・スポーツ大系　第2巻　体育・スポーツの歴史』，講談社，1984年．
2) 岸野雄三『ヒポクラテースの養生法－食養生と体操－』，1971年，杏林書院．
3) 前川峯雄『体育原理　改訂版』(現代保健体育学大系1)，1981年，大修館書店．
4) 榊原浩晃「Samuel Smiles: Physical Eucation(1838)にみる身体教育論－身体教育と知的教育および道徳教育の関連に関する予備的考察」，『健康・スポーツ科学研究第1号』，2013年．
5) シーデントップ・高橋健夫訳『楽しい体育の創造』，1981年，大修館書店．
6) 清水重勇「体育」，『教育思想事典』勁草書房，2000年，p.476.
7) 高橋健夫・岡出美則「資料編，中村敏雄・高橋健夫編『体育原理講義』，1990年，大修館書店．
8) 高橋幸一『スポーツ学のルーツ－古代ギリシア・ローマのスポーツ思想－』，2003年，明和出版．
9) 友添秀則・岡出美則編『教養としての体育原理』，2005年，大修館書店．
10) 山本徳郎「近代体育の源流」，岸野雄三編『体育史講義』，1984年，大修館書店．

2 用語「体操」と「体育」

　用語や概念を確認する作業として一般的に最初に行うのは，辞書や辞典，百科事典などで調べるのが普通である。ここでもその例にならって，「体操」「体育」をまず小学館の『精選版日本国語大辞典』（2巻，2006年版）で調べてみた。

　「体操」については，以下のように解説されている。

　「明治初期に作られた訳語。原語は英語の Exercise または Gymnastics で，辞書では『英和双解字典』(1884) の Gymnasium の項に『体操所』，Gymnastics の項に『体操術ノ』とあるのが早い。」

　このことから，「体操」が明治初期に出現した言葉であることはわかるが，正確にはいつだったのか，どこで用いられたのかは不明のままである。上記の『英和双解字典』が出版されたのは1884（明治17）年である。この字典に出現した「体操」という言葉は当時としては珍しいほうだったのだろうが，実際にはもっと早く，後で述べるように，すでに1868（明治元）年には存在していた。このことからも，辞典に示されていることは，かなり不正確で大雑把であることがわかる。

　「体育」については，次のように述べられている。

　「明治期に西洋の教育制度の導入が図られた際に作られた訳語。教科名としては1872年の学制発布時は『体術』であり，翌年に『体操科』と改称，さらに第二次世界大戦中に『体錬科』と改められた。『体育科』とよばれるようになったのは戦後……」

　教科の名称が，体術→体操→体錬→体育と変遷したことは正しい記述だが，「体育」という言葉の誕生については不明のままだし，体育科と呼ばれ始めた時期も戦後というだけであいまいである。

　日本語の多くの漢字熟語は中国からきているが，「体操」と「体育」は，どちらも「訳語」とあるように，これらは中国生まれの言葉ではなく，日本で作られたものである。なかでも「体育」などは，後に逆に中国へ輸出され，中国でも使われるようになっている。

　辞書や辞典（事典）は，上記のように，だいたいのことを調べるのには役立つが，少々専門的に確認しようとする場合は，不正確になるおそれがある。もっと正確に理解しようとするならば，その道の専門家の書かれたものに問うてみることが大切だ。

　先ほどの教科名の変遷のなかで，「体術」という言葉が出てきた。これは「体操」や「体育」より早くから存在していたようだし，これらの用語の誕生とも関係があるようなので，まずこの言葉を大雑把に調べてみる。

　小学館発刊の『日本大百科全書14』(1995年版) に，武道史を専門とする渡辺一郎が「体術」の項を書いている。それによると，以下のようである。

　「（体術は）躰術，胎術とも書く。柔術の別称，または同意語として混用されているが，近世柔術の諸流派のうち，……錬体術の色彩が強い流儀に『体術』を称するものがある。体操のこと。明治初年頃，体操という用語が一般に確定するまで，しばらくの間，西洋式

体操術の意味に用いられていた。1868(明治元)年刊の田辺良輔の『新兵体術教練』をはじめ，翌年刊の内田正雄の『和蘭学制』の小学教科のうちにギムナステーキー＝体術と訳出されている。1878(明治11)年，文部省が体操伝習所を設置するとともに，体操に統一された。」

　ギムナステーキーとは英語の gymnastics にあたるオランダ語である。体術は近世から存在し，体操よりは古い用語だったようだ。幕末に日本は洋式の軍事訓練をフランスから導入したが，田辺良輔の1868(明治元)年の文献は，新しい兵隊たちに軍事訓練をさせるに先立って必要な基礎的訓練を記述した書だった。翌1869(明治2)年の内田の文献でも「体術」が使われている。これらのことが，教育制度が発足した1872(明治5)年の学制において，小学校の教科の名称として「体術」が用いられた背景だった。学制の中の中学教則には「体操」の名称が見られるが，実際には行われていない。1873(明治6)年の改正小学教則では「体術」ではなく「体操」になっていた。

　なお，教科の名称としての「体操」は，1941(昭和16)年の「国民学校令」で「体練」と代わるまで長年継続して用いられていた。先ほどの『精選版日本国語大辞典』によると，「体練科」が「体育科」と呼ばれるようになったのは戦後ということだが，手元に残されている当時の「通知表」によると，終戦直後の1945(昭和20)年度2学期，3学期では，戦前からの「体練科体操，体練科武道」のままであり，手書きのガリ版刷りで作られた1946(昭和21)年度の通知表でも，さすがに体練科武道のほうははぶかれていたが，最後の第3学期までは「体練科体操」の名称が存続していた。したがって，これが「体育科」になるのは，戦後というよりは6・3制という新制度が発足し，国民学校が再び小学校に戻った1947(昭和22)年度からだった。

　「体操」という言葉が正式に最初に現れたのは，大場一義によると，1868(明治元)年12月の沼津兵学校および附属小学校の教科目のなかであった。この言葉を作ったのはこの学校の校長を務めた西周だったが，彼は「哲学」などの言葉を案出したことでも有名な人物であった。彼は校長に任命されて東京から沼津に赴任するとき，その道中日記を残しているが，10月のところに「体操」という言葉が記入されていた。

　これまで述べてきたように，「体操」はオランダ語やフランス語の，英語でいえば gymnastics にあたる言葉の訳語だった。この単語はもともとギリシャ語のギムナスティケーに基づいている。その後ラテン語の gymnastica を経てヨーロッパ語に受け継がれる。たとえばドイツでは18世紀中頃にこの語のドイツ語化が進み，近代体育の父といわれるグーツムーツが1793年に体育の古典と称せられる『青少年の体育』を出版したが，この場合の「体育」はドイツ語の Gymnastik（ギムナスティーク）で，英語の gymnastics のことだった。内容はかなり広範囲にわたりスポーツ的なものも含み，身体運動，身体訓練全体を包括している言葉だった。なおドイツ語にはこの他にトゥルネン（Turnen）という語もあり，今日の体操競技のもとになる器具を用いた運動を意味していた。これを体操と訳したケースもあるが，それはトゥルネンの正しい内容を伝える訳語とはいえない。

　1873(明治6)年から1941(昭和16)年まで，制度として教育の場では実に約70年にわ

たって「体操」という名称が用いられた。その間に関連用語として，体操場，体操服，体操帽，体操の時間等の用語が派生した。昭和初頭からラジオ体操がポピュラーになり，さらにナショナリズムの高揚という時世にあわせた日本体操（「やまとばたらき」と読ませた）や興国体操などが作成され，人びとの間に「体操」はすっかり定着した。したがって，戦後になって制度的に「体育科」に代わってからも，つい最近までは「体操」という言葉が「体育」と同じ意味で使われていた。

次にその「体育」について調べてみる。

日本で作られてこの言葉が初めて文献に現れたのは，1876（明治9）年の『文部省雑誌』第6号（3月10日）に掲載された近藤鎮三の文章の中だった。『文部省雑誌』は1873（明治6）年2月から発刊され，不定期だったが月2回ぐらいのわりで出されたわが国最初の教育雑誌である。最初の頃は文部省の報告記事が主だったが，1874（明治7）年10月頃から海外教育事情・教育論説の翻訳が多くなった。近藤はドイツ語関係の文献をたくさん翻訳執筆している。

「体育」初出の論文は1876（明治9）年の第6号に掲載された「ドイツ教育論抄：小児教育の本意」であるが，この論文は前号からの続きであった。前号とは同年3月5日に発行された第5号だった。そこでの近藤の書き出しは「小児を教育するに緊要と為すべき者（ママ）四あり曰胎育曰看護曰慣染曰演習是なり」というものであった。

第6号で「体育」が出現した文章は次のようなものであった。

「慣習前条に述ぶる所の看護法は全く体育に関する者にして慣習法は精神の教育に係る者多し故に只身体の運動を完成するのみならず精神より発する所の私欲及情欲を制して困難に耐え忍はしめ且身を国家の危急に抛つの勇気を養ふの能力を有する者なり」

この文章が出る前までは「看護」に関して述べており，冒頭の「慣習」は，ここから「慣習（慣染）」に入るという意味だった。第5号でまず「胎育」を論じ，それに続けて「看護」に進み，第6号のここまでそれが述べられていた。つまり「体育」は「胎育」を含めた「看護」の意味だった。

胎育とは「婦人懐孕（かいよう）より分娩に至るまで其胎児を養育し安全に生産せしむるの術を言う」とあるように，現在の胎教のことである。看護とは「小児の健全に成長する為に須要なる保護をなして発育の進歩を妨げざらしむるの方法を言う」として，外部看護と内部看護に分けている。外部看護とは，基本的には新生児の危害をさけることで，光・騒音・身体への過外圧・衝突・風雨・寒暖・伝染病者・種痘・洗浴・身体蒸気などへの配慮である。内部看護とは，食物消化・血液循環及呼吸などへの配慮のことであった。

「体育」という言葉が1876（明治9）年に現れた背景は，木下秀明によると欧米の"physical education"が導入され，その翻訳を通して形成されたとされている。まず1875（明治8）年に「身体に関する教育」，あるいは「身体（の）教育」と表現され，それらの簡略化として「身育」「身教」「体教」などが生じ，その流れのなかで「体育」が生まれたというのである。その後「体育」はただちに一般化したのではなく，1878（明治11）年に

開設された「体操伝習所」への準備期間にあらわれた文部省関係の公文書のなかで頻繁に使われることによって定着したという。

なお，このような経緯に異論をはさむつもりはないが，「体育」が作られる背景には"physical education"だけではなく，ドイツからの影響はなかったのかを確認する必要を感じている。「体育」初出の論文の題名が「ドイツ教育論抄：小児教育の本意」であり，おそらくドイツ語論文からの翻訳であったと思われるが，その原典に関しては現在のところ不明のままである。また，訳出した近藤鎮三自身は日本におけるドイツ語熟達者の草分けだったことも考慮しなければならない。近藤はドイツ語の能力を評価されて，1873（明治6）年に出航し欧米事情を視察した岩倉使節団の一員にも加えられ，特に文部行政にたずさわっていた田中不二麿に随行していた。そしてドイツではみなと離れてしばらく滞在し，調査も行っている。さらに帰国後田中の報告書である『理事功程』全15巻が作成されるが，そのうちドイツの部（8～11巻）は近藤が担当・執筆したといわれているからである。近年近藤に関する研究も深まりつつあるので，ドイツの影響による用語「体育」の誕生を調べてみる必要があろう。

「体育」の概念形成を研究した木下は，日本語「体育」の明治期における概念の変遷を明らかにしている。最初は「身体教育」に始まるが，明治中頃になると「運動教育」といえるようなものに変化し，明治後期になると教育的意味を欠落させて，「運動」そのものを示すようになった，という大変興味深い指摘をしている。

最初の「身体教育」は，当初「衛生と運動」によってなされたが，「衛生」が欠落して「運動」のみの身体教育になる。1877（明治10）年代になると，身体の形成のみを目的とするのではなく，兵式体操や武道の導入によって精神面の教育が強調され始める。これを「運動教育」としていた。さらに明治後期になると武道のほかにスポーツも盛んになり，それらの活動も体育といわれたので「運動」という概念が加わったという。スポーツの集団である大日本体育協会が設立されたのも1911（明治44）年のことであった。　　　　（山本徳郎）

> **課題**
> 1. 「体育」の概念の変遷について述べなさい。
> 2. 「体育」の今日的意義について述べなさい。

【参考文献】
1) 体育原理専門分科会編『体育の概念』1995年，不昧堂出版.
2) 佐藤臣彦著『身体教育を哲学する―体育哲学叙説―』1993年，北樹出版.
3) 髙橋幸一著『スポーツ学のルーツ―古代ギリシャ・ローマのスポーツ思想―』2003年，明和出版.
4) 岡出美則「体育の理念はどう変わってきたか」，友添秀則・岡出美則編『教養としての体育原理―現代の体育・スポーツを考えるために―』2005年，pp.15-20，大修館書店.
5) 木下秀明『日本体育史研究序説―明治期における「体育」の概念形成に関する史的研究―』1971年，不昧堂出版.

第3章

「スポーツ」の概念

> **本章のねらい**
>
> 今日，sport という用語は，さまざまな形態や様式を持つ人間の身体活動が内包する要素を総称する幅広い概念として用いられている。しかしながら，そのような概念は，歴史的に貫かれてきたものではなく，時代や社会の変化とともにそれが示す意味内容が変容しながら今日に至っている。ここでは，sport の概念の形成過程と日本的受容について概観し，それをふまえながらスポーツの概念を再検討するとともに，改めて人間にとって「スポーツ」とは何か，について考えてみたい。
>
> キーワード：sport, game, 人格陶冶, 競技スポーツ, みんなのスポーツ, 国際憲章

1 「スポーツ」とは何か

[1] 用語 sport の誕生

『広辞苑』第6版（岩波書店，2008年）の「スポーツ」という項目を引くと，「陸上競技，野球，テニス，水泳，ボートレースなどから登山，狩猟に至るまで，遊戯，闘争，肉体的鍛錬の要素を含む運動の総称」と定義されている。

この「遊戯，闘争，肉体的鍛錬」という要素は，フランスの文化人類学者ベルナール・ジレが，その著『スポーツの歴史』（1947年）のなかで，近代スポーツの三つの要素としてあげた「遊戯，闘争，激しい肉体活動」を継承したものであると考えられる。また，グートマンの定義「遊びの要素に満ちた身体的競争」も，このジレの三要素に基づいている。

したがって，スポーツとはまず，遊びの性格を持ち，競争を人間の身体によって行う活動であるといえる。この場合の競争とは，単に対戦相手やライバルだけではない。たとえば登山では，どちらが登頂が早いかを登山仲間と競争するものではない。競争相手は，対峙する過酷な自然環境であったり，登ろうかそれとも止めようか，心の中のもう一人の自分（自己）に克己することでもある。このような場面を想定すれば，おおよそ首肯できるところであろう。

しかしながら，この三要素が，スポーツの概念のなかに明確に位置づけられるのは，19世紀以降であると考えられる。それでは，sport という用語は，どのようにして生まれ，どのようにその意味を変容させながら今日に至ったのであろうか。

sport は，away を意味する接頭語の de- と carry を意味する portare が結合した deportare（ラテン語）という合成語に由来するというのが今日の定説である。それは，「運ぶ」「運び去る」「持ち去る」というような，ある場所からある場所への移動を意味していた。このような意味構造は，すなわち，古フランス語の desporter が「気分転換」や「脳裏をリフレッシュする」という意味内容を示すように，精神的な次元での移動や変化を示すようになる。物理的・空間的な移動という意味から，精神的，内面的な次元での移動，すなわち脳裏で，ある状態から異なる状態に精神的，内面的に移動，転換，変化することによって得られる「喜び」「楽しみ」を意味するようになったのである。このように，sport は，労働や義務から解放された気分のよさを包含し，楽しみごとを広く意味する用語に変化したのである。

このように見てくると，sport は，競争や身体活動という要素を歴史貫通的に内包したものではなかったことがわかる。

15～16世紀ごろのイギリスでは，disport などのような接頭辞を伴う用例は少なくなり，現在の sport という形になる。さらに17世紀には，sport は上流階級の戸外での狩猟の意味で用いられるようになった。

［2］王侯貴族のスポーツ

遅くとも17世紀ごろのイギリスでは，王侯貴族のスポーツといえば狩猟を意味するほど華やかな文化の一面が見えてくる。戦争の時代ではなく，平時であっても，為政者（王）たちは，大編隊で山中奥深く入り，部隊を戦闘訓練する必要もあった。戦闘訓練のスポーツ化が，狩猟の形式として残存することとなる。

一方，スポーツと同義である言葉に game がある。この game は，ga- と men から構成される。語源としては，ga は together を意味し，men は複数の人を意味する。多くの人々が一緒になって行う活動や競い合いなどの楽しみごとを主に指し示す言葉であった。

また，game には狩猟の獲物の意味がある。原始共同体の狩猟と異なり，中世のスポーツとしての狩猟は，鹿などの大型動物を仕留めることに主眼が置かれていた。王が獲物を仕留めることができるのも，家臣らが勢子となって獲物をおびき寄せ，王の狩猟を手助けする仕組みがあったからである。王は，獲物の頭部のみを持ち帰り剥製にしてしばしば自身のコレクションとした。この大型動物の頭部の意味がトロフィーであり，今日，スポーツの競技会で入賞者に提供される賞牌の意味として残存している。

獲物を仕留めることで，王は満足げに休息に入るが，大勢の部隊は山中から帰途につくことになる。その際，山中から町の尖塔（とがった目印となる教会などの鐘の塔）をめざして，山中の柵を越え，水たまりも踏んで，一目散に帰途を競走しようとした。今日陸上競技種

目である 3,000m 障害の略記号「3000SC」の SC は steeple chase であり，高い尖塔を目印に追跡する中世からの意味を今日に残している。クロスカントリー，障害物競走，ハードル走，幅跳びなど，近代の陸上競技を創出した原点の一端がここにある。また，馬上での狩猟の形態は，馬術競技とも関連を有する。

なお，ここで，競技することの意味をたどっておく。競技することは，古代のホメーロスの英雄叙事詩『イーリアス』や『オデュッセイヤ』に遡ることができる。叙事詩『イーリアス』に見られる「パトロクロスの葬送競技」には競走，円盤投げ，やり投げ，競車，ボクシング，レスリング，弓射などの競技が，戦争中にもかかわらず実施され，出場者全員に賞品 (athlon) が提供された。今日のアスリート（競技者）という用語の語源でもあり，$a\lambda\varepsilon\iota\nu$ (athlein) にも，賞品をめざして競技するという意味が付与されている。

イングランド王ジェームス 1 世は，狩猟をたしなむ一方で，民衆の娯楽にも関心を示していた。1618 年に布告された *Decralation of Sports* (*Book of Sports*) は，一般に「スポーツ合法宣言」として知られている。それは，民衆の娯楽を敵対視し迫害していたピューリタンの態度を牽制し，日曜午後の善良な市民の娯楽を認めるなど，当時の民衆スポーツや祝祭に寛容な姿勢を示していた。王侯貴族やジェントルマンの狩猟や釣りは，18 世紀に何度も改正された狩猟法によって保護されていた。地主階級であったジェントルマンは，乗馬，狩猟，釣りを広大な自身の領地で楽しみ，社交を兼ねて地域経済を活性化する狩猟の催しを主催した。狩猟は季節的なスポーツであったが，農耕的，宗教的な行事から自立しており，近代スポーツへと通じる上流階級の文化としてのスポーツの基盤であった。

[3] 民衆のスポーツと娯楽の推移

産業革命以前のイギリスの民衆スポーツは，それぞれの地域的な特徴を持ち，農耕的，宗教的な祭日や休日との結びつきからくる季節性の行事としての性格を持っていた。当時の伝統的な民衆スポーツは，本質的に祭日のスポーツとしての性格を持っていた。それは非日常的な内容で，特別な道具や用具を必要としない素朴な形式のものであり，また，特別な体力や技能，あるいは長期的な練習を必要としない即時性のものであった。多くの人びとが同時に参加でき，粗暴でお祭り騒ぎの性格を持つものであった。収穫祭，クリスマス，プラウ・マンデー，告解火曜日（シューローヴチューズデー），イースター，メーデー，聖霊降臨祭（ペンテコステ）といった祭日は，ブラッディ・スポーツ（血を流すスポーツ）といわれる動物いじめ（闘鶏，熊いじめ，牛いじめ），フットボール，クリケット，拳闘，鉄輪投げ，九柱戯，棒術試合などの民衆のスポーツと密接に結びついていた。

徹夜祭などの教区祭日や商業的な定期市や雇用市と結びついて行われた農村共同体規模の民衆スポーツでは，ジェントルマンは家父長的な立場からパトロンを務めた。ジェントルマンにとってこのような民衆スポーツへの参加や庇護は，族長としての義務の一端にあり，同時に農村共同体に融和と秩序をもたらすと同時に，自らに権威を確認する機会でもあった。

しかし，産業化と都市化の動向の中で，こうした共同体的，祭日的な民衆スポーツは，その伝統的な型を浸食され始めた。産業革命の影響で，農村共同体が漸次崩壊していき，工場など事業所での長時間労働や，勤勉などの労働規律が強化されたからである。宗教的には福音主義が台頭し，伝承的な祭事や娯楽よりも敬虔(けいけん)な行動が重んじられたため伝統的祭日・休日に対する批判が生じた。また，悪徳や時間の浪費，飲酒や動物いじめを一掃しようとする社会の浄化作用が進展した。伝統的休日制度の崩壊と産業的休日制度への移行過程は，伝統的な民衆スポーツの基盤を蝕(むしば)み始めたのである。

特に，民衆スポーツを「野蛮」「低俗」「放縦」「無秩序」として攻撃し始めたのは，18世紀半ばから力を増した福音主義者たちや社会改良家たちであった。彼らは，民衆に限界を知らない放縦の精神が顕在化し，民衆のスポーツを媒介として，不道徳，飲酒，賭博がイギリス国内の至るところに広まっていると警鐘を鳴らした。こうした動向は民衆の悪徳の撲滅(ぼくめつ)と宗教・徳行奨励のための協会（1802年）の結成，動物虐待(ぎゃくたい)防止協会（1809年）や動物愛護協会（1824年）の結成，主の日遵守協会（1831年）や全国日曜連盟（1855年）の結成，動物虐待防止法（1835年）と公道でのスポーツを禁止する公道法（1835年）の成立など，さまざまな協会・団体の結成や衛生改革運動となって現象化した。

民衆のスポーツや娯楽に対するこれらの一連の攻撃，抑圧や統制は，その一方で民衆を中産階級の道徳的標準である「レスペクタビリティー」に順応させ，彼らに健全で秩序あるレクリエーションを習慣づけようとする取り組みや運動を随伴した。都市労働者階級の身体的退化と道徳的退廃に対して，スポーツやレクリエーションは，特に効果的な対抗魅力（カウンター・アトラクション）の方策と見なされるようになった。

1836年の土地囲い込み法は，大都市付近の共有地の囲い込みを制限し，民衆のための公園やオープン・スペース用地の確保に乗り出した。遊歩道の整備も1830年代に立法化され，推進された。民衆にとっての娯楽やスポーツ実施場所の提供，図書館などの文化的な施設の設置，海水浴場の整備，観光桟橋(さんばし)（ピア）の設置など，民衆にとってこの方策は，今日「合理的レクリエーション」という用語で説明される。「合理的レクリエーション」は，民衆スポーツに対する抑圧・改造という側面とそのための制度的，物質的整備を促進する「博愛的戦略」と呼ばれる「福祉的」側面を持っていた。

［4］青少年を育てる健全なスポーツ

19世紀初頭におけるスポーツと教育をめぐる典型的な事例は，パブリック・スクールにおけるクリケットやフットボールなどの集団スポーツ（ゲーム）による人格陶冶(じんかくとうや)であった。上流階級や新興中産階級の子弟が教育を受けるパブリック・スクールや大学では，課外のスポーツ活動が重視された。生徒や学生はフットボール，クリケット，ボート，陸上競技などのスポーツを自らの様式に合致するように再編した。自校ルールとしてそれぞれの学校で特異な様式を持つに至ったのは寮対抗による課外のスポーツ活動を基盤としていたからであった。やがて学校間での対抗戦が興隆すると，必然的にルールの統一化や統括

団体の結成をもたらした。ランニングスタイルのプレイ様式のフットボールがラグビーに帰結し，ドリブリングのスタイルのフットボールがサッカーの様式を確立した。サッカー（soccer）の表記は1863年イートン校の卒業生らが中心となって結成したフットボール・アソシエーション（Football Association）に由来する。

　こうした学校や大学の課外スポーツの台頭は，スポーツに新たな精神をもたらした。教育機関で組織化されたスポーツは粗暴でなく，賭や金銭の授受を忌避し，スペシャリストを生み出さず，職業とも結びつかなかったが，次第にスポーツそのものを愛好し優勝杯や盾をめざして正々堂々と競技する形態に推移していった。近代スポーツの担い手が上流階級や新興中産階級のみに限られることで，彼らはスポーツを独占し，社交のためにそれらを楽しんだのであった。

　スポーツを独占した階級概念を当時ジェントルマン・アマチュアと表現していた。当初のアマチュアは，愛好する人びとの意味以上に，階級概念であった。1839年にボートのヘンリー・ロイヤル・レガッタでは，「プロと賞金目当てに競技した者，生計のために競技の練習をコーチした者，職人，職工，労働者をアマチュアと認めない」とする最初のアマチュア規定が設けられた。

　1850年代から60年代のイギリスでは，パブリック・スクールのスポーツは運動競技を重視する思潮をもたらした。このことをアスレティシズム（運動競技礼賛の意味）という。ルールの成文化によって秩序を保ち，ゲーム活動で得られる資質を性格陶冶に利用したことは多くの反響を得た。生徒自らの運営による自治，生徒間での望ましい権力関係の構築，スポーツによる賞制度の創設など，教育機関や行政当局がスポーツを制度として公認することになる。

　こうしたアスレティシズムの興隆期に，スポーツマンシップという用語が倫理的なニュアンスを帯びはじめた。スポーツの活動から"play the game"（正々堂々と振る舞う）や"It is not cricket"（公正ではない）というイディオムが生まれた。教育として十分にスポーツが機能していることをイギリスのパブリック・スクールやオックス・ブリッジの大学訪問によって見聞したピエール・ド・クーベルタン（1863 - 1937）は，後に青少年の教育のために，オリンピックを復興することを構想したのであった。

[5] 日本へのスポーツの伝播と運動競技としての意味の定着

　日本におけるsportの訳語は，次のような変遷がみられる。

　まず，sportは，わが国最初の英和辞典である『諳厄利亜語林大成』（1814年）において，「消暇（なぐさみ）」と邦訳されたのが最初である。その後，幕末の幕府通詞，堀達之助の編集した『英和対訳袖珍辞書』（1862年）においても「慰み，滑稽，嘲弄，猟，漁，乗馬」と訳されている。これらの訳語には，欧米の「スポーツ＝狩猟」という歴史的な意味が継承されている。明治維新後間もない1874年，イギリスへの留学生の引率者として同行した幕府儒官，明治初期の啓蒙思想家中村正直（1832 - 1891）は，当時ベストセラーであっ

たスマイルズ（Samuel Smiles, 1812 - 1904）の『セルフ・ヘルプ』（1859年）をはじめて日本語に翻訳した。そのなかで中村は，sport を「遊戯」と訳出し，筋骨たくましい競技者が行う運動内容を紹介した。

こうした文面としての紹介に前後して，日本においてスポーツの実施の嚆矢（こうし）は，長崎，横浜，神戸の外国人居留地の余暇活動として居留外国人による，競馬，レガッタ（ボート），テニス，陸上競技，ベースボールなど各種のスポーツに見られる。

サッカーは，イギリス人将校ダグラス少佐の紹介により，海軍兵学寮で英国兵士らによって実施された。東京大学で英語を教えていたアメリカからの招聘教師ホーレス・ウィルソン（Horace Wilson, 1843 - 1927）は，ベースボールを実際に紹介し，大学野球の基礎を方法づけた。

イギリスの track & field は，同じく英国から英語教師として来日したストレンジ（Frederick William Strange, 1853 - 1889）によって紹介された。彼は，1883年 "outdoor games" と題するイギリス・スポーツに関する英文の書を日本で刊行した。また彼は，東京大学運動会主催の運動会について，特に墨田川で行われるボート競技を「水上運動会」，フィールドの走跳投の各種目の競技プログラムを「陸上運動会」と命名した。その後武田千代三郎が「競技」の考え方を提唱した。日本語で「陸上競技」と表現するに至った経緯がそれである。

また大正時代には，第一次世界大戦時俘虜（ふりょ）（捕虜（ほりょ））として日本に移送されたドイツ兵が，四国の板東俘虜収容所や九州の久留米俘虜収容所で多彩なスポーツ活動を行いながら俘虜生活を送っていたことも明らかになっている（第13章－ 4 参照）。

明治時代の終わりから大正時代の初めにかけて，「スポーツ」は遊戯の競争性が強調され，運動競技としての意味を帯びていたといえる。

［6］生涯スポーツと国際的なスポーツに関する憲章

第二次世界大戦後，ヨーロッパでは競技スポーツとともに，生涯スポーツに関する施策が相次いで策定・実施された。1960年イギリスのウォルフォンデン委員会は，『スポーツとコミュニティー』と題する報告書を刊行し，スポーツを健康福祉の観点からとらえ，スポーツ振興の必要性を提言した。北欧の国ノルウェーに端を発するトリム運動は，心身のバランスをとりながら健康な生活を維持することをスローガンとした運動であり，ヨーロッパ各国に影響を与えた。1960年代から1975年にかけて，西ドイツ（当時）では，「ゴールデン・プラン」（スポーツ施設の設置計画）と「第二の道」と題してスポーツクラブの活動の促進と人びとへの開放事業が展開された。

このようななか，1975年ベルギー・ブラッセルで開催されたヨーロッパのスポーツ所管大臣会議は，ヨーロッパ・みんなのスポーツ憲章として「すべての個人はスポーツに参加する権利を持つ」というスポーツ参加の権利を宣言し，その後1978年のユネスコ（国連教育科学文化機関）総会で「体育・スポーツに関する国際憲章」を採択した。そこでは，

スポーツの四つのカテゴリーを，①競争的なゲームおよびスポーツ，②登山などの野外活動，③美的運動としてのダンス，④健康維持のための調整的活動に区分し，具体的には，次の八つの内容の宣言がなされた。

1) スポーツ参加は人間の基本的権利である。
2) スポーツ振興のためには公的財源からの支出が必要である。
3) スポーツ政策は余暇対策などの諸事業との関連を持たせること。
4) スポーツ振興のためには公的機関と民間機関が協力すること。
5) 商業主義やドーピングの弊害からスポーツマンを社会的に保護すること。
6) スポーツ施設の全般的な計画を公的機関が所轄すること。
7) 野外活動を促進させるために法的措置も必要であること。
8) スポーツ指導には有資格職員があたること。

さらに1992年にギリシャ・ロードス島で開催されたヨーロッパスポーツ閣僚会議において，新たなヨーロッパスポーツ憲章が採択された。その内容は，次のようなものであった。

1) 「スポーツ倫理綱領—フェアプレイ：勝利への道」の原則にしたがって，スポーツに関与するすべての人びとの尊厳と安全を守り高めていくこと。
2) 生涯スポーツにとどまらず，トップレベルおよびプロ・スポーツに対する社会的支援までを含んでいること。
3) スポーツ参加における自然環境の保護に配慮すること。

こうした国際的なスポーツ宣言を受けて，わが国では1961年制定の「スポーツ振興法」に依拠しながら，1972（昭和47）年，保健体育審議会が，「体育・スポーツの普及振興に関する基本方策について」を策定し，生涯スポーツへの方策として，人口比でのスポーツの施設設置基準を提示した。さらに，1989（平成元）年，「21世紀に向けたスポーツの振興方策について」の答申で競技スポーツ重視が前面に出され，1989年，日本体育協会，日本オリンピック委員会との組織分離により，体協は国民体育大会の開催，スポーツ指導者の育成，スポーツ少年団の統括など，生涯スポーツの普及振興に力点を置くようになった。同審議会は，1997（平成9）年には「生涯にわたる心身の健康の保持増進のための今後の健康に関する教育及びスポーツの振興の在り方について」を答申し，また2000（平成12）年には，「スポーツ振興計画の在り方について－豊かなスポーツ環境をめざして－」（答申）において，総合型地域スポーツクラブの設置を地域スポーツの振興の目標に設定した。

また2000（平成12）年には，スポーツ振興基本計画が策定され，さらに2006（平成18）年の同計画の改訂により，スポーツは人生をより豊かにし充実したものとするとともに，人間の身体的・精神的な欲求に応える世界共通の人類の文化の一つであることが強調された。心身の両面に影響を与える文化としてのスポーツは，明るく豊かで活力に満ちた社会の形成や個々人の心身の健全な発達に必要不可欠なものであり，人びとが生涯にわたってスポーツに親しむことは，きわめて大きな意義を有していると述べられている。21世紀の社会において，生涯にわたりスポーツに親しむことができる豊かな「スポーツライフ」

を送ることに大きな意義があるとの基本方針が打ち出されたのである。

さらに，2011（平成23）年にスポーツ基本法が制定され，翌年には，同法に基づき，スポーツ基本計画が策定された。

このように今日のスポーツの概念は，近代スポーツの三つの要素として「遊戯，闘争，激しい肉体活動」を継承しながら，競技スポーツと生涯スポーツという両論を施策の方針として掲げられながらその普及・発展を続けている。現代ではスポーツは人びとの生活の質の向上に資するものであり，文化としてスポーツの意義が強調されている。

現代社会において，スポーツは個人の健康や福祉に有益であり教育的価値があるというだけでなく，公益性を持つものとしてそれが持つ意義は大きい。今後ますますスポーツの重要性が注目され期待されていくことは容易に推察される。一方で指導者養成，施設整備，スポンサーシップやスポーツをめぐる法的問題，スポーツ倫理など，課題も山積されている。スポーツを取り巻く環境の改善とスポーツを通してのよりよい社会の実現をめざして，これらの課題解決に取り組んでいくことが，体育学を専門に学び，あるいは体育学を専門の研究分野とするわれわれの使命であることを忘れてはならない。

2 用語「スポーツ」の概念史と日本的受容

[1] 英和辞典の "sport"

英米の文化や観念は，英和辞典によって，英米の文化や観念を日本語に翻訳し伝えられる。つまり英和辞典は，最も重要な文化変換装置であるといえる。英和辞典にみられる "sport" の訳語の推移は，表3-1の通りである。

日本で最初の英和辞典は，1814年オランダ人のブロームホフ（J.C. Blomhof）の指導を受けてオランダ語通詞の本木庄左衛門が作成した『諳厄利亜語林大成』（アングリア）であるといわれる。したがって，この辞典にみられる "sport" という言葉が，日本におけるこの用語の初出であるといえる。この辞典では，「消暇」（なぐさみ）と訳されている。

イギリスの宣教師・メドハースト（W.H. Medhurst）は，語彙集 "An English and Japanese, Japanese and English Vocabulary"（1830年）のなかで，"sport" を "tawamure, mote-a-sobu, (n)odoke" と訳した。ここでは，やや不真面目な楽しみ方に主要な意味が置かれている。1862年に幕府の通詞であった堀達之助らが著した『英和対訳袖珍辭書』では，"sport" は「慰み，滑稽，嘲弄，猟，漁，乗馬」と訳された[3]。これによって，その後の訳語の基礎が築かれたといえる。

しかし，アメリカの宣教師・医師でヘボン式の表記法を開発したヘプバーン（J.C. Hepburn）は，『和英語林集成』（1867年）において，"sportsman" を "kariudo" と訳しているものの，"sport" については，メドハーストと同様に，"tawamure, jodan, odoke" という意味でのみの紹介にとどまっている。

表 3-1　英和辞典に見る「スポーツ」の訳とその変化　　　　　　　　　　(I. Abe, 1997 作成)

(1)	1814	消暇（ナグサミ）
(2)	1830	(v) tawa-moor, mote-a-sob, (n) odoke
(3)	1862	慰ミ，滑稽，嘲弄，猟，漁，乗馬
(4)	1867	tawamure, jodan, odoke, sportsman: kariudo
(5)	1874	嬉戯，遊戯，嘲弄，戯言，玩具，滑稽，遊猟．　sportsman: 猟師，遊猟人．sportsmanship: 猟師ノ業
(6)	1876	1876: asobi, tawamureru, omocha, moteasobi, rio, kari, yurio1904: ryo, kari, asobi, yugi, tawamure, guro, yuryo, omocha, moteasobi. athletic sports: undokai. sportsman: ― sportsmanshin: ―
(7)	1884	遊，遊戯，嬉戯，滑稽，玩器，玩弄物，猟漁，畸形．sportsman: 遊猟者，獣猟，魚漁，鳥猟ニ遊ブ人，巧ナル遊猟者，遊猟ノ達人．sportsmanship: 遊猟，遊猟術
(8)	1898	嬉戯，遊戯，児戯，嘲弄，戯言，玩弄物，玩，諧謔，滑稽，遊猟，舞劇，歪生，矮生
(9)	1915	1. 慰ミ，戯レ，戯談，2. 娯楽，遊戯，競技，3. 遊猟，戸外遊戯，4. 変態動植物，畸形動植物，5. 遊戯好キ，6. 嘲弄．athletic sports: 運動会，inter-university sports: 大学間競技．school sports: 学校競技．sportsman: 遊猟者，漁猟者．sportsmanship: 冒険スルコト，遊猟又ハ漁猟ノ道

< Dictionaries >
1. 諳厄利亜語林大成 (Angeria Gorintaisei 1814).
2. An English and Japanese, Japanese and English Vocabulary(1830).
3. 英和対訳袖珍辞書 (A Pocket Dictionary of the English and Japanese Language 1862).
4. 和訳語林集成 (A Japanese-English and English-Japanese Dictionary 1867).
5. 英和字彙 (An English and Japanese Dictionary 1874).
6. An English-Japanese Dictionary of the Spoken Language(1876).
7. 英和字典 (An English and Japanese Dictionary 1884).
8. ウエブスター氏新刊大辞書和訳字彙 (Webster'sUnabridged Dictionary of the English Language 1898).
9. 井上英和大辞典 (Inouye's English Japanese Dictionary 1915).

　一方，イギリスの外交官であったサトー (E.M. Satow) は，EJDSEL (*An English-Japanese Dictionary of the Spoken Language*, 1904) において，"athletic sports" を "undokai"（運動会）と訳している．

　"sport" の訳語として最も注目すべき「競技」という言葉が頻繁に用いられたのは，1915 年の『井上英和大辭典』であった．著者・井上十吉は，イギリスのラグビー校出身であったことから，用語 "sport" のニュアンスを伝えることに成功したのではないかと考えられる．アメリカのアマースト大学で学んだ神田乃武は，1919 年の『模範新英和大辭典』では，"Athletic sports, 運動會" とし，運動競技を想起させる言葉として "athletic" を用い，"sport" に対しては未だ「遊技」を用いている．

　以上のことから，井上や神田の辞書が出され始めた明治時代末から大正時代にかけて，"sport" とその近代的な訳語としての「競技」が結びつき始めたと考えられる．

[２] 国語辞典における「スポーツ」

　国語辞典は，多様な訳語を主要な訳語に収斂させる傾向を持つ．英和辞典における日本

表 3-2　日本語の辞書に見る「スポーツ」の意味の推移　　　　　　　　　　　　　　　　（阿部, 1997）

日本語辞典	用語	意味の記述
1. 言海 1889	―――	―――
2. 日本大辞林 1894	―――	―――
3. ことばの泉 1898	―――	―――
4. 辞林 1907	―――	―――
5. 大日本国語辞典 1915	―――	―――
6. 広辞林 1925	―――	―――
7. 大言海 1932	スポウツ	戸外遊戯，屋外運動競技
8. 広辞林 1934	スポーツ	競技，運動
9. 辞苑 1935	スポーツ	1. 競技，運動　2. 遊戯，遊猟
10. 言苑 1938	スポーツ	1. 競技，運動　2. 遊戯，遊猟
11. 明解国語辞典 1943	スポオツ	1. 娯楽，慰み　2. 運動（競技）
12. 言林 1949	スポーツ	競技，運動
13. 辞海 1952	スポーツ	運動競技，戸外遊戯，野球，庭球から登山，狩猟などまで，身体鍛練を目的とするものの総称
14. 広辞苑 1955	スポーツ	陸上競技，野球，テニス，水泳，ボートレースなどから，登山，狩猟などにいたるまで，遊戯，競争，肉体鍛練の要素を含む運動の総称
15. 新言海 1959	スポーツ	1 遊戯，戸外遊戯，遊猟，釣魚，競走，野球，庭球，ボートレースなどの総称 2. 楽しみ，慰み，気晴らし，冗談，戯れ，嘲弄

語訳は，日本語への導入的性格を持ちながらも，必ずしも日本語としての「受容」と「定着」を意味するものではない。すでに述べたように，英和辞典では，英米系の文化のニュアンスを伝える訳語が捻出された。しかし，国語辞典は，それらのニュアンスを再び日本の実態に対応させ，その訳語を選択的に受容するという文化変換を試みる。国語辞典にみられる外来語「スポーツ」の意味の推移は，表3-2の通りである。

　明治初期の代表的な国語辞典である『言海』(1889-1891)には，外来語としての「スポーツ」は記載されていない。1932（昭和7）年の『大言海』において，「スポウツ」という表記で「戸外遊戯，屋外運動競技」と記述されるまで，国語辞典上では，「スポーツ」は日本語として受容されていなかったと考えられる。

　その後の国語辞典では，表3-2にみられるように，「競技」と「運動」の意味を第一義にする傾向が強い。

　『広辭林』の1934年版では「競技運動」とされており，また，『大辭典』(1934-1935)では，「（原語スポートとスポーツの相違はあれども我国にて混用す）①運動，遊戯（個人の身体鍛錬，娯楽を目的とするもの），②競技，演技（一般に目的にて行う団体的の競技または運動会）」と訳されている。

　このように国語辞典では，「スポーツ」はその当初から，遊戯の競争性を強調する「競技」「運動」「運動競技」（競技運動）を第一義とする用語に変換されたのである。すなわち，

外来語「スポーツ」は，競技性の強い，鍛錬的意味合いを強く示す用語として定着したといえる。そして，国語辞典の「スポーツ」の項目において，英米系の辞書や英和辞典において言及された，楽しみ，気晴らし，娯楽，冗談などの意味に言及するようになるのは，1959年の『新言海』のころからである。

　以上のように，外来語「スポーツ」を記載し始めた国語辞典では，英和辞典でみられた楽しみや気晴らし，狩猟的活動の意味を希薄化させたのであった。日本人は，「スポーツ」という言葉の概念進化を遡行したものの，「スポーツ」を比較的まじめな運動競技として受容し，「スポーツ」の元々の意味合い，すなわち，気晴らしや遊びの意味を希薄化させたといえる。日本において「スポーツ」という外来語は，まず「運動競技」の意味として定着し，その後に，「娯楽，慰み，狩猟」というような，通時的に先行する意味を補足するという逆転現象をもたらしたのであった。

(阿部生雄)

課題
1. かつては遊びの要素を有していたスポーツの概念がどのような歴史的経緯で人間を育てる教育的機能を有するようになったのかを説明してみよう。
2. 日本において今日的なスポーツの概念が定着するまでの経過を説明してみよう。
3. スポーツに関する国際的な憲章を求めている内容は何か説明してみよう。
4. スポーツの教育的価値について述べよ。
5. 英和辞典や国語辞典の中の「sport」「スポーツ」の見出し語の意味の変化から，どのようなことが理解できるか，考えてみよう。

【参考文献】
1) 阿部生雄「19世紀イギリスにおける近代スポーツの形成」，渡辺融編著『現代体育・スポーツ体系　第2巻　体育史』1984年，講談社．
2) 阿部生雄「辞書に見る"スポーツ"概念の日本的受容」，中村敏雄編著『外来スポーツの理解と普及』1995年，創文企画．
3) 阿部生雄「スポーツの概念史」，岸野雄三編著『体育史講義』1998年，大修館書店．
4) 阿部生雄『近代スポーツマンシップの誕生と成長』2009年，筑波大学出版会．
5) ベルナール・ジレ（近藤等訳）『スポーツの歴史』1947年，クセジュ文庫．
6) 寒川恒夫（編）『図説スポーツ史』1991年，朝倉書店．

第4章

「スポーツ」と倫理

> **本章のねらい**
>
> 「スポーツマンシップ」は，もともと狩猟家の気質を意味する言葉であったが，19世紀から20世紀初頭にかけて，重要な教育機能を持つ考え方となった。今日では一種の世俗性，普遍性を持つスポーツの精神を集約する考え方として用いられている。まず，スポーツやスポーツマンの倫理を規定する「スポーツマンシップ」について考察する。次にスポーツマンシップとは，誠実な人間的行動へのニュアンスを帯びている。その思想的根拠の一端を担ったのが筋肉的キリスト教と呼ばれる思想である。本章では，近代スポーツやスポーツマンシップに影響を与えたその思想とは何かについて考える。
>
> キーワード：近代スポーツ，倫理綱領，フェアプレイ，武田千代三郎，競技道，チャールズ・キングズリ，アスレティシズム，チームスピリッツ，オリンピックムーブメント

1 「スポーツマンシップ」の登場と展開

[1] スポーツマンとは何か

　スポーツマンシップとは，肉体的，精神的な抗争を伴うゲームや，スポーツなどの競争的，競技的な遊戯のなかで求められる技能や知識，さらには人間的な精神的資質とか礼儀作法などの態度，ふるまいといった行動規範を意味する概念である。一種のコモンロー（慣習法）的な性格を持ち，その時代，その帰属する文化圏の道徳規範，倫理，慣習を反映するが，時にはそれはたんなる遊戯精神にとどまらず，より一般化され普遍化された市民的，人間的な道徳と倫理とを象徴的に意味する言葉として使われる。一般に，〜ship という接尾辞は，技術，職業，専門，位階などに期待される技能，知識，態度などの固有の資質を表現するものである。したがって，スポーツマンシップは何よりも，スポーツマンという用語が有する意味によって規定される。『オックスフォード英語辞典』（*Oxford English Dictionary*＝OED）によれば，sportsman という用語は，ファーカー（G. Farquhar）の『素

晴らしき策略』(1706-1707) に初見されるという。そこでは，遊び人（a man of pleasure）の意味で用いられている。しかし，1677 年のコックス（N. Cox）の『紳士のレクリエーション』の序文には，狩猟家を意味する sportsmen という表記が見られる。いずれにせよ sportsman という用語は，17～18 世紀にかけては遊戯人や狩猟家の意味で用いられた。ジョンソン（S. Johnson）は『英語辞典』(*A Dictionary of English Language*, 1755) のなかで，sportsman を野外のレクリエーションに従事するものと定義している。この野外レクリエーションとは，主に狩猟，乗馬，釣りなどの活動を意味する sport とほぼ同じ意味である。したがって，当時のスポーツマンは，狩猟家（huntsman）に等しかった。この sportsman の概念は，19 世紀まで根強く継承されている。たとえば，ヘアウッド（H. Harewood）は，『スポーツ事典』(*A Dictionary of sport*, 1835) でスポーツマンとは野外での気晴らしを愛好する人びとのことで，そうした活動を定期的に，技能巧みに，公正さをもって行う人びとで，この意味で密猟者と正反対の人びとであるとしている。

[2] スポーツマンシップの用語とその意味

　sportsmanship という用語の初出は，OED によれば，フィールディング（Fielding）の『トム・ジョーンズ』(1745 年) で，トムが 5 本柵を跳び越える乗馬術の技量を表現する場面に用いられている。辞書の記述でいえば，sportsman とか sportsmanship という語が，一種の倫理的ニュアンスを加味した言葉となるのは，19 世紀末から 20 世紀初期にかけてである。1889 年から 1928 年にマレー（J.A. Murray）によって編纂された OED の前身の辞書である NED（*New English Dictionary of Historical Principle*）の sportsman の項には，「行為やふるまいにおいてスポーツマンの典型的な良き資質を示す人」を意味すると補足され，この意味での初出を 1894 年の "*Outing*" という雑誌に求めている。

　イギリス，アメリカの 19 世紀の辞書は，一様に sportsman を狩猟，乗馬，釣り，射撃などを好む人とし，sportsmanship をそうした活動の実践と技能を示すと定義している。しかし，1924 年刊行の POD（*the Pocket Oxford Dictionary of Current English*）では，sportsman を「狩猟を好む人，そしてまたみずからの敵にもフェアプレイを許容しなければならないゲームとして生活をみなす人，大胆なゲームを行う心構えのある人」と定義し，人間的な資質をその意味に含ませはじめている。それより少し早く，アメリカの NDEL（*New Standard Dictionary of the English Language*）は，1893 年の初版から遅くとも 1919 年の改訂版で sportsman の項目を大きく書き変え，次の四つの意味に整理し，それが多義化したことを示している。それらは，①フィールドスポーツに従事するもの，同様に大きな獲物のハンター，②（合衆国）スポーツに対する関心が主に賭けにあるような人，③公正に競技し，それ自体のために正々堂々とプレイし，賞を必要としない参加者，④比喩的に，逆境にあって男らしく耐え抜く，である。1929 年の WIDEL（*Webster's International Dictionary of the English Language*）にも同じ傾向が見られ，スポーツを行う人，とりわけ，①主に狩猟，釣りなどのフィールドスポーツを実践する人，②主に競馬などの

スポーツに賭けをする人，賭博師（現在ではよい意味に用いられない），③スポーツにおいて公正で寛大な人，不正なことに訴えない人，よき敗者，素晴らしき勝者，と記述されている。こうしてみると，sportsman, sportsmanship という用語に，一種の倫理規範がくりこまれるのは19世紀末から20世紀初頭にかけてであったといえる。

［3］倫理綱領としてのスポーツマンシップ

スポーツマンシップは，一種の世俗性，普遍性を持つスポーツ精神を集約するイデオロギーを形成した。20世紀初頭から，スポーツマンシップを重要な教育機能を持つものとしてとらえ，それを条項化していく試みが生まれる。これらは不文律，慣習法としてのスポーツマンシップを成文化し，倫理綱領化しようとする試みであった。

第二次世界大戦後，スポーツマンシップ普及の運動は新たな段階を迎えた。スポーツの大衆化，技術の高度化に伴うアマチュアとプロフェッショナルの領界の不鮮明化が一つの要因である。スポーツマンシップの一要素であったアマチュアリズムの拘束性を弱め，フェアプレイを等置化しようとする動向の台頭である。しかしながら，アマチュアリズムは階級排他的な性格に由来しつつも，商業主義，特定の政治，宗教，民族との結合によるスポーツ利用を批判する思想を内包していることを忘れてはならない。スポーツマンシップをフェアプレイに集約する運動はフランスから生じた。フランスはスポーツ最高委員会を設置し，「スポーツの教義に関する覚書，1964年」を公表した。このなかでは，「もしスポーツが競争を含むなら，それはスポーツマンシップの精神において実行されなければならない。フェアプレイの精神なくして，真のスポーツはあり得ない」と主張された。同年，ユネスコの助言機関，国際スポーツ体育学会(ICSPE)は，このフランスの覚書を受けて「スポーツ宣言」を出し，学校スポーツ，余暇スポーツ，チャンピオンシップスポーツにおけるフェアプレイの重要性を訴えた。この序論のなかで，ノーベル平和賞受賞者，ノエルベーカー卿 (P. Noel-Baker) は，「フェアプレイはその名に値するスポーツの本質であり必須条件である。それはアマチュアスポーツと同様，プロスポーツにあっても本質的なものである」と主張した。1964年，国際スポーツ新聞協会（ISPA）と国際スポーツ体育学会は共同してピエール・ド・クーベルタン・フェアプレイトロフィー国際委員会を設置し，毎年，傑出したスポーツマンシップを示した競技者やチームにトロフィーを贈る制度を設けた。これに伴ってフェアプレイ・フランス委員会（CFFP）が設けられ，フェアプレイの普及を推進することになった。

［4］国際社会とスポーツマンシップの展望

21世紀の国際社会において，スポーツマンシップには，多様な人道的資質がこめられている。理想主義的にいえば，スポーツマンシップは，政治，宗教，文化，階級，人種，性差，あらゆる差別を超越する人類愛，人間愛，民主主義をはぐくもうとするものであり，競争を媒介として相互信頼と平和とをもたらそうとするヒューマニズムの主張である。し

かし，19世紀末から20世紀初頭にかけてスポーツマンシップが声高に叫ばれたにもかかわらず，スポーツマンシップは二つの世界大戦という人類の悲惨を抑止するイデオロギーとはなり得なかった。オリンピックムーブメントに限らず，スポーツマンシップとフェアプレイの世界的な運動は，現在の激動する国際情勢，核廃絶への展望のなかで，それらがいかに国際世論の統合と国際的な価値体系の創出を文化的，政治的多次元性を抱えつつ可能にし，調停し得るのか，という切実かつグローバルな問題と連関しているといえよう。

［5］日本における「スポーツマンシップ」の受容

さまざまな運動競技やスポーツが導入された明治期の日本において，「スポーツマンシップ」はどのように理解されたのであろうか，その日本的受容について考えてみたい。

1875（明治8）年3月，イギリスから来日した招聘英語教師F.W.ストレンジは，その後東京英語学校，東京大学予備門，高等第一中学校で英語教師を務めながら，日本の学校に運動部を導入し，自らもスポーツマンとして運動やゲームの重要性を説いた。

柳川藩士の次男として生まれた武田千代三郎（1867‐1932）は，東京大学予備門に入学，ストレンジと出会った。東京帝国大学卒業後は，内閣法制局，参事官，書記官，秋田県知事等を務めた。また，1913（大正2）年から1921（大正10）年まで大日本体育協会副会長を務め，日本のスポーツ界に大きな影響を与えた人物でもある。ストレンジの影響を強く受けた武田によって，「スポーツマンシップ」は「競技道」と訳され集約された。

武田にとって，ストレンジの導入した西洋的競技運動と「スポーツマンシップ」は，近代日本にとって対立的な，異質的なものではなく，「競技道」として日本的土壌と精神に移植可能なものであり，日本帝国建設のための精神的バックボーンとなり得るものであった。武田は「競技道」において，当時世界的に最先端にあったフランスやドイツの学者の運動生理学とトレーニング理論の知見を援用しつつも，精神的な「鍛錬論」や修養の論理で構成されたハードなトレーニング（今日ではきわめて危険なもの），修練の大切さ，その苦しさを経て得られる人間的な向上の重要性を主張したのであった。

武田の「競技道」は，①運動の奥義，②運動の練習，③運動家の品格，④運動家の度量礼儀，⑤規律，⑥克己節制，⑦勇往邁進，という七つの徳目によって構成された。運動は心身の鍛錬という目的に奉仕する手段であり，運動自体に目的と価値があるのではない。運動は，精神力の鍛錬でなければならない。卓越した技能によっても得られない資質，教養としての，アマチュアとしての競技が求められるのであり，フェアプレイは，武士道，兵法，儒教思想と深く共鳴していた。また，武田の「競技道」は，彼を取り巻く時代と世界の動向に対する鋭敏な反応でもあり，次のようなきわめて重層的，複合的な性格を持っていた。

まず，競技は「人らしき人」をつくるための手段であり，伝統的な「修行」的実践であり，仁義礼智信という儒教道徳は西洋的「競技」を理解するための受け皿として機能し，「競技」は人間修養の手段として積極的に受け入れられるべきものとしてとらえられた。ここに，「競技道」としての「スポーツマンシップ」の日本的受容の特色があげられる。また，

武士道に見られる忠誠，犠牲，信義，廉恥，礼儀，潔白，質素，倹約，尚武，名誉，情愛という資質は，「人らしき人」の資質と合致するものであった。武田は西洋的競技運動（スポーツ）を通じて，礼儀を重んじ，仁義を尊び，公明正大に全力を尽くして勝負し，相手を己の師と見なし，勝敗を天運に委ねるという武士的気質の養成，すなわち「競技道」の確立を期待していた。「フェアプレイ」が武士道に内包されていると実感していたのである。

さらに，「競技道」は，明治期の代表的な教育理論，スペンサーの知育・徳育・体育という三育論の枠組みに依拠していた。武田は競技運動が身体と徳と精神の鍛練手段であると信じ，「国民」形成に不可欠な教育活動と見なした。また，明治維新後の日本の社会を生存競争の場と認識し，学生の本分はあくまで学業にあるが，将来の生存競争に備えて体を鍛え，徳操を磨くことが肝要であると考えた。したがって，「競技運動」はあくまで鍛練的，修行的，修養的でなければならなかった。また，「競技道」は，ナショナリズム，帝国主義と結びつけられた。武田の，紀律，秩序，権威への服従は，封建制度瓦解後の「日本の天皇制国家イデオロギー」と深いところで共鳴していたのである。

武田は，アマチュアリズムに，それが内包する非物質主義的な高潔さとフェアーさを見出していた。武田は名誉を重んじ，打算と利を嫌い，倹約と質素を重んじる行動規範によって西洋的「アマチュアリズム」を理解しようとした。職人芸，大道芸，利を求める商人根性，つまり競技におけるプロフェッショナリズムと商業主義は，武士道を理念とする「競技道」において，いわば本能的に拒否された。したがって，武田の「競技道」には，「修行」「鍛練」「修養」という側面と，国際競争の覇者を展望する視線，権威主義的傾向が強かった。

以上のように，武田の「競技道」は，最先端の運動生理学の知見に基づきつつ，その知見を日本の伝統的な武士道や儒教的修養論に即してとらえ，一つの日本的なトレーニング論に再構成し，それを可視的なものに変換するものであった。また，武田が「競技道」の一つの重要な構成要素とした「アマチュアリズム」は，物欲や「汚行」を忌避しようとする倫理として機能するものであった。武田の場合，こうした非物質主義的な倫理は，当然，武士道や伝統的儒教思想になかば無意識的に影響されつつも，確固とした「近代的」な倫理の範例となった。

日本が「競技」を西洋から受容し始めた黎明期において，武田はそれを排外することなく，青少年の教育に位置づけ，日本の青少年が「競技」を通じて「人らしき人」になれるという「室外教育論」の可能性を信奉していた。その競技に対する信奉は，近代オリンピックの創始者であるピエール・ド・クーベルタンの「競技教育」の考えに見出される競技に対する人間形成機能への信念と共有され得るものであった。

武田の「競技道」は，人間形成機能としての「スポーツマンシップ」の可能性を，日本の学生に示し，一つの理想主義的イデオロギーを樹立した。「競技」を人間形成として理解するとき，手段論が必ず出てくる。問題はその手段論ではなく，「人らしき人」という理念の内実，在りようであるといえる。

2 筋肉的キリスト教とその思想―近代スポーツへの影響―

［1］筋肉的キリスト教の思想動向

「筋肉的キリスト教」（muscular Christianity）という用語は必ずしも統一的な思想や運動を意味しない。それは，チャールズ・キングズリの小説『二年前』（*Two Years Ago*, 1857）を『サタデー・レビュー』誌（*Saturday Review*）の中で批評したサンダース（T.C. Sanders）によって戯言的に名づけられたものであった。その思想傾向が19世紀中葉イギリスのアスレティシズム（競技礼賛）の内実を規定し，その興隆を正当化したことは間違いない。1980年に来日したマッキントッシュ（P.C. McIntosh）は「キングズリやヒューズなどの筋肉的キリスト教徒は…（中略）…Fair Play for All を推進した人々である」と評価した。彼らがフェアプレイの最初の大衆的翻訳者であったかどうかは別にしても，「筋肉的キリスト教」という表現は19世紀中・後葉のイギリススポーツの動向に一種の呪術的機能を発揮することになった。サンダースによって1857年に造語された「筋肉的キリスト教」は，同年出版されたトマス・ヒューズの『トム・ブラウンの学校生活』の爆発的な売れ行きによって急速に実体概念として受容され始めた。1859年には早くもハーバート・スペンサー（Herbert Spencer）が『知育・徳育・体育論』の中でキングズリを，体育を積極的に支持する筋肉的キリスト教徒の始祖として評価しつつも，彼らの行き過ぎを少々とがめるほどであった。

筋肉的キリスト教の思想を継承したエドワード・スリング（Edward Thring）は，1853〜87年にかけてパブリックスクールの一つ，アッピンガム校の校長を務め，アスレティシズムの興隆に寄与した。キングズリらの筋肉的キリスト教徒の影響を受けて，ゲームやスポーツに対する情熱は，この時代に増幅した競技精神，新たな富豪階級による奨励，帝国主義に対するより広汎な関心といった影響の下で，1860〜70年代には十分に開花したといわれる。1883年に渡英したピエール・ド・クーベルタン（Pierre de Coubertin）が眼前にしたのは，こうした動向の中で筋肉的キリスト教の名称の下に闊歩しているイギリスの青少年たちであり，運動競技に熱中するアスレティシズムの状況であった。クーベルタンはこの運動を導いた人びととしてトマス・アーノルド，トマス・ヒューズ，エドワード・スリングらの他にチャールズ・キングズリを含めていた。

［2］アスレティシズム，アマチュアリズムと筋肉的キリスト教の位置

スポーツマンやスポーツマンシップの語に，倫理的なニュアンスが加味されたのは，19世紀中・後葉におけるイギリスのパブリック・スクールや大学などのエリート教育機関におけるゲーム活動の組織化と，アスレティシズムの興隆とに関係があった。

古代ギリシアの競技者資質としてのアマチュアリズム，神への忠誠，武勇，寛大さ，宮廷的作法，女性崇拝などといった中世の騎士道の資質は，彼らの運動実践のなかで再び開

花した。こうした理念，資質の復古は，産業革命に伴う新興中産階級の台頭，新たな指導者資質と教養観の模索，ナショナリズムの高揚と植民地の拡大統治を確たるものとする帝国主義への志向，などの動向と深く関わっていた。イギリスの近代スポーツマンシップの萌芽は，アマチュアリズム，フェアプレイ，ストイックな鍛練を経て獲得する大人的，男性的，聖的な自己練成の理念，近代的組織論をふまえた共同精神としてのチーム・スピリット，騎士道精神の再評価を伴って現象した。

アマチュアリズムは，職業・専門を持たないジェントルマンとしてのイギリスの支配者階級の伝統的な教養観（ディレッタンティズム，古典的教養）と不可分の関係にあった。この教養観は19世紀のリベラリズムの思想と合体し，自由教育（liberal education）として概念化された。19世紀中葉に職業教育が叫ばれ，専門職によって産業社会の中枢部にプロフェッショナルズが登場し始めたころにあっても，自由教育は根強く温存された。愛好ゆえの愛好，特定の目的（政治，宗派，金銭，専門）との結合を忌避して，自立性と中立性を保持する考え方は，ニューマン（J.H. Newman）の1852～1858年の『大学の理念』に鮮やかに集約されている。イギリス紳士階級のディレッタンティズムを吸収したリベラリズムと，近代アマチュアリズムとは，その奥底において通底するものであった。

社会的に善とされる行為に奉仕するものとして，肉体や身体を道徳形成や社会改良の手段にしようとする運動は，19世紀中・後葉に高まりを示すキングズリ（C. Kingsley），ヒューズ（T. Hughes），スティーヴン（L. Stephen）らの筋肉的キリスト教（muscular Christianity）の運動によって導かれた。彼らは善や公正へと向けて身体を鍛え，行使することを重視した。換言すれば，身体の道徳的行使と道徳形成機能への着目であった。キングズリはキリスト教社会主義や衛生改革運動への挺身を契機として，『酵母』(1848年)や『オールトン・ロック』(1850年)の社会小説を描くなかで，ゲームやスポーツを産業革命のもたらした資本主義的悪環境の下で身体破壊にあえぐ人びとの身体的再生を導く文化として位置づけた。また，資本主義，自由競争と自由放任主義を一定の批判的視野にすえ，階級闘争を抑止しつつ，人びとをナショナルなものへと統合しようとする協同労働の組織論から協同精神の重要性を訴えた。ヒューズも『トム・ブラウンの学校生活』(1857年)のなかで，ゲームを一つの制度（institution）ととらえ，同胞意識を媒介とした団結，利己心を滅しきった協同，位階性に基づいた規律，相互信頼や統率力を培うチームゲームを称賛した。スティーヴンもケンブリッジの学生監として，「神を畏れ何千時間もかけて何千マイルも歩く」をスローガンにボアコンストリクターズという長距離を歩くクラブをつくり，またエイトのコーチ，オックスブリッジの対抗陸上競技会の組織化に貢献した。

彼らはまた，筋肉的キリスト教の主要な資質として，騎士道とフェアプレイ精神に着目した。ヒューズの『オックスフォードのトム・ブラウン』(1861年)によれば，筋肉的キリスト教とは「昔の騎士的でキリスト教的な信念をもち，人間の肉体は鍛えて服従に付すために与えられ，さらに弱者を守るため，あらゆる正しい理由の進歩のため，そして神が人の子らに与えた俗界を征圧するために用いられるという信念を持つ」人びととされてい

る。キングズリもまた『ダビデ』(1865年)と題する講演の中で,筋肉的キリスト教徒を「温和で完全なる騎士」と位置づけている。彼らにとって騎士道は,産業的無秩序,経済的個人主義,自由放任主義のなかで高進する相互無関心や,生存競争における敗者の放置を批判する正義感として機能し,近代市民社会を批判する理念として再生されるべきものであった。

［3］チーム・スピリットー「協同」の思想ーとプレイ・ザ・ゲームの精神

　マッキントッシュは,19世紀後半のパブリックスクールに,そのゲームがチーム精神や集団への忠誠心を育成するかしないかによって「メジャースポーツ」(major sport)か「マイナースポーツ」(minor sport)に分類される傾向があったことを指摘している。この点はヒューズの『トム・ブラウンの学校生活』に鮮やかに描かれている。ヒューズはこの小説の中で同胞意識を媒介とした団結,利己心を滅し切った協同,位階制に基づいた規律,相互信頼や統率力を培うチームゲームを礼賛した。功利主義者は建前として民主主義を唱えつつも,競争原理のもたらす自由放任,経済的個人主義,産業的利己主義を貫徹することにより,社会の構成員を絶えず原子化された個々人に分解してゆく。キリスト教社会主義者は労働者階級の悲惨な状態を招くこれらの原理を批判し,産業的無秩序を庇護的な階級制度に置き換え,人間相互を結びつけ保護するかつての社会関係を再生させようとする。彼らの協同思想はこのように宗教的な同胞愛から導かれる干渉的で封建的な理念を温存した社会主義として現象する。ヒューズとキングズリの強調するチーム・スピリットは,彼らのそうした「協同思想」を反映しているものであった。

　自由と平等の市民的理念は,旧身分秩序の解体と民主主義理念を導く一方で,資本主義的自由競争と自由放任主義をも導いた。抽象化された自由と平等をたてまえに,競争を媒介とした実力と能力支配の階層構成を編成しようとする熾烈な生存競争が始まるのである。こうした時代は,消極的にも積極的にも「社会ダーウィン主義」の思想を培養した。1860年の『サタデー・レビュー』は,パブリックスクール教育の役割を「生徒の前に横たわる闘争」に備えて,「真のマンリネスたる純粋で頑強な自立心」を育成するため,「健全な無視」によって教育することに求めている。しかし,生存競争が熾烈さをきわめるにしたがい,公正な闘い,愛他的競争への憧憬が深まる。フェアプレイの精神は,パブリックスクールで「プレイ・ザ・ゲーム Play the game＝正々堂々とプレイする」という言葉にこめられる。しかし,このゲーム精神は帝国主義支配を正当化する論拠ともなった。マイルズ (E. Miles) は『プレイ・ザ・ゲーム―アングロサクソンのスポーツマン精神―』(1904年)のなかで,他の国民と異なり,イギリス人が植民地の原住民とプレイ・ザ・ゲームに努めることを事例としてあげ,イギリスの帝国支配を正当化する論拠とした。同様にクック (T. Cook) も『性格とスポーツマンシップ』(1927年)のなかで,自民族中心的なゲーム熱のもたらすアングロサクソンの優位性に言及し,「われわれは自分たちの遺伝を価値あらしめるべきである。われわれの血によって,また,われわれの骨格や行為のなかでは

ぐくまれ，少年をプレイ・ザ・ゲームにするところのフェアプレイの感覚によって，それを保つであろう」と主張した。

［4］世俗化とスポーツマンシップの倫理・行動規範への影響

　パブリックスクールではぐくまれた，プレイ・ザ・ゲーム，「イッツ・ノット・クリケット It's not cricket ＝公明正大を欠く」などのイディオムは，生徒の生活圏を超えた倫理規範，行動規範となりはじめた。1912年，ハロー校の校長バトラー（M. Butler）は卒業生を前に，「クリケットであれ，政治であれ，専門職であれ，プレイ・ザ・ゲームということほど，私が推賞したいモットーはない」と訴え，以降その言葉がハロー校のモットーになったといわれている。また1917年，ヘイルベリー校のマリム校長（F.B. Malim）は，ゲームの道徳形成機能に言及し，「この国の若者の内に宿る国民的勇気」を保証する身体的勇気のほかに，忍耐心，自制心，没我，公正な手段，公共心，統率力などをゲーム精神として数えあげている。さらに，マシュー（B. Mathew）も『ゲームの精神』（1926年）のなかで，ゲーム精神の発達を旧約聖書の世界，古代ギリシア，騎士道の時代，そして現代という四つの段階に整理し，現代においてゲームを子どもから大人への通過儀礼ととらえ，それが，プレイ・ザ・ゲーム，フェアプレイ，勇気，真実，忠誠，指導力，自己鍛錬と忍耐，同胞愛，チーム・スピリット，ルールの遵守といった世俗化された社会的諸資質をはぐくむとした。彼はこのゲーム精神が今やパプアニューギニアの少年にまで浸透し，彼ら未開人を文明化していると誇らしげに報告している。このように，筋肉的キリスト教の思想は，パブリックスクールのゲーム精神と結合し，世俗化を遂げつつイギリス帝国主義段階にその十全な機能を開花させたのである。

［5］オリンピックムーブメントへの影響

　イギリスの帝国主義的躍進は，スポーツマンシップの伝播を国際的に急速に進めた。しかし，さらにオリンピックムーブメントは，それが近代アマチュアスポーツの国際化を本質要素としただけに，その理念の普及を決定的なものとした。クーベルタン（P. Coubertin）は1883年に渡英し，アーノルドの中等教育改革を確認すると同時に，興隆するアスレティシズムに内在する筋肉的キリスト教の思想を深く呼吸して帰国した。帰国後，『イギリスのカレッジ』（1886年）を発表し，1887年にはアーノルドの「クリスチャンマンリネス」の理念や筋肉的キリスト教の思想を紹介した「イギリスの教育」を社会経済学会で講演した。1888年にはそれらの思想を「競技教育」として概念化し，同名の講演を科学推進協会で行った。彼はスポーツのストア的解釈を前面に出し，「低い目標から高い目標へと志向する人びと」の道徳形成にスポーツは大きな役割を果たすと訴えた。これは，フランスの教育家ディドン（H. Didon）神父がとなえ，クーベルタンによって1926年に採用された「より速く，より高く，より強く」という近代オリンピックの標語を導く思想であった。こうしたストア的なスポーツの解釈によって，彼は1888年に「スポーツ

の道徳的効用」を講演し，翌年には中等教育改革を競技教育によって推進するためにフランススポーツ競技連盟（USFSA）設立し，そして国際オリンピック委員会（IOC）の設立を導いたのであった。

　1892年，同連盟創立5周年のおりに，オリンピック競技復活の提案がクーベルタンによってなされることになる。彼はオリンピックムーブメントを契機として，スポーツと道徳，つまりスポーツによる人格形成の問題を宗教から心理学へと引き寄せ始める。1897年のルアーブルでの国際オリンピック委員会の会議では，すでに身体訓練の心理学，身体訓練の年少者におよぼす道徳的影響や，性格形成や個性におよぼす影響といった議題が見出される。第7回国際オリンピック委員会の会議（ブリュッセル，1905年）では，文学者協会会長のプレボ（M. Prevot）の講演，「スポーツ鍛錬における精神」の訴えたスポーツの人文主義的把握に深い感銘を受け，1911年，国際オリンピック委員会の会議（ブダペスト）のおりに，彼は「スポーツ活動，がんばりと性格形成，成果」という題目で講演し，スポーツが果たす個人的能力（柔軟性，器用さ，力，耐久力）の向上，スポーツへの欲求，習慣，激しい身体訓練と名誉を求めることから導かれる美と健康，高尚な目的の希求，孤独と仲間の友情，助力と競争相手，イニシアティブと規律，人格の形成と発達などを訴えた。第15回国際オリンピック委員会会議（ローザンヌ，1913年）は議題に「スポーツ心理学」を据え，同年クーベルタンは「スポーツ心理学試論」を『オリンピック・レビュー』に発表する。1919年，これらの関心は『スポーツ教育学―スポーツ運動の歴史，技術，道徳的，社会的影響』に集大成された。

　帝国主義を背景とする多民族と国家間の融和を求める諸理念の隆盛はオリンピズムの理念に凝集されると同時に，スポーツマンシップの理念を宗教的，宗派的な理念から分離させる。クーベルタンによって，宗教による道徳形成は世俗的な人格形成理論としての心理学の範疇に溶解される。こうして，スポーツマンシップは，民族，ナショナリズム，宗派性を超越した世俗的，普遍的なイデオロギーとして新たな人間形成の理念と機能を獲得しているのである。

（阿部生雄）

課題
1. スポーツマンシップの今日的な意義について述べなさい。
2. 日本では「スポーツマンシップ」はどのように受容されたのか考察しなさい。
3. 筋肉的キリスト教の思想に着目することは，スポーツのどのような考え方の背景を探ることになるのか考えてみよう。
4. アスレティシズムがいかにオリンピックムーブメントと関連を有しているか，説明してみよう。

【参考文献】
1) 阿部生雄『近代スポーツマンシップの誕生と成長』2009年，筑波大学出版会.
2) ピーター・マッキントッシュ著，水野忠文訳『フェアプレイ，スポーツと教育における倫理学』1983年，ベースボール・マガジン社.

第5章

「プレイ」とは何か
―遊戯論とスポーツ―

> **本章の ねらい**
>
> ホイジンガのいう「スポーツは遊びの領域から去ってゆく」の真意を探る。それは，『ホモ・ルーデンス』の読まれ方に疑問を感じたからである。まずオランダで出版された時代的背景を調べ，さらに邦訳されたときの背景を問うてみた。この書がこれまでどのように読まれてきたか，それはホイジンガの本意とするところだったのかを確認し，彼は「遊戯」概念で近代，近代社会，そして近代スポーツの非文化性を告発していたことについて述べる。ホイジンガはスポーツの教育可能性に疑問を投げかけていたことに特に注目したい。
> キーワード：ホイジンガ，カイヨワ，運動文化，教育可能性，ホモ・ルーデンス，小児病

[1] ホイジンガの遊戯論とスポーツ

「遊戯論とスポーツ」のテーマでまず考えておかなければならないのは，ホイジンガ（1872-1945）の遊戯論である。彼は『中世の秋』などで有名なオランダの文化史家であるが，彼の『ホモ・ルーデンス』（1938年）が20世紀を代表する遊戯論であり，体育やスポーツの領域で「遊び」や「プレイ」を論ずる場合，必ず登場するからだ。これは1963年に高橋英夫により翻訳され，現在では中公文庫に入っている（以下『ホモ・ルーデンス』からの引用は中公文庫版の頁数を示す）。

『ホモ・ルーデンス』は邦訳されてから，われわれの領域でもよく読まれ，「遊戯論」「プレイ論」がブームになるほどだった。この書を読んだ筆者は，ブームで理解されていた内容に違和感を覚え，次のように書いたことがある。

「体育やスポーツの……管理化の極限状態への進行をいちはやく感知していたのがホイジンガであった。彼の『ホモ・ルーデンス』は，周知のようにスポーツ社会学の領域でもかなり注目されているが，そこに引用されたり論じられているのを見る限りでは，『ホモ・

ルーデンス』は無色透明で穏やかな遊戯の理論書という感じである。しかし良く読んでみると，そこからはナチスによる管理社会化への不安が感じられ，それはむしろ危機感と怒りにみちた警告の書，抵抗の書と云った方がいいように思われる。これは 1938 年に公刊されたのであるが，その翌々年にオランダはナチス・ドイツ軍に侵攻され，5 月 14 日に降伏するという緊迫した時代の所産であった。」

　最初の「体育やスポーツの，管理化の極限状態への進行」とは，フーコーの『監獄の誕生』を持ち出すもなく，20 世紀のヨーロッパは「一望監視」システムのもとで社会の管理化，監獄化が進行し，それは一見黄金期を迎えていたと思われたスポーツの世界にも浸透していたことを示していた。そして当時は第二次世界大戦前夜という時代背景のもとにあったのである。この感想は拙稿「体育とスポーツの行方―その文化性をめぐって―」（近藤英男編『スポーツの文化論的探究』タイムス，1981 年，所収）のなかで述べたものである。一つの古典的名著を自分で読んでみたとき，従来からの「無色透明で穏やかな遊戯の理論書」的な評価に疑問を感じ，「警告の書，抵抗の書」として読まねばならないという自分の新たな「読み」に興奮と驚きを感じ，その気持ちを率直に記述していたことが思い出される。拙稿のこの部分を目にした中村敏雄が後の雑誌で「目からうろこが落ちた」と評してくださった（『体育科教育』1981 年 12 月号「えつらん室」）。その指摘から若かった筆者は，「無色透明で穏やかな」記述であっても，そこから「危機感と怒り」を読み取る読書姿勢の重要さを教えられた。

　ホイジンガは，人間と他の動物との違いは理性があるからだ（ホモ・サピエンス）とか物を作るからだ（ホモ・ファーベル）といわれてきたが，どちらも不適切だとして，「ホモ・ルーデンス」に思い当たり，人間が人間であることと遊びとの深い関係を明らかにしようとした。そこではスポーツの文化性も問題にされていた。

　ホイジンガは，「私の心のなかでは，人間文化は遊びのなかにおいて，遊びとして発生し，展開してきたのだ，という確信がしだいに強まる一方であった。1903 年以来，この考えの痕跡は私の著作のなかに見いだされる」（12 頁）と述べ，その後の著作や講演においても人間文化と遊びの関係を更に深く考察し，その成果を 1938 年に『ホモ・ルーデンス』として結実させたのである。そこで彼が示そうとしたことは，そもそも人類は遊びと深く関わる文化という衣をまとうことによって人間（文化という衣をまとう動物）として存在することを可能にしてきたが，20 世紀の文化はその根源にあったはずの遊び性を狭めてしまい，人間を人間らしからぬ存在にしているようだという現状認識を提示していたのである。

　1963 年に邦訳された『ホモ・ルーデンス』に少し遅れて，1970 年にはカイヨワの『遊びと人間』も翻訳され，1970 年前後の体育雑誌では「遊戯」や「プレイ」が盛んに論じられ，一種のブームにすらなっていた。しかし筆者は，最終章の第 12 章でホイジンガがいう「スポーツは遊びの領域から去ってゆく」（399 頁）という言葉が大変気になっていた。スポーツも人間文化の一環に位置づくものであるとすれば，それが「文化」と深い関係に

ある「遊び」の領域から去っていくということは，スポーツが「文化」領域から遠ざかっていくことであり，スポーツの非人間化を意味していると考えられるからである。

わが国では，ホイジンガがこんな発言をしていることにほとんど気づくことなく，ホイジンガを利用しながら，スポーツや体育の文化性が論じられてきた。「遊び」や「遊戯」ということに，少しでも関心があり，そこに文化的な源泉を求め，さらに人間の（教育）可能性を考えようとする者ならば，ホイジンガのこの言葉に接したら，「なぜか？」と問うてみるセンスがあってしかるべきだ。ここでは，この言葉を発したホイジンガの真意を考え，今日のスポーツの文化性を探ってみる。

訳者の高橋英夫によると，「人間存在の根源的な様態は何かという問いに達したとき，ホイジンガの確信した結論は『人間は遊ぶ存在である』―ホモ・ルーデンス Homo Ludens （遊ぶ人）という以外にありえなかった。彼はこの『遊び』を抽出してその内容・形式を検討し，それを一つの独立的・自律的な一般範疇として定立しようとする。さらにその上に立って彼は『遊ビノ相ノモトニ』見た広大な人間文化史を思い描いた」（訳者解説，470頁）という。この解説から，この文献を文化論，遊戯論の書と考えることは可能であり，事実スポーツ社会学の領域における理解はその範囲をあまり出ていなかった。しかし，「『遊ビノ相ノモトニ』見た広大な人間文化史を思い描いた」ということから，本書に込めたホイジンガの真意をさぐるには，まずこの書が出版された時代的背景を考えなければならない。それによってホイジンガが本書に託した複雑な思いが見えてくると思うからである。

［2］『ホモ・ルーデンス』出版（1938年）の時代背景

『ホモ・ルーデンス』がオランダで出版された1938年は，隣国ドイツのベルリンで第11回オリンピック大会（1936年）が開催された2年後であり，1940年にヒトラー率いるナチ・ドイツ軍がオランダに攻め入ってくる2年前であった。このことは，当時は戦前におけるスポーツの黄金時代といえる時代であったということであり，同時にヨーロッパには第二次世界大戦前夜の暗雲が垂れ込めていた時代だったということでもあった。『ホモ・ルーデンス』の内容は，このような二つの大きな時代的背景のもとに書かれていたことを無視して考えることはできない。

近代のスポーツは19世紀のイギリスに成立したといわれる。そのスポーツは近代オリンピックの流れに乗って質量ともに拡大され今日にいたっているが，少なくとも20世紀初頭の状態は，今日に比べればまだプリミティブな段階だった。しかし，その時期にすでに20世紀はスポーツの世紀になると予想した人もいたほど社会的に浸透した文化現象だった。このスポーツの芽をさらに拡大させるきっかけを与えたのがナチ・オリンピックともいわれる1936年のオリンピック・ベルリン大会だった。それがスポーツを行う人口を増大させたことはもちろんだが，それだけにとどまらず，スポーツを見たり読んだり話したりする人口を爆発的に増大させ，人びとのスポーツへの関心を大きなものにした。それ

のみでなく，ナチ・オリンピックに見られた数かずの演出が，以後に行われたスポーツ・イベントの枠組みを作ったと思われる。今日のさまざまなスポーツ・イベントは，その演出において多かれ少なかれこの大会の真似をしているからである（拙稿「スポーツ・イベントのカラオケ化—元祖ナチ・オリンピック〔1936年〕—」『飛礫』9号 1995年12月参照）。

　しかしこのようなスポーツの黄金時代ともいうべき時期にスポーツへの疑念を提示し，それを小児病現象だと批判したのがホイジンガであった。彼は『ホモ・ルーデンス』において当時のスポーツの文化機能，つまり人間形成機能に疑問を投げかけた。そこにはもう一つの時代背景である第二次世界大戦前夜の暗雲が関係していた。1940年にオランダを占領したナチスは，ホイジンガが1915年以来35年間その教壇に立ち，学長も務めたライデン大学を閉鎖し，ホイジンガは強制収容所に送られてしまうのである。周知のようにナチスは第一次世界大戦後のワイマール時代に徐々に勢力を拡大し，1933年にはヒトラーが政権を獲得する。その支配下で1936年にベルリン・オリンピック大会が開かれたことはあまりにも有名である。隣国ドイツのナチス勢力の拡大を肌身に感じながらオランダで執筆されたのが『ホモ・ルーデンス』であった。

　本書は表面的にはロシア革命以後ヨーロッパに蔓延したマルクス主義文化論の批判という形を取り，実際にコミュニズムの非文化性を論じているが，ホイジンガが本当に批判したかったのは，むしろナチズムの台頭ではなかったかと思われる。このあたりの事情を詳しく理解するためには，『ホモ・ルーデンス』の3年前の1935年に公刊されたホイジンガの『朝の影のなかに』（堀越孝一訳, 1975年, 中公文庫版）を読む必要がある。この書のことを，解説を書いている堀米庸三が，1930年代前半のヨーロッパに暗雲としてたれこめていたファシズムを批判したすぐれた書としてオルテガの『大衆の反乱』を並べて示していた。『ホモ・ルーデンス』には激しい近代社会批判的表現は少ないが，『朝の影のなかに』には厳しい表現が続き，ホイジンガの怒りが伝わってくる。この書には『ホモ・ルーデンス』以上にスポーツ批判も述べられ，スポーツの文化性への疑問を一つの手がかりとして，ホイジンガは当時のヨーロッパ社会のファシズム化傾向に警告を発していたように思われる。

[3]『ホモ・ルーデンス』邦訳（1963年）の時代背景

　上記の『ホモ・ルーデンス』出版の時代背景は，『ホモ・ルーデンス』を読み解く上で必要な手がかりを与えてくれるが，次にこれが日本で読まれた時代の背景を明らかにしておきたい。

　1945年8月に終戦を迎え，日本は臣民の国から主権在民の国へと大きく転換し始め，軍国主義の一掃と新しい民主的で文化的な国家の建設が始められた。1946年4月には衆議院議員の総選挙が行われ，11月には新憲法が公布（施行は翌1947年5月3日）された。その第25条第1項「すべての国民は，健康で文化的な最低限度の生活を営む権利を有する」という条文に基づいて，国民生活の間にも「文化」への期待が高まり，文化住宅，文化鍋…など，「文化」をとって付けたような名称がはやった。

体育やスポーツの分野でも，それまでの軍国主義的雰囲気を取り除き，民主的・文化的なものへの作り変えが進められた。1947年には体練科だった教科の名称が体育科へ変わり，終戦前後にいったん途絶えていた体育やスポーツの定期刊行物が復刊され，1946年に『体育文化』という雑誌が創刊され，文化の名にふさわしい体育やスポーツのあり方を模索する試みが始められた。1950年前後は「6・3制野球ばかりがうまくなり（強くなり）」という川柳がうたわれるほど，戦後の新教育制度のもとでは野球を中心としたスポーツが盛んになり，教材にもスポーツが導入され，民主的人間関係づくりに一役かっていた。教師たちの間には民間主導の研究グループが立ち上がり，1955年には丹下保夫を中心とした「学校体育研究同志会」が組織された。そこでは体育やスポーツの教材を「運動文化」ととらえ，「運動文化の継承・発展」や「運動文化の主体者形成」を目標に，その研究を深めながら「文化」の意味を追求した。

　1952年に，ヘルシンキで第15回オリンピック大会が開催され，日本選手団が戦後初めて国際大会に参加した。しかし競技成績は，1936年のベルリン大会での輝かしい成果に比べて誠に貧相なものだった。そのことから若者の体力の向上が叫ばれるようになり，学校体育の内容もそれまでの民主的な人間関係作りから体力主義，能力主義的な方向をとるようになった。

　このように1950年前後はきわめておおらかな雰囲気が存在し，運動教材の「文化」的特徴の探求が試みられていたが，1955年頃からは体力向上主義が混在するようになった。このような時代背景のなかで，ホイジンガの『ホモ・ルーデンス』が翻訳された。そこには「遊び」論によって時代の逆行的雰囲気への抵抗を試みようとした意図が感じられた。それがわが国の遊戯論（プレイ論）の発端となり，さらに1970年にカイヨワの『遊びと人間』が邦訳されることによってプレイ論ブームに拍車がかかった。

　体育やスポーツにおける遊戯論の基底になったのは竹之下休蔵の「プレイ論」（1971年）（竹之下休蔵『プレイ・スポーツ・体育論』大修館書店，1972年所収）だった。それはホイジンガ，カイヨワ，マッキントッシュのプレイに関する諸説を竹之下の立場で体系化したものであり，それがその後の「楽しい体育」論へ至る幕開けでもあった。これらの流れが従来の伝統的な体育に対して与えた影響は，学校体育研究同志会の「運動文化論」の登場にも匹敵するものだった。ただ教科のなかの教材や指導法を主に研究の対象としている「同志会」は，いわば教科存続主義のもとで議論されていたが，それに対して，プレイ論は「体育科」という教科の枠を超越する可能性を持っていたように思う。

［4］『ホモ・ルーデンス』の読まれ方

　『ホモ・ルーデンス』は，1963年に邦訳されてからはわれわれの領域でもかなり読まれ，雑誌や学術論文にも取り上げられてきたが，「第1章が本書の中核」（471頁）だと解説する訳者の言葉に引きずられてのことか，当時われわれの領域で論じられたのは第1章「文化現象としての遊びの本質と意味」に示される「遊びの形式的特徴」の部分に終始してい

た。ホイジンガはそれを「自由性」「非日常性」「完結性・限定性」「反覆可能性」「秩序性」として示していた。カイヨワは『遊びと人間』における第一部の一で，やはり遊びを規定する形式的な特徴として，「自由な活動」「隔離された活動」「未確定の活動」「非生産的活動」「規則のある活動」「虚構の活動」を列挙していた。ただカイヨワに関してよく知られているのは，さまざまに存在する遊びを分類した四つの範疇のことであろう。競争（アゴン），偶然（アレア），模擬（ミミクリ），眩暈（イリンクス）である。

これらの指摘は，それぞれ優れた内容をもち，われわれの領域の問題を考えるときにもきわめて有効である。『遊びと人間』の日本版への序文で，カイヨワが「本書は……シラーの預言者的直観とJ. ホイジンガのみごとな分析『ホモ・ルーデンス』のあとを受け継ぐものである。これは，遊びの体系的な分類の試みである」（講談社学術文庫版，3頁）といっているように，カイヨワはホイジンガを意識しながら遊びの体系的分類を進める試みをしていたのである。そのことに関する成果に異存はないが，ホイジンガの真の意図は遊びの形式的特徴を挙げることではなかったことに気づかねばならない。

多田道太郎は「ホイジンガからカイヨワへ―遊び理論の諸前提について―」（京都大学「人文学報32」1971年所収論文，なおこれは多田道太郎他訳『遊びと人間』講談社学術文庫版に「訳者解説―ホイジンガからカイヨワへ」として再録されている）において，二人の方法論的違いを明らかにしている。ホイジンガは，文化史の立場から歴史的に溯及する「歴史的方法であり，……これに反し，カイヨワの方法は，没歴史的と言わずとも，少なくとも溯及的方法をとらない」（前掲『遊びと人間』354, 355頁）というように，文化史家のホイジンガは当然歴史的方法で遊戯を論じていたのであり，そのあたりにカイヨワとの違いが感じられなければならない。

さまざまに存在する「遊び」を分析的に検討し，その形式的特徴や範疇を明確にする作業にも，そこまでの成果にも，それなりに意味はあるだろう。しかし，成果がそこまでで終わっている考察では，「哲学者たちは，世界をさまざまに解釈してきただけである。肝心なのは，それを変革することである」というマルクスが「フォイエルバッハのテーゼ」で示した言葉で批判されざるを得ない。少なくともホイジンガの場合は，形式的特徴を列挙したのはそのことが目的ではなく，これを第1章でまず示しておいて以後の各章で議論を深めていく手始めに置いたものにすぎないのだ。ホイジンガは遊びを整理，分析，解釈し，それを「歴史的に検討」して，遊びを通して考えられた社会の現状の変革を提起していたように思う。最終章である第12章に出てくる「スポーツは遊びの領域を去った」という発言の意味を，このような流れのなかで考えなければならない。ホイジンガが本書でスポーツを扱うのは主としてこの最終章だけであるが，多くの読者はそこまで読み進めていなかったのではないかといぶかしく思われる。

先に取り上げた『朝の影のなかに』にくらべると，『ホモ・ルーデンス』は翻訳上の問題をこえて，怒りを感じさせるような感情のほとばしりは影をひそめ，学問的な雰囲気がみなぎっている。しかしそれはまた感情的な面を押さえなければならないほどに，時代は

彼にとって難しい方向に進んでしまっていたのかもしれない。このような情況のなかで書かれた『ホモ・ルーデンス』から，ホイジンガがあまり本質的なものと思わずに，遊戯の形式的特徴としてあげている自由性，非日常性，完結性と限定性などを，われわれが今日のスポーツ論に引用しても，せいぜいホイジンガに苦笑されてしまうのがせきの山ではないだろうか。

［5］『ホモ・ルーデンス』に託したホイジンガの意図

　歴史家として『中世の秋』をはじめ数かずの業績を重ねているホイジンガは，『ホモ・ルーデンス』において単に遊戯の理論を展開したのではなかった。彼は「遊び」要素の歴史的変遷・変化を通して，つまり「遊戯」という概念の変化を考察しながら当時の社会の非遊戯化，非人間化を訴えていたのである。そのことを意図して，彼は「スポーツは遊びの領域から去ってゆく」といっていた。スポーツの文化性を手がかりに，社会の変化に警鐘を鳴らしていたのだ。ホイジンガにおいて，スポーツも近代社会の産物として登場するが，その文化性も否定的に論じられているのである。

　『ホモ・ルーデンス』においてスポーツに関する叙述が見られる第12章は，「現代文化における遊びの要素」というタイトルである。ここでは「現代文化」という概念は深く19世紀まで遡った，広い意味に拡大して用いられている。ホイジンガは19世紀から「遊びの要素」の後退が顕著になっていることを論じている。第12章のなかに，冒頭に筆者が気になっていると述べた「スポーツは遊びの領域から去ってゆく」という言葉が小見出しとして出てくる。ホイジンガはそこを次のように書き始める。

　「19世紀の最後の四半世紀このかた，スポーツ制度の発達をみると，それは競技がだんだん真面目なものとして受け取られる方向に向かっている。規則はしだいに厳重になり，細目にいたるまで考案されるようになった。記録はどんどん高く延びている。シルクハットをかぶって，クリケット競技をしている人物を描いた19世紀前半の楽しげな銅版画は，誰でも知っている。この姿がすでに，おのずと物語るものをもっていよう。」（399頁）

　ホイジンガは19世紀前半の銅版画にみられるスポーツの楽しげな雰囲気と比べながら，20世紀のスポーツの真面目さ，窮屈さを示し，「スポーツの組織化と訓練が絶えまなく強化されてゆくとともに，長いあいだには純粋な遊びの内容がそこから失われてゆくのである」（399頁）といっている。

　スポーツがこのようなものへ変質し始めたのも，ホイジンガは19世紀の最後の四半世紀このかたのことと考えている。近代スポーツが誕生し，それが発展の方向へ歩み始めたと考える時期に，ホイジンガによるとスポーツから「純粋な遊びの内容」が失われ始めていたというのである。その代わりとしてホイジンガが考えていたのが「真面目」ということであった。

　遊びと真面目の関係について第2章で次のように述べている。

　「遊び－真面目の対立をもう少し詳しく観察すると，この二つの語がけっして等価では

ないことが分かる。遊びは正であるが，真面目は負である。真面目の意味内容は遊びの否定であると規定できるし，実際それに尽きている。『真面目』とは単に『遊びでないもの』であって，それ以外のものではない。これに反して遊びの意味内容は，けっして『真面目ではないもの』とは定義できないし，それに尽きるものでもない。つまり，遊びというのは何か独自の，固有のものなのだ。遊びという概念そのものが，真面目よりも上の序列に位置している。真面目は遊びを閉め出そうとするのに，遊びは真面目を内包したところでいっこうに差支えないからである。」(109頁)

真面目についてはさらに第11章の小見出し「19世紀における真面目の支配」(389頁)で扱っている。そこでホイジンガは，「一般に，文化が前よりいっそう真面目なものになったことは，19世紀の典型的現象としてほとんど否定できないようである。この文化はそれ以前のどんな時代よりも，『遊ばれる』程度がずっと乏しかった。……フランス革命が，文化史上稀に見る一つの変遷をもたらしたのだ」(391頁)と述べ，文化の真面目化の転機がフランス革命だったこと，そしてその典型的現象が見られたのが19世紀だったことを示している。19世紀の真面目化現象が進行するなかで，最後の四半世紀このかたスポーツが遊びの領域を去ったといっていたのである。

ホイジンガは「真面目」の20世紀的現象を「小児病」あるいは「ピュアリリズム」と称していた。そのことは，『ホモ・ルーデンス』では第12章の「小児病」(414頁)という小見出しのところで論じ，『朝の影のなかに』では最もスポーツを論じている第16章「ピュアリリズム」(152頁)においてである。

小児病ということでホイジンガが考えていたのは，「何らかの組織のなかに登場する集団の一員としての現代人が，思春期あるいは少年期の生き方の型にしたがって行動するように見える一連の動き」(414頁)であった。「それらの大部分は，現代の精神的コミュニケーションの技術によって惹き起こされたり，または押し進められたりした習慣である」とし，具体的には「たやすく満足は得られても，けっしてそれで飽和してしまうということのない，つまらぬ気晴らしを求めたがる欲望，粗野なセンセーションの追求，巨大な見せ物に対する喜び」などであるとしている。さらに「心理的に，やや深い面で小児病に結びつけられるものには，さかんなクラブ精神とそれに伴う記章，きまった型の手の動かし方，合言葉（定型化した喊声，喝采，挨拶の言葉など），スローガン，それから歩調を合わせた行列行進，その他がある」(414頁)という。

最後にあげられている項目は，ナチスのスポーツ活動に典型的に見られた内容であり，多くは今日にまで引き継がれているスポーツに見られる習慣でもある。ホイジンガは近代スポーツを「世界に対するイングランドの贈物」(『朝の影』，155頁)だといい，その「男女のちがいを意識しない，肉体の力，身体の器用さ，そして勇気に対する礼拝は，それじたいとしては疑いもなく至高の価値をもつ肯定的文化因子である」と考えている。そしてスポーツは生の力，生の勇気，秩序の調和，そういった文化にとって最貴重事のすべてを創造する」(『朝の影』，156頁)といって，スポーツをそれなりに評価しつつも，勝負にこ

だわりすぎたり，組織化が行きすぎた当時のスポーツにはピュアリリズムが入り込んでいるというのである。そしてナチスのピュアリリズム的性格を，そこでなされているスポーツも含めて，歩調行進の精神，「シャツと手のヒロイズム」（『朝の影』前掲版，154頁）などをあげて明らかにし，批判していた。

[6] おわりに

このように小児病におかされたスポーツは，19世紀末にすでに文化因子たる「遊び」要素を失っていたというのである。それ以後今日までのスポーツの進展には，その傾向が強化されることはあっても，遊び要素の復活を感じさせることはなかった。スポーツに教育的機能があったとすれば，そこに人間を人間にする「遊び」要素が存在していたからであった。それが失われつつあるとすれば，21世紀のスポーツをわれわれはどのように扱ったらいいのだろうか。

こうなるとホイジンガ文化論の方法で現代のスポーツを論ずることはホイジンガ自身が認めているようにもはや無理なことといわざるを得ないだろう。なぜならば，現代のスポーツが，少なくともホイジンガ時代のスポーツと関係がないものだとか，ピュアリリズムから脱出しているということが明らかになるなら別であるが，現代のスポーツは，ホイジンガが憂慮した方向をさらに強化した形でしか進行していないと思うからである。

「スポーツは遊びの領域から去ってゆく」のを，われわれはどのように対処したらいいのだろうか。スポーツにおける「遊び」性が狭まっていくことは，スポーツの文化性が欠落していくことである。ホイジンガは，このことで当時の社会におけるファシズム化を，近代社会の管理化傾向の一環としてとらえているように思われる。

（山本徳郎）

課題
1. ホイジンガの著した『ホモ・ルーデンス』を読み，ホイジンガの考える人間の遊戯性とスポーツについて考察しなさい。
2. 現代スポーツをピュアリズムの視点から論じなさい。

【参考文献】
・和歌森太郎『遊びの文化史』1973年，日本交通公社出版事業部（『和歌森太郎著作集6　日本人の生活史』1981年，弘文堂所収）

第6章

「競争」とは何か

> **本章のねらい**
>
> 第3章において述べたように，スポーツの重要な要素の一つに「競争」が挙げられる。「競争」をどのように考えれば良いのか。どのようにすれば，フェアな「競争」が成立するのであろうか。
> ここでは，「競争」が社会の変化のなかでどのように発達してきたのかを概観したうえで，「競争」の意義と課題，体育の授業のなかでの「競争」について考えてみよう。

1 近代スポーツと「競争」

[1]「競争」発生のメカニズム

「競争」は，どのようにして生まれたのであろうか。もともと人間には，「競う」という本能があったということも考えられるが，「競う」ことは，社会の発達とともに芽生え定着してきたとも考えられている。ここではまず，「競争」の起源と歴史的意味について，川口の考察（川口智久「競争とは何か」，中村・高橋編『体育原理講義』，1990年，pp.86-88）に基づいて概観してみたい。

川口は，生産性の低い原始共同体では，「競争」という概念は必要でなかったと述べている。なぜなら，生活を維持するために必要な物資は，部族間の共同作業によって生み出されるからである。協力することが，生活・生命を維持することを可能にした。

しかしながら，生産性が向上し，剰余生産物が蓄積されるようになると，それを管理する者が必要となり，部族内での階級社会が芽生える。そしてそれは，支配者を産み，また生産物や労働力をめぐって，他部族との，他共同体との闘いに拡大され，競争が行われるようになる。つまり，川口は，「競争」とは，人間の本能に基づく行為ではなく，「社会が発展し，それにふさわしい形態である生産関係，社会関係が求められるなかで生まれるものであり，社会の在り方によって規定され」，人間の社会的学習のなかで獲得されたものであると論じている。

このように考えてみると，生産性を重視する資本主義社会のなかで，「競争」を重要な要素とする近代スポーツが発達していったこともうなずける。

［２］「競争」と「達成」

　「競争」のもつ意味を考えるときしばしば引用されるのが，グルーペとクリューガーによる「達成と競争のもつ教育的可能性」の理論である（長島惇正他訳『スポーツと教育』，2000年，ベースボール・マガジン社）。そこでは，次のように述べられている。

　　「第一に，より向上し，その向上の程度を他人と比較して確認したいという基本的な動機である。第二は，比較可能で，承認されているルールに基づいて生み出される達成を通して自分自身を確認するという努力である。第三に，スポーツ的な達成と競争は，平等化を志向する点にその特徴がある。走る際，スタート時点では，全員が平等であり，走者間の差はゴールで初めて明らかになる。この違いは，個人が具体的な種目のなかで過切なルールに従って発揮しえる能力によるものである。能力と達成は，スポーツのなかでは，他の社会領域以上に明確に測定でき，評価できる。」(p.308)

　このような考えに基づく，「達成」を通して「競争」の結果が明確に示されるのであり，そのような経験を重ねていく過程で，人間は学習し，社会性や道徳心を身に付けることが可能になるといえる。

［３］体育の授業と「競争」

　周知のように，体育の授業では，他の授業科目に比べて，達成度が数値化され，それが可視化されやすい。換言すれば，「競争」が視覚的に印象づけられる特性があるといえる。

　そこで，「競争」を重要な要素とするスポーツを教材として扱う場合，「競争」の教育的意味を考える必要がある。「競争」とは，単に「競う」だけではなく，「競う」ことの結果を通して生まれる勝者と敗者が，それぞれになにかを学び取ることができるということは，これまでにも認識されてきた。他方，「競争」がもたらす負の影響も見過ごしてはならない。たとえば，「競争」によって生じる勝者と敗者の心理的影響についても充分配慮する必要がある。

　したがって，体育の授業においては，「競争」をどのように導入するかを工夫することが重要である。以下は，よく用いられる方法である。

❶ハンディキャップの採用

　『最新スポーツ大事典』(1987)によると，ハンディキャップとは，「スポーツの競技や各種のゲームにおいて，プレイヤー間の能力に格差がある場合，競技をいっそう盛りあげるため，すぐれたほうのプレイヤーに課す余分な負担や不利な条件をいう。」と定義されている（岸野他編，1997, p.1047）。

　たとえば，バレーボールの授業でゲームを行う場面を考えると，一方のチームにバレー

ボール部員が複数いる場合は，あらかじめ点数に差を付けた状態でゲームを始める，などの工夫をすることが，その一例である。

❷試合等の組み合わせ

　競技力が均衡したチーム同士の対戦では，プレイヤーにとっても観客にとっても，より試合の盛り上がりが期待される，すなわち，よりよい「競争」が生まれるということは，誰もが経験していることであろう。試合の組み合わせを決定するときには，このような観点からの工夫も必要である。

　以上のように，「競争」は，導入のしかたによって，児童・生徒一人ひとりの能力に応じた授業を展開させることができるといえる。「競争」がもつメリットとデメリットを理解したうえで，教材の選択や指導法を検討することが求められる。　　（山田理恵，藤坂由美子）

[4] スポーツの倫理と「競争」

　今日のスポーツ界では，スポーツの要素のなかで「競争性」が最も重視されるようになったことによるさまざまな問題が生起している。ここでは，ドーピング，虐待，スポーツにおける子ども保護，の3点から，スポーツの倫理と「競争」の問題について考察する。

❶ドーピング

　スポーツにおける「ドーピング」とは，「競技者がその競技能力を向上させることを目的として，薬物などを不正に使用すること」をいうものと一般に理解されている（宍戸一樹「ドーピング規制－WADA・JADAの活動」）。そして，ドーピングは今日に至るまでスポーツの本質に関わる重要な問題である。

　この問題については，1999年に設立された世界アンチ・ドーピング機構（WADA）によって，国際的な統一ルールによってアンチ・ドーピングの活動が推進されてきた。さらに，2005年にはユネスコがWADAを中心とした国際的・国内での協力を推進・強化することを目的とした「スポーツにおけるドーピング防止に関する国際規約」（以下「ユネスコ国際規約」と略）を策定し，わが国は2006年に同規約を締結した。

　また，わが国でも，2000年策定の「スポーツ振興基本計画」において「アンチ・ドーピング活動の推進」が掲げられ，2001年には日本アンチ・ドーピング機構（JADA）が設立され，文部科学省でも2007年に「スポーツにおけるドーピング防止のガイドライン」を策定した。さらに，2011年8月施行のスポーツ基本法29条では，国の対応として，ユネスコ国際規約に従いドーピング防止のため，JADAと連携し，ドーピング検査，ドーピングの防止に関する教育および啓発，その他のドーピングの防止活動の実施に係る体制の整備，国際的なドーピングの防止に関する機関等への支援その他の必要な施策を講ずると規定された。

　また，国際的なアンチ・ドーピングの規範としてWADAが定めた「世界ドーピング防止規程（The World Anti-Doping Code, 通称WADA Code）」は，2004年から施行され，同

規程は 4 年ごとに改訂され，2015 年 1 月から現行の規程が施行されている。

　WADA 規程によれば，ドーピング防止プログラムの目標は，「スポーツ固有の価値」すなわち「スポーツの精神」を保護することであるとされている。そして，これは「オリンピズムの真髄でもあり，……人間の卓越性を追求することでもある」としている。さらに，「スポーツの精神」は，人間の魂，身体および心を祝福するものであり，次に掲げる事項を含む，スポーツに内在し，スポーツを通して実現する価値に反映されているとする。すなわち，倫理観，フェアプレイと誠意，健康，優れた競技能力，人格と教育，楽しみと喜び，チームワーク，献身と真摯な取組み，規則・法を尊重する姿勢，自分自身とその他の参加者を尊重する姿勢，勇気，共同体意識と連帯意識，である。

　そして，WADA 規程は，「ドーピングは，スポーツの精神に根本的に反するものである」としている。これらの「スポーツの精神」を構成する事項には「勝つこと」や「競争」などは含まれておらず，WADA 規程でいう「スポーツの精神」と勝利至上主義が相容れないことを示している。また，WADA 規程に基づき，禁止表国際基準が定められており，その物質または方法によって禁止物質・禁止方法の使用が隠蔽される可能性がある場合も禁止表に掲載される。そして，同禁止表は毎年改訂されている。

　なお，疾病や外傷の治療のため薬物の摂取が必要な場合は，「治療目的使用に係る除外措置」（Therapeutic use exemptions, TUE）の手続きにより，選手は禁止物質の治療薬としての使用許可を得ることができる。

❷ スポーツにおける暴力，虐待

　スポーツ指導では，指導者とアスリートの身体的接触が不可欠であり，上命下服の人間関係の下で虐待や暴力が発生しやすい状況がある。また，勝利至上主義により，指導者は選手の人権よりも勝利を優先しがちであり，わが国も例外ではない。このスポーツにおける虐待，体罰をスポーツ基本法等の観点から考えると，次のことが指摘できる。

　まず第一に，スポーツ指導者による子どもに対する暴力・虐待は，スポーツにより心身の健康を害することになるため，スポーツ基本法の「基本理念」を定める第 2 条第 2 項において，「スポーツは，とりわけ心身の成長の過程にある青少年のスポーツが，……人格の形成に大きな影響を及ぼすものであり，国民の生涯にわたる健全な心と身体を培い，豊かな人間性を育む基礎となるもの」とするスポーツの概念規定や同条第 1 項の「スポーツは，これを通じて幸福で豊かな生活を営むことが人々の権利」であるとする規定に反する。

　さらには，学校の運動部活動での顧問教諭による暴力・虐待は，「教育の目的」を定めた教育基本法第 1 条の「教育は，人格の完成を目指し，……心身ともに健康な国民の育成を期して行われ」なければならないとする趣旨に反する。また，「教育の目標」を定めた同法第 2 条第 1 号の「幅広い知識と教養を身に付け，真理を求める態度を養い，豊かな情操と道徳心を培うとともに，健やかな身体を養うこと。」の趣旨にも反している。

　これらの他，顧問教諭等が体罰を行うことは学校教育法 11 条の体罰禁止規定に違反するとともに，児童，生徒，学生に対する体罰を行った教員は，民事上・刑事上の法的責任

が問われることになる。

❸スポーツにおける子ども保護

スポーツにおける体罰・虐待の問題は、次のとおり国際的にも取組みがなされてきた。

まず、国連が1989年に採択した子どもの権利条約では、①「暴力」の定義（19条）、②国と親の養育責任との関係（18条・20条）、③締約国による虐待への対応（19条）、虐待からの子どもの保護（34条）、④発達しつつある能力（5条）、⑤意見表明権（12条）など、スポーツにおける暴力・虐待に関連する規定が定められた。

また、国連人権高等弁務官事務所のPaulo David（パウロ・デイヴィッド）の著書『青年のスポーツにおける人権－競争的スポーツにおける子どもの権利の批判的論評』(2005年)において、指導者などからの暴力・虐待を防止するためには、人権論の観点からのアプローチが必要であること、具体的方法として子どもの権利条約に基づいた「子ども中心の(child-centered)スポーツシステム」の構築が提言された。

そして、IOCでは、2005年に「エリートの子どもアスリートのトレーニングに関する声明書」、2007年に「スポーツにおけるセクシュアル・ハラスメントおよび虐待に関する声明書」を策定し、前者においては、コーチ、親、スポーツの管理者などが、エリートの子どもアスリートへのトレーニングおよび競争的な圧力の量を制限すべきであることなど4項目の勧告が提示され、後者においては、セクハラや虐待防止のためのガイドライン策定の必要性やセクハラや虐待防止のための行為準則(code of conduct)の策定が提唱された。

さらに、2010年7月にユニセフのイノチェンティ・リサーチ・センター (Innocenti Research Centre)が、先進国に焦点を当てた、スポーツにおける18歳未満の子どもに対する暴力の実態および暴力の防止に関する報告書「スポーツにおける暴力からの子ども保護―先進国に焦点を当てた論評」を出版した。同報告書は、国連と関わるあらゆる国々の人々にスポーツにおける子どもに対する暴力の問題の重要性を認識させたという意義を有する。

スポーツ指導者による子どもへの体罰・虐待の防止は、わが国特有の問題ではなく、指導者による指導の在り方にも関連する問題として国際的に取組みがなされてきた。さらに、近年に至り、ユニセフを中心に子ども保護の国際的なガイドライン策定が試みられている。今後はこれらの動向も注視し、わが国における対応の在り方を考える必要がある。

（森　克己）

【参考文献】
1) 宍戸一樹「ドーピング規制－WADA・JADAの活動」、道垣内正人・早川古尚編『スポーツ法への招待』、2011年、ミネルヴァ書房、pp.115-136.
2) 深津浩洋「体育にとっての競争の意味」、友添秀則・岡出美則（編）『教養としての体育原理』、2010年、大修館書店、pp.57-62.
3) グルーペ・クリューガー（永島惇正他訳）『スポーツと教育』、2000年、ベースボール・マガジン社.

4) 川口智久「競争とは何か」，中村敏雄・高橋健夫（編）『体育原理講義』，1990年，大修館書店，pp.86-88.
5) 岸野雄三他編『最新スポーツ大事典』（第6版），1997年，大修館書店．
6) 森克己「スポーツにおけるチャイルド・プロテクション制度の制度導入に向けた課題－子どものスポーツ選手の人権保障の観点から」，日本スポーツ法学会年報19:103-113, 2012年.
7) 森克己「イギリスのチャイルド・プロテクション制度に倣う体罰問題への対応のあり方」，季刊教育法 177：94-99, 2013年．
8) Paulo David., Human Rights in Youth Sport: A critical review of children's rights in competitive sports, Routledge, 2005.
9) 辻口信良「指導者をめぐる課題」日本スポーツ法学会編『詳解スポーツ基本法』，2011年，成文堂，pp.197-200.

2 なぜ「競争」するのか

「なぜ人は競争するのであろうか？」その理由はいろいろと考えられるが，ここでは心理学的な立場からこの「競争」の問題を考えてみる。

人は行動を行うときには，その行動を行う理由である動機が存在する。また，人はその動機により，行動を起こさせ，その行動を持続して一定の方向に向かわせる心理的な過程によって行動を行っている。この心理的な過程のことを動機づけと呼んでおり，手段的な観点から行動が外的報酬を得るための手段となっている外発的動機づけと行動の中に報酬が内在する内発的動機づけの大きく二つに分類されている。ここで問題にする他人と競争するとか集団同士で競争するなどの競争行動も，もちろんこの動機づけによって引き起こされている行動であり，競争に関する動機によって引き起こされているのである。

[1] 動機づけからとらえた「競争」とは

この「競争」に関して米川直樹（1987年）は，「一つの目標を獲得するために他人と張り合う活動であり，自己の活動にしか満足しえない行動傾向であり，優越，承認の欲求に結びついた自己高揚の動機づけの一形態である」と述べている。つまり，一つの目標を獲得するまたは，到達するために行う行動傾向の一つである。また「最も広く用いられている競争の定義は，報酬の定義として知られており，それは，競争を個人に対する報酬が，活動に参加する人々のパフォーマンスに基づいて不均等に分配される状況として定義される」という考え方があり（マートンズ『スポーツ・個人・社会』，1979年），この考え方では，人は報酬を得るがために競争を行う場合があることを示している。これらの点から「競争」は，前述した外的報酬を得るための手段として行動を行う外発的動機づけの一つとして考えることができる。一方，目標を達成するために，競争を行うこともある。このときは競う相手と切磋琢磨することによって，自己の能力を向上させ，持てる力を最大限に発揮させることによって自己決定と有能さの認知が得られるのである。このような「競争」の状況は，内発的動機づけに基づいていると考えられる。この点について杉原隆（『運動指導の

心理学』，2003年）は，「内発的に動機づけられている場合の競争の楽しさは，自分の持てる力を最大限に発揮したり，自分の能力の向上を実感する楽しさである」と述べている。このように，「競争」は外発的・内発的動機づけの両方に関連している。この点に関して，小中学校時代に競技に関して「やる気になった理由」について調査した研究では，ライバルの存在の重要性が指摘されている（杉原，2003年）。この結果では，このライバルの存在がライバルには負けたくないという優越動機（外発的動機）やライバルと「競争」すればうまくなれるという内発的動機を刺激することで非常に強い動機づけになっていると述べており，つまりは，ライバルとの「競争」が，「やる気になるきっかけ」を作っているのである。

［2］外発的動機づけからみた「競争」

外発的動機づけの動機には，ホメオスタシス性動機や性的動機，情緒的動機，社会的動機などがあるが，その中で「競争」は社会の中で生じる自己と他者の人間関係に関連する社会的動機の中の優越動機や獲得動機，達成動機などが理由となって生じていると考えられる。

優越動機とは，他者との比較において人より優れていたいという動機であり，競争で勝つことを追求するときに働いている（杉原，2003年）。たとえば，スポーツ場面では，勝利至上主義などの言葉をよく耳にするように，相手に対して勝利することによって，負けたものよりも優位になった感じを持つことを好む傾向にある。この優越動機を持つ理由の一つにスポーツの心理的特性の一つである競争性（competitiveness）がある。この競争性に関して松田岩男（『現代スポーツ心理学』，1967）は，「スポーツは人と人との競争や自然の障害を克服して楽しむ活動であり，卓越性を求めて努力する活動である。人間は自己に関する情報を"現場検証"によって得ようとする。その基準を社会的現実に求めようとするものが競争である」と述べている。つまり，競争性は，人を競争に駆り立てたり，競争場面を求めたりさせるか，逆に競争を避けさせようとする個人の性向ととらえることができる。その意味では，競争性とは競争の個人個人での受け止め方ということもできる。このように，競争性はパーソナリティ傾向の一つとしてとらえることができる。このことは，競争性に基づく競争行動は人間が本来遺伝的に有している本能的な行動だけでなく，パーソナリティ形成を助長する経験の影響を多く受けるものであることを示唆している。また，金品などの物質的報酬を求める動機である獲得動機も「競争」に関連する外発的動機の一つである。つまり，人は，お金などの物質的報酬を得たいがために，そして，「競争」に勝利することで報酬を獲得していくために競争行動をしていくのである。この優越動機と獲得動機という二つの外発的動機では，「競争」に勝つことによって，他者や他の集団に対して優越な気持ちを示すことができたり，物質的報酬を獲得したりできるため，「勝つ」という結果が，重要なことになってくるのである（杉原，2003年）。さらに，競争と関連するもう一つの動機に達成動機がある。達成動機とは「ものごとをより卓越した水準で成

し遂げることを追及する傾向」のことであり，社会的側面と個人的な側面の二つの側面がある。「競争」はこの達成動機の二つの側面のうち，競争事態の成功，社会的・文化的な卓越水準の達成といった社会的な側面との関連が強く，達成や成功のための手段として競争行動や状況を選択させているのである。この競争と関連のある社会的側面からとらえた達成動機は前述してきた優越動機や獲得動機と密接な関連がある。

[3] 内発的動機づけからみた「競争」

杉原（2003年）は，競争は外発的動機づけによって引き起こされる行動だけでなく，内発的動機づけも大きく関係しており，人は「競争」をすることによって内発的動機づけの本質である自己決定や有能さの認知が得られることを指摘している。つまり，他者や他の集団と「競争」することによって，自分の持っている能力を最大限に発揮できるのである。森司朗ら（2001年）は，2人1組で幼児に25mを走らせたときにどのような組み合わせが子どもたちの記録向上と関連があるか調べたところ，走る相手と自分自身の記録がほぼ同じか相手が少し高いほうが，子どもたちの記録が向上したということを報告している。このような状況は，子どもたちに高い競争意識を持たせ，お互いが影響しあうことを引き出し，結果として自分の能力を最大限に発揮させたのである。このとき，子どもたちは，競争の結果としての勝ち負けというよりも持っている能力を自分自身で最大限に発揮し，さらに向上させたことによって自己決定や有能さを味わっており，勝ち負けの結果を求めて競争しているのではなく，競争の過程の中で自分自身を発揮するために競争を行っているのである。外発的動機づけのところでも述べた達成動機は，「競争」を達成に向けて長期的な努力をするなどの個人的な側面からとらえた場合は，内発的動機づけの中に含めることができる。

[4] 競争過程

以上のように，人は「競争」を動機に外発的・内発的に動機づけられている。この競争に関して，マートンズ（1979年）は「競争という言葉は一つの過程を意味するもの」としてとらえている。彼は，この「競争」という過程を以下の客観的競争状況，主観的競争状況，反応，反応の結果の四つの段階（事象）で考察している。第一の段階の客観的競争の段階は，個人が直面する客観的競争状況（objective competitive situation）であり，個人のパフォーマンスの比較が，ある基準に基づいて行われる状況で，そこには比較の規準を知っており，比較の過程を評価できる少なくとも一人の他者が存在しているのである。この考えは，競争状況をただ単に報酬の問題としてとらえるのでなく，社会的評価を含んだものである。そのため，比較の基準がパフォーマンスを評価する立場にある第三者に知られているという特徴を持っているのである。この個人が直面する客観的競争状況をどのように知覚，受容，評価するのかという状況が第二の段階である主観的競争状況（subjective competitive situation）である。この主観的競争状況は競争に対する個人的な評価であり，

個人の内部に属する要因（動機，態度，パーソナリティ特性など）が個人的な評価に影響を与えているのである。この状況においては，個人個人で競争を好んだり，好まなかったりと前述したパーソナリティ特性の一つである競争性などの影響を受け，「競争」の受け止め方に違いが認められるのである。第三の段階は，客観的な競争状況を求めるべきか，あるいは避けるべきかを選択する個人の反応（response；生理的，心理的，行動レベル）である。

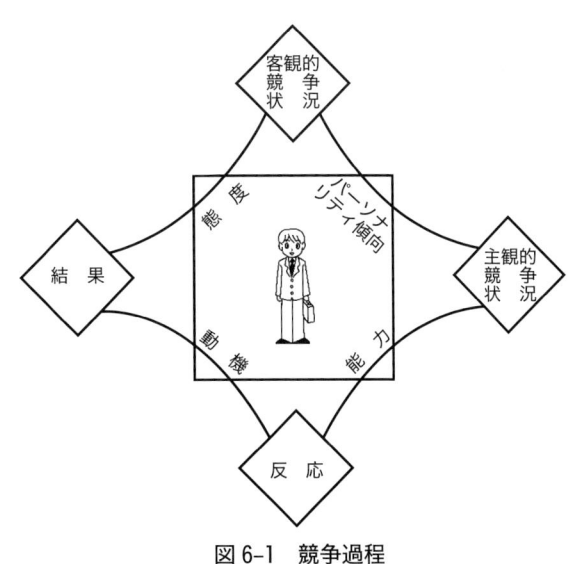

図6-1　競争過程
（マートンズ『スポーツ・個人・社会』1979より引用）

この競争状況における個人の反応は一般には行動のレベルで比較されている。この個人の反応においては少なくとも個人の能力と動機水準の二つの内的水準と，気候，時間，施設，競争相手の競争行動などの外的・環境要因によって規定されている。他人と競争するという状況により，取り組んでいる運動のパフォーマンスが向上したり（社会的促進），逆に低下したりする（社会的抑制）現象が生じる。このような競争によって運動パフォーマンスが向上したり，低下したりする現象の背景には運動課題（単純・複雑，速い・正確など）や競争相手（同質・異質）や個人の属性（能力・性格）などがあげられる（マートンズ）。たとえば，運動技能習得の考え方に速さと正確さのトレードオフという考えがある。速さと正確さを要求される運動課題に取り組んだとき，運動のパフォーマンスは課題を速く行おうとすると正確さが落ち，正確にやろうとすると速さが落ちてしまう。この課題を競争状況で行った場合は，どうしても相手に勝ちたいという状況になるため運動パフォーマンスの速さの面が向上してしまい，正確さの面は低下してしまうことになる。最後の第四の競争過程の段階は，ある規準に対する個人の反応の比較から生じる結果（consequences）である。競争の勝敗や成功失敗などはこの例である。競争の結果は個人にとってプラスかマイナスというものではなく，あくまでも中立的なものであり，個人がどのようにとらえるか（態度，動機，パーソナリティ）ということと関連してくるのである。このように，結果は前述の三つの段階に含まれない中立的な立場であり，大なり小なり客観的，主観的競争状況に影響を与えているのである（図6-1）。

［5］競争行動の発達

競争行動は，人の社会化の過程にとって重要な行動傾向であり，この競争行動の出現は，自己，あるいは他者をどのように認知するかといった認知的発達と対応するといわれている。また，マートンズは，上述した競争過程はある認知的成熟段階に達するまでは起こり

えないことを指摘し，競争性は個人が自立しようとする過程での，一つの発達段階であると述べている。このように，「競争」は人の認知的発達の姿や社会化の過程と密接に関連している。つまり，人が競争状況を「競争」と認知するためには，初めに自分自身の中に規範を持ち，ついでその規範が自分自身の規範だけでなく，ほかの人によって設定された規範を持つことで社会的比較をすることができるようになっていくのである。また，競争場面で社会比較や他人との相互比較を行えるようなるためには，個々の自我が芽生え，自己概念が形成されることが必要であり，さらに，社会化の形成は促進されていなければならないのである。

たとえば，幼稚園や保育園で25mを2人で競争を行った場合，自己概念の形成の未熟な3〜4歳児の中には2人で手を握ったり，お互いの顔を見ながらニコニコしてゴールする子どもたちがいる。しかし，5〜6歳児になると，競争の意味がわかりお互いを意識してゴールに向かって一生懸命走れるようになってくる。このときの3〜4歳には「競争」という意識はまだ目覚めていないのである。しかし，自己概念が形成され始める5〜6歳になると競争の意識が明確になり，お互いが勝ち負けという社会的比較を行えるようになっていくのである。つまり，この時期になると，自分というものへの自己のイメージを持つことができるようになり，客観的に自己を見つめることができるようになっていくのである。その結果，子どもたちは「競争」という場で自己の能力を最大限に発揮することができるようになっていくのである。このようにして，自己の的確な認知ができるようになることで，「競争」という場で自己の持てる力を最大限に発揮できるようになるのである。

このように「競争」での社会的比較などの経験は，個々人の自分自身のとらえ方である自己概念（認知）の形成や社会性の発達に影響していくのである。　　　　　　　（森　司朗）

課題
1. スポーツと「競争」との関係について述べなさい。
2. 体育の授業場面における「競争」のあり方について述べなさい。

【参考文献】
1) 深澤浩洋「体育にとっての競争の意味」，友添秀則・岡出美則編『教養としての体育原理』2005年，大修館書店．
2) 松田岩男『現代スポーツ心理学』1967年，日本体育社．
3) ライナー・マートンズ（池田勝訳）『スポーツ・個人・社会』1979年，ベースボール・マガジン社．
4) 関根正美著『スポーツの哲学的研究―ハンス・レンクの達成思想―』1999年，不昧堂出版．
5) 杉原隆『運動指導の心理学―運動学習とモーチベーションからの接近―』2003年，大修館書店．
6) 米川直樹「運動と競争」，松田岩男・杉原隆編著『新版 運動心理学入門』1987年，大修館書店．

column

競争×協同＝？

　100mをひとりで走る状況と他の人と競争して走る状況を想像してみよう。どちらが速く走れるだろうか？　多くの人は他者と競争する場合のほうが100mを短い時間で走りきることができるだろう。相手との力が均衡していれば，ふだんの練習ではできないようなすばらしい力が発揮されることもある（杉原ら，1976）。スポーツでは，いわゆる好敵手がいて競争するからこそ自分の持てる最高の力が引き出されるし，その瞬間の充実感や達成感は言い知れぬものがある。一方で，競争は勝敗だけが目的になると，敗者は否定的な自己概念を持ちやすく，長期的に見ると動機づけは低下し，勝者も勝利へのプレッシャーの中で常に緊張や不安が生まれる。このような点から，競争状況は教育場面においてしばしば問題視されてきた経緯があり，ある学校では徒競走で順位がつくのを避けるために，手をつないで一斉にゴールさせるほどである。

　教育現場では競争による負の効果を避けるために，学習場面において競争状況を排除し，集団全員が協力して同じ目標をめざす協同状況を作ることを強調する（たとえば，影山ら，1984）。Deutsch（1949）の定義に従えば，競争とはある人が成功すれば他の人が必然的に失敗となるような状況であり，協同とは集団内のあるメンバーの成功が他の仲間にとっても成功となる状況である。協同はメンバー全員が成功を共有できるため，成功に向けて互いに協力し高めあうことができる。また，協同場面では心理的圧迫感が少なく，のびのびと活動することができるため学習効果が高まりやすいとされる。GauvainとRogoff（1989）は，問題解決場面において，個人で行うよりも協同で行う方が課題達成度が高く，創造的な解決方法の出現が高まることを報告している。また，Johnsonら（1981）は，ある特定の作業を行う状況で，一人で作業を行う「個人作業」，そこに競争を伴う「個人間競争」，集団で行う「競争を伴わない協同」，そこに競争を含めた「競争を伴う協同」の四つの活動形態で各個人の作業量の違いを比較している。その結果，協同すること自体が競争や個人作業より優れた結果を示すことを見出した。このように，競争よりも協同することは，自尊感情や精神健康，あるいは学習効果の点から優位であり，教育場面では競争を排除し協同場面を設定することが有効であると考えられてきた。

　さて，ここで体育を扱うわれわれにはある問題が頭をもたげる。数学などの学習場面では，競争をなくして教室内の子ども全員で協同して問題を解くことは可能であるが，スポーツを扱う体育から競争状況を排除することは可能であろうか？　やや狭い見方をすると，スポーツは共通の目標に対する個人あるいは集団間の競争の場である（高山，2008）。となると，競争の排除は限りなく非現実的である。つまり，スポーツを扱う体育という教育は必然的に競争を含み，完全に競争を排除できる他の科目にはない特質を持った独自な存在であるといえる。また，チームスポーツでは相手と競争をしつつも集団内で共通の目標に向かって協力する協同が含まれるため，競争と協同が混在するというのも特徴で，集団間の競争は，協同が効果的に行われるために必要であるとの意見もある（Slavin，1987）。そのため，競争と協同が混在する体育の教育的意義をとらえるためには，競争と協同の互いを深く理解して，その両者の関わり合いによって生まれる利点を見出す必要がある。そもそも競争による負の効果ばかりが取り上げられがちだが，協同による問題解決においても，意思決定場面における合理

性の低下といった負の効果があり（佐伯，1980），協同状況の設定だけが一概に教育においてよいとはいえない。複数人で課題に取り組んでも多様な意見を出し合うことなく安易な結論を出したり，本質から外れた議論ばかりで，課題の問題解決につながらなかったという経験はだれしもが持つだろう。

　それでは，競争と協同を掛け合わすことによって生まれる効果とは何だろうか？　その答えは必ずしも明確にされているわけではない。しかし，この問題を考える一つの視点として，教育が社会化を促す学びの場であることを考える必要がある。つまり，体育はスポーツと異なり，学校教育の一環であり，集団の相互作用と社会化が促進されなければならないのである。Siedentopら（1994）は，コミュニケーションや他者を尊重するなどの社会的な目標が体育の目的であり，しばしば学習よりも重要であると述べている。その点，協同学習は人と人との間に成立する社会的実践であり，協同的な営みであるとする学習観を持つため，子どもの社会的スキルの形成やセルフコントロール能力の育成に極めて有効である（e.g., Natashi & Clements, 1991）。しかし，協同だけに焦点を当てた競争を伴わない協同には一つの問題点が指摘できる。それは，競争がない状況では集団の成員が満足しさえすれば，その作業量には関心を払わずとも成功としてよい点である。つまり，集団の成員が互いの同意を優先させ，良好な関係を保とうとする方向に働けば合理的ではない結論も受容されてしまい責任も曖昧になるのである。一方，目的が相手に勝つことである競争を伴う協同ではそのような不合理性はチームに利益がなく失敗となるため，成員は互いの良好な関係を保つだけでなく，自己の意見を主張しあい，より合理的な結論を導く必要がでてくる。深澤（2005）は，対立が存在しないということは，恐れたり，憤慨したり，理性的な能力を奪われたりすることにつながり，自立の阻害要因にもなりかねないとしている。つまり，競争と協同を掛け合わせた場合，成員間の葛藤状況が引き出され，社会的関わり合いの本質的な部分を体験できるのである。社会において競争から完全に切り離された生活は困難である。そのような社会では自分自身の葛藤に折り合いをつける能力が必要であり，教育場面で葛藤体験を取り除くことはむしろ子どもの健全な社会化を阻害しているのではなかろうか。

　競争と協同は，いずれも挑戦性に支えられた重要な学習内容である。そのため，両者は必ずしも排他的とはならず，競争相手は競争が持つ楽しみを味わうために不可欠であり，相手がいるから集団内に有効な相互作用が生まれ，自分を高めるのだという点を認識する必要がある。競争という現象を排除すること自体は非現実的であるが，競争の意味を問い直すことは可能であろう。

（中本浩揮）

1) Deutsch, M (1949) A theory of co-operation and competition. Human Relations, 2, 129-152.
2) Siedentop, D., Doutis, P., Tsangaridou, N., Ward, P., & Rauschenbach, J. (1994). Don't sweat gym: An analysis of curriculum and instruction. Journal of Teaching in Physical Education, 13, 375-394.
3) Slavin, R. E. (1983) When does cooperative learning increase student achievement? Psychological Bulletin 94(3): 429-445.
4) 丹羽劭昭 (1984)「スポーツでの競争と協同はどのように考えられるか」，日本スポーツ心理学会編『スポーツ心理学Q&A』不昧堂出版.
5) Cohen, E. G. (1994) Restructuring the classroom: Conditions for productive small groups. Review of Educational Research 61, 1-35.
6) 杉山重利「体育で何が，どう，なぜ，変わったか」，体育科教育 37(6): 24-25, 1989.

第7章

「身体」の多様性
──近現代における「身体」──

> **本章のねらい**
>
> 　　現代においては，デカルトの身体機械論が貫徹している。機械としての正確さを求めると同時に，動きの激しい近代社会の中で，動ける身体が求められた。そこでは機器で測られた測定的事実が真実として身体に求められ，「画一的身体づくり」が進行した。ここでは，近現代の社会的変化を背景と「身体」の問題について考察し，それを通して，これからの「身体」をわれわれはどのように考えたらよいのか，その手がかりをさぐる。
> 　　キーワード：身体機械，グーツムーツ，バルザック，測定的事実

[1]「近代」と「身体」

　「近現代」とは近代と現代とを意味するが，「身体」との関連で考えるここでは，近代とそれ以前との違いを検討することから出発する。そこで示されたものはほとんど現代へも受け継がれていると考えるからである。長い人類の歴史の中で「近代」を迎える時期は地域によってさまざまであっただろうが，ヨーロッパではフランス革命（1789年），日本では明治維新（18PP67，1868年）とするのが一般的である。

　人類の進化は25,000年前以来，事実上停滞したといわれているが，微小な変化は存在した。しかし有史以来では，大きさなどに変化の波があったようだが，「身体」の構造自体には変わりはなかった。つまり「近代」を迎える前と後とでも，「身体」自体に変化があったわけではない。したがって，ここで問題にするのは，身体自体の変化ではなく，時代や社会の変化によって「身体」に求められたものがどのように変わったのかを考えることである。

　ヨーロッパでも日本でも，近代社会への移行，つまり近代化とは，それまでの中世的，封建的な時代から市民革命（フランス革命や明治維新）を経て成立する市民社会への移行の

ことであった。封建社会とは，国王や貴族，あるいは藩主や老中といった身分を持っている者や大土地を所有する者（地主）が権力を牛耳っていた社会のことである。それに対して市民社会は，身分や土地は持っていないがお金（資本）を動かせた人たちが主導権を担うようになった社会である。封建社会から近代社会への変化を簡単に整理すると，権力を握る者たちのよりどころが，身分や土地という「動かないもの」（不動産）から，金，資本という「動くもの」（動産）への移行を意味した。すなわち，動かない社会（静）から動く社会（動）への変化のことであった。

このことは，ヨーロッパにおいて近代スポーツや近代体育が誕生した時期，および日本において近代的教育制度が体操を含めて成立した時期と無関係ではなかった。つまり近代以前の場合，キリスト教が幅をきかせ，教育機関も修道院に代表されたようなヨーロッパや，士族以外はほとんど身体訓練の場を持たなかった日本においては，「静」の時代にふさわしく身体への積極的な教育姿勢は感じられなかった。それに対して「動」的な近代を迎えると，社会全体が激しく変化し，人びとの動きも活発になったので，それに対応できる人間の誕生が社会的要請となり，それに答えるように発生したのが近代スポーツであり，近代体育だったからである。

［2］移行期にみられた「身体」

『しぐさの世界－身体表現の民族学』（NHKブックス，1983年）の著者野村雅一が明治維新直後の日本人の行動について，彼らは「ぼんやり」していて「反射運動」が見られなかったと評していた。江戸時代のゆっくりした動きに慣れ親しんできた日本人には，欧米人の早い動きに対応できず，戸惑っていた様子がうかがえる。野村はさらに当時の日本人の姿勢について，「腰をかがめ，あごをつきだし，四肢がおりまがった姿であった」と述べている。つまり当時の日本人の姿勢には，民衆の大部分を占めていた農民の姿勢が定着していたことを示している。さらに，このような身体状況の改造をめざす政策が「明治19年になって教育制度として実現した。この年，森有礼らの熱心な主張がいれられ，隊列運動を中心とした兵式体操が教科に加えられた。やかましく姿勢を注意し，くりかえし整列させ，隊列行進させる，今日にいたるまで軍事教練とわかちがたい日本の体操教育の原型はこのときつくられた」と述べている。

日本では1872（明治5）年に学制を制定して近代的な学校制度を発足させ，1873（明治6）年に徴兵制度を整え，近代的軍隊の礎が作られた。しかし民衆に対する近代的な兵式訓練は1886（明治19）年の教育改革によって始められたのである。このときから日本の学校は兵式体操や隊列行進ができるような運動場を持たねばならなくなった。

このようにして，欧米化を始めた日本では，兵式体操を導入することによって，周囲の動きに対応して動ける体づくりが行われ，同時に集団での行動もできるような訓練がなされ，「身体」の近代化が進められたのである。

ヨーロッパ人の姿勢や行動の場合は，日本人に比べてかなり進んでいたと思われるが，

フランスの作家バルザック (1799-1850) が書いた『歩きかたの理論』(1833年, バルザック著, 山田登世子訳『風俗研究』1992年) によると, フランス革命直後のパリにも, 日本の場合と似たような状況があったようだ。本書は「理論」とあるが作家が書いた作品で, 学術論文のパロディーである。訳者解説によると, 人間の歩きかたを通して動的社会の誕生を表現しようとしているという。

『歩きかたの理論』では, パリの街角に陣取り, 通行人の歩き方を観察しながら人間の動き (運動) の代表的なものである「歩行」について研究するという想定で話が進められる。たくさんの資料を集めた彼は人の歩きかたの多様さに目をみはり,「歩きかたは身体の表情である」「人の数ほど歩き方あり!」と驚く。しかし, 多様ではあったが「美しく自然な歩きかたをしていた人は一人もなかった」ことに気づき,「文明は一切を堕落させる! 一切を歪める, 運動さえも!」というのである。

そのとき目にした庭で遊ぶ犬や山羊の動きの美しさに目をみはる。「動物には不自然なところが全くない!」と思った彼はルソーの言葉である「考える人間は堕落した動物である!」を思い出す。そして彼は続けて「思考こそわれわれの運動を歪め身体をねじ曲げる力に他ならず, 思考が容赦なく力を振るうと遂には身体が破壊されてしまう。思考は人類の大いなる破壊要因である」といっている。

バルザックの叙述を通してわれわれは, 歩きかたを観察した人のなかで,「美しく自然な歩きかたをしていた人は一人もなかった」を, どう読んだらよいのだろうか。「考える人間は堕落した動物!」なのだろうか? これに関して筆者はかつて私見を述べているが, ここではフランス革命直後のパリの人びとの身体やその動きに多様性が残されていたことを確認するにとどめたい。日本の場合と同じように, 近代的身体としての統一性へはまだ向かっていない状態だったのである。

[3] 移行期の社会の変化

近代への移行期に見られた社会の変化はどのようなものであったのか, そしてそれは「身体」へどのような影響を与えていたのか。ここではケーニヒに学びながらマルクスとフーコーの「生産する身体」「服従する身体」について考えておきたい。ケーニヒによると「マルクスは, 資本の論理が近代的知の論理と結びついて, 社会的生産過程をラディカルに変革したこと, およびそれがどの様になされたかを示し, フーコーは, 処罰方法の構造転換は人間学の論理で決定的に特徴づけられていると判断した。両者の分析から読み取れることは, 生産や処罰の技術的変化と, 深部にまで達する人間学的変化が同時に現れたということである」(オイゲン・ケーニヒ著, 山本徳郎訳『身体-知-力, 身体の歴史人類学的研究』1997年)。

マルクスは, 近代社会への過渡期に登場したマニファクチュアを考え, それによって従来すべての工程を1人でやっていた手仕事的生産方法が変えられたことを示した。新しい方法では互いにばらばらにされ, 一つの特別な専有機能になるまで自立化させられた。そ

れによって労働者は細分化され，それぞれの特技が生まれた。つまり分業が成立し，労働者の能力は局部的なものになった。そこでは身体が各器官に個別化されたように，労働者は生きた機械の部分としての役割を果たさねばならなくなる。個々の労働者は，機械の部品のように規則的に労働することを強制される。このような生産過程の変化によって「生産する身体」が形成されたのである。

　フーコーの『監獄の誕生－監視と処罰－』は，近代が規律化された個人（生産する身体）の科学的製造（作りかえ）を発見したことを明らかにした。処罰や裁判制度の革命で，拷問・責め苦が監獄に代わり，矯正技術によって，治され，教育されるべきだという（身体刑から教育刑へ）。これは人間的なものではなく，身体に深く碇をおろし，綿密に計算された「処罰暴力の経済学」というモチーフによるもので，新たな処罰暴力だというのである。フーコーの考える監獄は，近代（現代）の「一望監視社会」のモデルであった。規律訓練装置としての社会（監獄）の発生とともに，規格化と権威化の空間的分解，配分，時間的な統制と計画が生じた。これが個人を変える（教育する）ための改良方法，統制方法に適応されたというのである。このようなシステムのもとで「服従する身体」が形成されるのである。マルクスとフーコーは，近代の生産する身体，服従する身体の本質は，その構成的，規範的原理である合理的な知を考えないと見抜けないことを示しているが，ケーニヒによると「生きている機械としての規律訓練化された身体は，近代的な知の大勝利によるものである」というのである。

［4］近代的「身体」の製造：グーツムーツの場合

　18世紀末にドイツで始まる汎愛派教育運動の中で，近代体育の父と言われたグーツムーツ（1759‐1839）が活躍していた。彼は自分の教育実践に基づいて1793年に，日本語では『青少年の体育』（成田十次郎訳，1979年）と訳される著書を出版した。そのなかで彼は「身体」に直結する感覚の訓練を熱心に叙述していた。ここではグーツムーツの「感覚訓練」を通して，近代は子供たちの身体をどのようにしようとしていたのかを確認したい。

　グーツムーツはルソーの有名な『エミール』（1763年）から「考えることを学ぶために，われわれは理解の道具であるわれわれの諸器官を訓練しなければならない」を引用しながら，感覚の教育可能性（訓練可能性），訓練の有効性，訓練の方法を論じた。しかも彼は長年にわたる自分の教育体験に基づいて記述したのである。

　グーツムーツは，いわゆる五感を対象にその訓練を考えているが，たとえば視覚の場合だと，遠くにあるものの識別や，さらにその長さ，高さ，幅，深さ，重さ，角度，広さ（面積），大きさ（体積）などを目測させ，視覚を訓練させる。生徒が実際に識別したり目測したあとに，望遠鏡や巻尺，天秤などで実測された値と対比させる。この過程を繰り返すことが訓練であり，それによって「目で測る技術」を学ばせようとするのである。グーツムーツは，「われわれは感覚の誤りをさけていれば真実の光の帝国に到達できる。感覚を通して真実に到達するために，誤りの原因を取り除くようにしなさい」という考えを述べてこれ

らの訓練をさせていた。しかしこの過程をよく考えてみると，そこには生徒の示す感覚には誤りがあり，正しいもの，真実なものは望遠鏡や巻尺などの機器で確認されるもの，測（計）れるものだ，という考えがあることに気づく。

「近代的知」の源流に位置するデカルトは，彼の『方法序説』で「良識はこの世のものでいちばん公平に分配されているものです」（『デカルト著作集1』，2001年）といっている。「良識」はフランス語の「ボン・サンス（bon sens）」であるが，このsensはドイツ語のSinnであり，グーツムーツの「感覚」の原語である。グーツムーツは公平に配分されているはずの「感覚」の不公平さ，つまり「誤り」が許せず，それを正そうとしたのだ。しかしそこで気になるのが，彼のいう「感覚の誤り」ということである。彼はこの「誤り」を正して「真実」に近づけようとした。真実とは一つの普遍的なものであろうが，個々ばらばらの「誤り」のある人間の感覚を普遍性のある一つのものに収斂させようというグーツムーツの姿勢には違和感を覚えるのである。

なぜならば，この「感覚の誤り」は人間であれば誰にでもあると思えるが，しかし他の動物にあったらどうであろうか。他の動物の場合，もし感覚に誤りがあったら，つまり身体的に誤りや欠陥があったら，それは生存し続けること自体が不可能に近いのである。このことから，「感覚の誤り」というのは，人間を他の動物と区別している直接的契機になっているのではないかと考えられる。

「真実の光の帝国」とは，巻尺や天秤などで測られた単純な数値によって示される「測定的事実」にすぎない。しかもその値は一応普遍性を持つとはいえ，個々の人間にとってはあまり意味のないものなのである。それに対して生徒が感じた「感覚的事実」なるものは，誤りのありうるものとしてまったく評価されていない。つまり人間的本性を示す「感覚の誤り」を含む「感覚的事実」を無視して，きわめて機械的な「測定的事実」のみが注目されているのである。グーツムーツの感覚訓練は，結局感覚の誤りに示される人間的本性をできるだけ機械的な測定的事実に近づけようとする訓練だったと言うことができよう。

近代体育の原点ともいわれるグーツムーツは，生徒の練習の成果を常に記録し，それを個人の成長の指標にしたり，他人との比較に利用したりしながら教育を行っていた。まさに教育の近代性を示す方法であったかもしれないが，先にも取り上げたケーニヒはこの事実に注目し，汎愛派では「測れない部分がすべて追い出される」と指摘して，そのことに終始してきた近代教育を鋭く批判している。

近代化が始まった直後のバルザックに示されていたような多様な身体は，日本も含めて，その後の近代の教育システムや社会生活のなかで，測定される値に近づけるようにされたり画一化されたりするという規律化が進められ，「生産する身体」，「服従する身体」へと向かったのである。

［5］近代的身体への批判と，これからの「身体」に求められるもの

規律化が進行した近代の「身体」に対して，20世紀にはさまざまな批判が存在した。

ここではホイジンガおよびホルクハイマーとアドルノの批判的な考えを紹介するが，このような時代を「身体」における「現代」の始まりと考えることも可能だろう。しかし21世紀を迎えた今に至っても，旧来の「近代的な身体」への試みが同時進行しているので，明確に時代を区切ることはできない。

第5章で紹介されたホイジンガは，『朝の影のなかに』(1935年) において「今や世界を支配する歩調行進の精神」と述べて集団行動的社会を批判し，さらに2回も「シャツと手のヒロイズム」を取り上げ，ナチ・ドイツの制服と右手を挙げ「ハイル・ヒトラー」と叫ぶ挨拶に抵抗していた。ナチ・オリンピックの後に出版された『ホモ・ルーデンス』(1938年) においても「クラブの精神とそれに伴う記章，きまった型の手の動かし方，合言葉 (定型化した喊声，喝采，挨拶の言葉など)，スローガン，それから歩調を合わせた行列行進」と，前著と同じ思いを述べていた。そしてホイジンガは「スポーツは……たとえ政府権力によってその実施が指示された場合でさえも，もう何ら社会の構造と有機的な繋がりを持たないものになってしまった。それは何か実りを生む共同社会の精神の一因子というより，むしろただ競技的本能だけの，孤立的な表れなのだ」とし，オリンピック大会にしろ，アメリカ諸大学の組織された各種のスポーツや国際競技会でも，「スポーツを文化を創造する活動へと高めることができないでいる」と述べ，当時のスポーツを厳しく批判していた。

ホルクハイマーとアドルノに『啓蒙の弁証法』(徳永訳，1990年) という著作がある。彼らはフランクフルト学派に属したドイツの哲学者だが，ユダヤ人だったがために1933年にはアメリカに亡命しなければならなかった。訳者あとがきによると，初版は1947年とのことであるが，亡命先で書き進められていたものなので，ホイジンガとほぼ同じころの作品と思われる。その中にいくつかの草稿があるが，「肉体への関心」という18番目の草稿で次のように述べている。「〔大西洋の〕あちらで肉体を賞めそやす体操や陸上競技の選手たちは，昔から死体に対してもっとも親近性を持っていた」。これに対する訳注で，「あちらとは，ここでは，アメリカから見てのヨーロッパをさす。ベルリン・オリンピックに象徴されるようなナチスの肉体賛美をさす」と説明している。この少し前では，「(一度物となった) 身体は，二度とふたたび姿を変えて生身に返すことはできない。たとえどんなに鍛えあげられていようと，それはしょせん死体である。死せるものへと変わることは，死せるものという名が示すように，(生ける) 自然が，素材や物質に変えられてゆく積年のプロセスの一部だった」といっている。スポーツ選手の身体を死体だと酷評している。選手に見られるトレーニングによって形成された不自然な身体に「生」が感じられなかったのであろう。

クーベルタンが取り入れたといわれる「より速く，より高く，より強く」というオリンピックのスローガンも当時はまだプリミティブだっただろうが，しかし距離や時間を測定して「測定的事実」を競い合うことはグーツムーツ以来今日まで変わりなく続いている。人間を測定することへの嫌悪感も彼らにはあったようで，次のようにいっている。「ユダヤの故知は，人間を寸法で測ることへのためらいを教えている。なぜなら『死者は，棺桶

に合わせて測られる」からだ。ところが，それこそ身体の操作者たちがよろこびとする事なのだ。彼らは，それと気づくことなく，<u>棺桶作りの目つき</u>で他人を測っている。測定の結果を発表して人間を高いとか低いとか，肥っているとか重いとか呼ぶとき，彼らの正体が現れる」（下線は引用者）と。競技能力の測定と身体の測定を一緒にしてはいけないかもしれないが，人間を測るという営みは今日でも多くの人に嫌悪感を持たれていることを忘れてはならない。われわれの領域から「棺桶作りの目つき」を追放することができるだろうか。

近代的「身体」が宿命的に担わされてきた状況への批判に終始してしまったようである。これらの批判に答えられるような，これからの身体に求められるのは画一化された身体ではなく，少なくとも「多様な身体」が許容されるような状態がめざされなければならない。最近梅原賢一郎が『感覚のレッスン』（2009 年）というのを出版した。感覚という身体の多様性を考えさせる好著ではないかと思う。

(山本徳郎)

課題
1. 近代化以前と以後では，「身体」に求められるものがどのように変わったか述べなさい。
2. 「身体」の多様性について考察しなさい。

【参考文献】
1) オイヘン・ケーニヒ（山本徳郎訳）『身体－知－力－身体の歴史人類学的研究－』1997 年，不昧堂出版.
2) 山本徳郎「感覚教育－グーツムーツの感覚訓練を中心に－」野村雅一・市川雅編『身体と文化① 技術としての身体』1999 年，大修館書店.
3) 山本徳郎・杉山重利監修『多様な身体への目覚め－身体訓練の歴史に学ぶ－』2006 年，アイオーエム.

第8章

日本における学校体育の展開

本章のねらい

本章では，日本における学校体育の展開について概観し，学校体育の現状と課題について考察する。具体的には，まず近代学校体育の成立と展開について概観する。戦時下の学校体育についても考察する。また，近代日本における欧米スポーツの移入と定着の過程について概観する。さらに運動会に着目し，その形成と展開について考察する。体育教師養成の歴史や舞踊教育の展開についても言及する。最後に，体育教師の役割と課題について考察し，それらを踏まえて学校体育の諸問題について検討する。

キーワード：学制，体操伝習所，兵式体操，学校体操教授要目，教練，運動会，舞踊教育

1 近代学校体育の成立と展開

[1] 幕末の兵制改革に伴う体操の導入

1856（安政3）年，幕府の兵力強化のために築地に設置された講武所では武術だけでなく，西洋式兵制の研究も行われた。初めは主にオランダ式操練を研究，指導していたが，慶応年間になるとイギリス式，フランス式の翻訳操練書が多く登場するようになる。やがて幕府はフランス軍事教官団を招致することになり，参謀大尉シャノワン以下将校4名，下士以下10名，計14名の教官団が1867年1月13日に来日した。

彼らは日本の兵士の訓練に際し，基礎的な身体能力の不足を指摘して体操の必要性を建白し，実際に体操の指導も行ったとされている。このフランス式伝習は次第に成果をあげ，諸藩に影響を及ぼした。多くの藩がフランス式伝習を受けた旧幕人を招いて操練や体操指導を依頼し，藩の武備充実を図ったのである。このように体操は，まず兵制改革に伴って，兵士の身体能力向上の手段として導入された。

［2］「学制」の公布と体操

　1871（明治4）年7月18日に文部省が設置され，翌年8月3日文部省布達第13号別冊で「学制」が公布された。その第27条で尋常小学の下等小学と上等小学の教科として「体術」が規定された。

　次いで1873（明治6）年4月28日には，文部省布達第57号で「学制二編追加」が布達された。その第198条で，外国語学校の下等および上等の教科として，それぞれ第4級から第1級までに「体操」が設けられた。また，第199条から第207条で，獣医学校，商業学校，農学校，工学校，鉱山学校，諸芸学校，理学校，医学校，法学校の教科が規定され，それぞれの学校の予科には「体操」が設けられ，本科にも「但反訳体操等ヲ附ス」とされた。

　これより先，1872（明治5）年4月に，南校は運動場を設置し生徒に体操を教授することにした。同年5月に改正された学則の学科課程表によれば，月〜土曜日の9時から9時半が体操の時間に当てられた。同校は『樹中体操法図』を発行し，この体操が保健を目的としていることを次のように記している。

　　「凡学者ハ思ヲ精緻ニ盡スヲ以テ務トシ凝然踞床輙モスレハ身体ノ運動ヲ欠ク是ヲ以テ縦ヒ功等儕ニ踰ル者アルモ或ハ痼疾ニ罹リ往々天下無用ノ人トナル者ナキニ非ス亦憫然ナラスヤ況ヤ其功未タ半ナラスシテ疾ヲ致ス者ニ於テオヤ夫身健ナラサレハ其業勤ムヘカラス業勤メサレハ其功何ヲ以テカ成ラン是体操ノ已ムヘカラサル所以ナリ」

　翌6年に改正された「小学教則」では「毎級体操ヲ置ク体操ハ一日一二時間ヲ以テ足レリトス樹中体操法図東京師範学校板体操図等ノ書ニヨリテナスヘシ」と規定された。

　一方，1874（明治7）年には石橋好一訳の『体操書』が発行された。この『体操書』の内容は，同じ年に発行された陸軍の『体操教範』の内容と類似している。東京師範学校附属小学校は1875（明治8）年ごろからこの体操を採用したため，1877（明治10）年7月改訂の「小学教則」には「体操　体操書ニ依ル」と記されるようになった。この東京師範学校制定の「小学教則」はほとんどの府県に採用されたので，各府県の体操も体操図形式の体操から次第に体操書形式の体操に移っていったと考えられている。

［3］体操伝習所の開設―軽体操の導入―

　1878（明治11）年，文部省は「専ラ体育ニ関スル諸学科ヲ教授シ以テ本邦適当ノ体育法ヲ選定シ且体育学教員ヲ養成スル所」として体操伝習所を設立し，米国アマースト大学出身のリーランド（G.A. Leland）を教師として招いた。

　リーランドが体操伝習所で行った講義の内容については，『李蘭土氏講義体育論』によって知ることができる。その項目は，次の通りであった。

　　緒言／遺伝の事／風土の関係を論ず／風習の事／体操（体操の身体各部に生ずる効果：
　　第一　筋関係，第二　血液循環系統に就て体操の効果を論ず，第三　呼吸器に就て体
　　操の効果を論ず，第四　栄養機に就て体操の効果を論ず，第五　皮膚に就て体操の効

果を論ず，第六　神経系統に就て体操の効果を論ず／（体育の分量）／体操歴史

リーランドがわが国の学校体育の教材として選択したのは「少力運動」（軽運動，軽体操，普通体操）であった。この運動の効用について，次のように述べている。

「少力運動ハ余リ筋力ヲ要セザルモノタレバ其利益モ亦随ヒテ些少ナルガ如クナレドモ決シテ些少ノ利益ニ非ズ故ニ此運動ハ何人ニ限ラズ総テ適用スベキモノニシテ最モ壮健ナル者ト難モ猶ホ其利益ヲ受クベシ況ヤ柔弱生徒ノ如キニ至リテハ其得ル所ノ利益豈ニ浅少ナランヤ……（中略）……学術ニ従事スル紳士ハ単ニ自己ノ体ヲ健全ニセンコトヲ希望スルモノタレバ予メ先ズ少力運動ヲ為シ其救援ヲ得タル後ニ非ザレバ多力運動ノ如キハ其要スル所ニ非ズ」

体操伝習所は，軽体操の解説書として『新撰体操書』（1882年）と『新制体操法』（1882年）の2冊を刊行した。『新撰体操書』は次のような内容で構成されている。

緒言
排列法・解列法
体を正直にするの法
徒手演習第一・第二
唖鈴演習第一・第二・第三・第四
「アンヴィル・コーラス」の演習
球竿演習
棍棒演習第一・第二
木環演習
豆嚢演習
器具制作の法

また，体操の目的について『新制体操法』は，「脆弱者ヲシテ稍ク健ナラシメ壮強者ヲシテ益盛ンナラシメテ常ニ活発ノ状態ヲ保タシムルニアリ又此ノ術ハ病ヲ療スルノ具タラサルモ疾病ヲ予防シ体中ノ悪質ヲ変換セシムルニ於テ著明ノ功効アルヘキコト復疑ヲ容レサル所ナリ」と記し，この体操が保健的な性格を有していることを明らかにしている。

図8-1　軽体操の錦絵

体操伝習所はこの軽体操の教員として，給費生36名，伝習員134名，別課伝習員87名の合計257名の卒業生を送り出した。

［4］体操伝習所における歩兵操練科の調査

体操伝習所が歩兵操練と関係するようになるのは，1880（明治13）年からである。同所は同年11月に歩兵操練科を設け，以後陸軍士官を招聘して毎週3回，6カ月間の演習を

行った。翌年には教規を改正し，歩兵操練の教授を正式に加えている。その後，1883（明治16）年の徴兵令の改正で，「現役中殊ニ技芸ニ熟シ行状方正ナル者及ヒ官立公立学校（小学校ヲ除ク）ノ歩兵操練科卒業証書ヲ所持スル者ハ，其期未タ終ラスト雖モ帰休ヲ命スルコトアル可シ」（第2章第12条）となったのを受け，文部省は翌1884年2月28日，体操伝習所に対して，官立公立学校（小学校を除く）における歩兵操練科の程度，施行の方法および小学校における施行の適否等について調査，具申するよう通達した。そして，これらに関する体操伝習所の調査結果に基づき，1886（明治19）年，小学校に「隊列運動」，中等学校以上に「兵式体操」が導入されることになった。

［5］諸学校令による兵式体操の導入

1886（明治19）年4月9日，勅令第13号，同14号および同15号をもってそれぞれ師範学校令，小学校令および中学校令が公布され，それを受けてそれぞれの学科とその程度が定められた。そのうち体操について授業時数と学科の程度をあげれば，以下の通りである。

ⅰ．小学校
　①授業時数　唱歌・体操合わせて　尋常小学科6時間，高等小学科5時間
　②学科の程度　体操　幼年の児童には遊戯，やや長じたる児童には軽体操，男児には隊列運動を交ふ
ⅱ．尋常中学校
　①授業時数　体操　第1年〜第3年　3時間，第4年〜第5年　5時間
　②学科の程度　体操　普通体操，兵式体操
ⅲ．尋常師範学校
　①授業時数　体操　　男　第1年〜第4年　6時間
　　　　　　　　　　　女　第1年〜第4年　3時間
　②学科の程度　体操　普通体操：準備法，矯正術，徒手，唖鈴，棍棒，球竿の諸体操
　　　　　　　　　　　兵式体操：生兵学，中隊学，行軍演習，兵学大意，測図
ⅳ．高等中学校
　①授業時数　体操　第1年〜第2年　3時間（工学理学志望生にはこの科を課さず）
　②学科の程度　体操　兵式体操
ⅴ．高等師範学校
　①授業時数　男子師範学科（理化学科，博物学科，文学科）第1年〜第3年　音楽・体操
　　　　　　　　　　　　　　合わせて6時間
　　　　　　　女子師範学科第1年〜第4年　体操　3時間
　②学科の程度　男子師範学科　体操　普通体操，兵式体操（理化学科，博物学科，文学科共同じ）
　　　　　　　　女子師範学科　体操　準備法，美容術，徒手唖鈴棍棒球竿の諸体操

このように，小学校には「隊列運動」が，また尋常，高等の中学校および師範学校には「兵式体操」が位置づけられた。これは前項で述べたように，基本的には徴兵令の改正に対応し，徴兵期間短縮のために導入された軍事予備教育と見ることができるが，それだけではなく，兵式体操を徳育の手段として位置づけた森有礼の考え方が強く反映したものでもあ

った．森は文部大臣として1885（明治18）年12月に埼玉県師範学校で行った演説で，将来普通教育を担当する教員，すなわち師範学校生徒の教育について述べ，従来の空誦暗記の弊害を指摘して，兵式体操による従順，友情，威儀の三つの気質を備えた「善良ノ人物」の養成を説いている．しかし，森自身が演説の中で述べているように，この三気質は軍人の気質にほかならなかったのであり，天皇制国家を下から支える「臣民」としての資質でもあったのである．これ以後，明治期の終わりまで，わが国の学校体育は保健目的の普通体操と，軍事予備教育や臣民形成を期待された兵式体操の二本立てで行われることになった．この時点でわが国の近代学校体育は制度的には成立したと見ることができる．

しかしながら尋常小学校の体操は，1890（明治23）年10月の小学校令改正で，土地の情況によってはこれを欠いてもよいこととされ，翌年11月には随意科目に規定された．再び必修になるのは1900（明治33）年8月のことである．このことは，1886（明治19）年に必修教科に規定されたものの，この時点では体操の教授環境（運動場，体操器械・器具，教員など）がいまだ十分整っていなかったこと，すなわち，いちおう成立した近代学校体育の実施基盤はまだ不安定であったことを物語っている．1900（明治33）年8月に再び必修となったのは，実施のための条件が整備されたからである．したがって，わが国の近代学校体育はこの時点で確立したということができよう．

［6］スウェーデン体操の導入

明治30年代半ばになると，E.P.ヒュースや川瀬元九郎や井口あくりらによってスウェーデン体操がわが国に紹介された．その一方で，坪井玄道による新しい舞踊や行進遊戯の紹介，高橋忠次郎による「日本遊戯調査会」の設立，白井規矩郎による「遊戯法研究会」の設立など，遊戯研究も盛んになった．このような動きが，従来の普通体操，兵式体操中心の学校体育に変化をもたらし，学校現場を少なからず困惑させた．そのため文部省はこれらの問題を解決し，新たな方向を示すため，1904（明治37）年10月，8名の委員からなる体操遊戯取調委員会を設けた．この委員会は体操や遊戯の問題を中心に以下に示すような広範な問題について調査・検討し，1905（明治38）年11月に報告書を提出した．

(1) 体操科の目的 (2) 体操演習の基本的形式 (3) 基本姿勢 (4) 体操演習の種類 (5) 体操演習要目の数例 (6) 体操科に於て一定すべき必要ある事項 (7) 運動遊戯に関する件 (8) 各学校体操科に関する現行規程中改正を要する事項 (9) 普通教室に於て行うべき体操遊戯 (10) 体操科教授上の注意 (11) 体操科の設備に関する件 (12) 女生徒の運動服に関する件 (13) 体操と作法との調和に関する件 (14) 撃剣，柔道に関する件 (15) 学校運動会に関する件 (16) 火災其他変災の際に於ける動作練習の件 (17) 国立体育研究所に関する件 (18) 体操科教員の待遇に関する件 (19) 体操科視学設置に関する件

この報告書は前文で「所謂瑞典式体操ハ大体ニ於テ採用スヘキモノト決定シ」と述べ，体操に関して以後の基本的な方向を示した．この時点でスウェーデン体操が普通体操に取って代わることが決定的となった．

［7］学校体育に対する陸軍の要求

　体操遊戯取調委員会の主要な目的は，上述したように，普通体操とスウェーデン体操との間に見られた教育現場の混乱を解決すること，および急激な遊戯の流行を規制することにあった。したがって，兵式体操はこの委員会では直接検討の対象にはなっていなかったが，報告書では次のように言及された。

　　「兵式体操ハ之ヲ兵式教練ト改メ歩兵操典第一部基本教練中各個教練，小隊教練及中隊教練ヲ取リテ之ヲ課スルコト
　　　兵式徒手体操及器械体操中其ノ学校教育ニ必要ナルモノハ学校体操ニ包含セルヲ以テ特ニ之ヲ教授スルヲ要セス」

　このことは，兵式体操のうち，『歩兵操典』に基づく内容だけを学校で実施し，『体操教範』に基づく柔軟体操（徒手体操）および器械体操は削除することを意味していた。

　これに対して，陸軍大臣から文部大臣宛に次のような照会がなされた。

　　「普通体操ト軍隊体操トヲ可成接近セシムルコト国民全体ノ利益ト披認且ツ体操教員ノ補任ハ勉メテ予後備役下士中ヨリ撰抜スルコトト相成候ハハ，便宜不少ト被考候間別紙意見書相添此段及協議候也」

　これに対して文部省は，次のとおり回答した。

　　「普通体操ト軍隊体操トハ自ラ其趣旨目的ヲ異ニスル所アルヲ以テ学校ニ於テ課スル体操ヲ兵式体操ノミトスルコトハ到底実行シ難カルヘシ随テ体操教員ヲ養成スル為メニハ特別ノ設備ヲ要スル次第ニ候固ヨリ満期下士ニシテ学校体操ヲ教授スルニ足ル相当ノ素養アル者ハ現行規程ニヨリ実行致来候通リ之ヲ教員ニ補任スルニ何等差支ナキモ相当素養ナキモノニ在リテハ特ニ学校教員タルニ必要ナル知識ヲ与ヘタル上ニアラサレハ之ヲ教員トシテ採用スルコト困難ト存候」

　このように，学校体操を兵式体操で統一すること，体操科教員を予後備下士官から補充することを要求した陸軍に対して，文部省は，普通教育における体操と軍隊の体操とは目的が異なること，したがって下士官を教員として登用するには改めて教育する必要があることを主張したのであった。そのため両省の意見が対立することになった。

［8］学校体操の統一—学校体操教授要目の公布—

　この意見の相違を調整するために，陸軍・文部両省共同の調査会が作られた。その後数年を経て，文部省側の学校体操整理統一案，学校体操統一案が陸軍省の同意を得，1913（大正2）年1月，学校体操教授要目として発布された。教材を体操，教練，遊戯，武道の四つに整理，統一したこの要目の編成は，永井道明によれば，次のようにして行われた。

　①体操は大体スウェーデン式によることとし，懸垂，跳躍等は従来の兵式体操からも取り入れた。
　②教練は，準備，秩序，隊列，兵式などといろいろ呼んでいたものを一括して教練と名

図 8-2 スウェーデン体操

づけ，その方法などは歩兵操典によることとした。

③遊戯は広義に認めて，競技も競争遊戯の中に含め，ダンスまで行進を主とする遊戯として合併した。

では，なぜ，兵式体操によって学校体操を統一しようとしていた陸軍側が，スウェーデン体操中心の要目に同意したのだろうか。その理由としては，スウェーデン体操の軍隊的性格をあげることができる。スウェーデン体操は号令や使用器械などの点で兵式体操的な要素を多く持っていたのである。

このように1910（明治43）年前後にわが国の学校体育はスウェーデン体操を取り入れつつ再編されたが，その際，陸軍省の意向を無視することはできなかった。学校体育はもちろん文部省の所轄事項であったが，他の近代国家におけるのと同様，軍事予備教育としての役割を期待されていたのである。わが国における文部省と陸軍省の関係は，1886（明治19）年，兵式体操を体操科の内容に組み入れたときに始まったと見ることができる。以後，この関係は第二次世界大戦が終了するまで続いた。

［9］自由主義体育の実践

自由主義的な教育思想は，すでに明治時代に樋口勘次郎，及川平治，小原國芳，手塚岸衛らの著作に現れ，明石女子師範附属小学校で若干実践されていたが，大正期に入って成城学園，自由学園，明星学園などの私立学校や，千葉師範附属小学校，広島師範附属小学校などに広がり，活発な実践がなされるようになった。

河野清丸は，当時の体操と遊戯について次のように批判している。

「現今一般に行はれてゐる体操なるものは，……未だ以て児童学生が自発的に悦んで実行すると云ふ域には達して居らぬ。……一々号令を掛けて児童を器械的に運動せしむる事を以て，体操の本質であるなどと思ってゐるやうな現状では，体育の効果を全

うすることは不可能であらうと思ふ。」

「現今の遊戯教授法が徹頭徹尾教師本位にして，而かも児童生徒の先天的なる自己発展能力を減却し，果ては彼れ等の自発活動を阻止し，甚大なる教育的効果を発現すべき遊戯が却って意外なる害毒を与ふるに至るのである。」

[10] 学校体育の軍事的強化

第一次大戦後の国際情勢は軍縮の方向に動き，わが国も軍の縮小整理を行った。陸軍はこのような軍縮による兵力の削減を補い，軍事力の低下を防ぐため，学校における教練の充実を求めた。

これより先，大戦中の1917（大正6）年9月に設置された臨時教育会議は同年12月15日，すでに学校における教練を重視した「兵式体操振興に関する建議」を行っていた。これが戦後の状況の中での軍縮問題と結びつき，学校における軍事教育を正当化することにつながった。この建議はその後，文政審議会の答申を経て，1925（大正14）年の「陸軍現役将校学校配属令」「陸軍現役将校学校配属令施行規程」「教練教授要目」および「陸軍現役将校配属学校教練査閲規程」として実現していったのである。このようにして実施された教練は，戦時総動員体制準備の一翼を担うものであり，後年の学徒動員，学徒出陣にもつながったと考えられている。

[11] 戦時下の学校体育──体操科から体錬科へ──

1937（昭和12）年，盧溝橋事件を発端として日中戦争が始まり，やがて太平洋戦争へと拡大していった。戦時体制下で，1938（昭和13）年に厚生省が新設され，1939（昭和14）年に体力章検定が実施され，1940（昭和15）年には国民体力法が制定されるなど，国防力の強化に向けて国民の体力が国家によって管理されるようになった。

1941（昭和16）年になると「国民学校令」が発布され，小学校は国民学校と改称され，体操科は体錬科と名称を改めた。国民学校の体錬科は体操と武道の二本立てとなり，体操はさらに体操，教練，遊戯競技，衛生に分けられた。

戦時下の学校体育では，武道が特に重視されるようになった。国民学校令が発布されるより前の1939（昭和14）年に，すでに「小学校武道指導要目」が訓令として発せられ，剣道と柔道の実施要項と教材とが示されていたのである。

学校体育は戦時色を帯び，1942（昭和17）年に公布された「国民学校体錬科教授要項」の教授方針は次のように記された。

1. 体錬科ニ於テハ身体ヲ鍛錬シ精神ヲ錬磨シテ闊達剛健ナル身心ヲ育成シ献身奉公ノ実践力ヲ培ヒ皇国民トシテ必要ナル基礎的能力ノ錬磨育成ニ力ムベシ
2〜5．（省略）
6. 団体的行動ニ慣熟セシメ規律協同ヲ尚ビ服従ノ精神ヲ養ヒ責任ヲ重ンジ率先躬行スル気象ヲ振励スルニ力ムベシ

種目		上級	中級	初級	甲	乙	級外 丙
一、基礎検定							
走	一〇〇米疾走	一四秒以内	一五・一秒－一六秒	一六・一秒－一七秒	一七・一秒－一八秒	一八秒以上	
	二〇〇〇米疾走	七分三〇秒以内	七分三一秒－八分	八分一秒－九分	九分一秒－一〇分	一〇分一秒以上	
跳	走幅跳	四米八〇糎以上	四四〇糎－四七九糎	四〇〇糎－四三九糎	三六〇糎－三九九糎	三五九糎以下	
投	手榴弾投	四五米以上	四〇米－四四米	三五米－三九米	三〇米－三四米	二九米以下	
懸垂	懸垂屈臂	一二回以上	一一回－九回	八回－五回	四回	三回	二回以下
運搬	運搬（一〇〇米折返）	一二秒以内	一二・一秒－一三秒	一三・一秒－一四秒	一四・一秒－一五秒	一五・一秒以上	
二、特殊検定							
泳	距離泳	二〇〇米完泳					静水ニ於テ所定ノ距離ヲ完泳スルモノトス泳形ヲ問ハズ
	時間泳	一分間泳					流レニ沿ヒ又ハ遡リ或ハ静水ニヨリ所定ノ時間泳グモノトス泳形ヲ問ハズ
水泳	時間泳	七分間泳					
	泳速	五〇米 一分二五秒以内					静水ニ於テ所定ノ距離ヲ泳グ速度ヲ計時スルモノトス泳形ヲ問ハズ
行軍	二四粁	五時間以内					重量四瓲ヲ負担シ所定ノ距離ヲ踏破スル時間ヲ計時ス

（備考）水泳及行軍ハ級別ヲワケズ合格不合格トス

種目		上級	中級	初級	備考
一、基礎検定					
	距離泳	三〇〇米完泳			静水ニ於テ所定ノ距離ヲ完泳スルモノトス泳形ヲ問ハズ
泳	時間泳	一分間泳			流レニ沿ヒ又ハ遡リ或ハ静水ニヨリ所定ノ時間泳グモノトス泳形ヲ問ハズ
水泳	時間泳	五時間以内			
行軍	二四粁	五時間以内			重量八瓲ヲ負担シ所定ノ距離ヲ踏破スル時間ヲ計時ス

（備考）水泳及行軍ハ級別ヲワケズ合格不合格トス 服装ハ可成軽装トシ所定ノ距離ヲ踏破スル時間ヲ計時ス 一時間以内

女子体力章検定標準

一、基礎検定

種目		上級	中級	初級	級外	備考
短棒投		五分以内	五分一秒－五分三秒	五分三一秒－六分	六分一秒－六分三〇秒	
縄跳		八米以上	八米	七米	六米	
運搬（一〇〇米折返）		一六粍二四秒以内	一六粍二六秒以内	一六粍二九秒以内	一六粍三五秒以内	
体操						大日本女子青年体操 大日本国民体操 国民保健体操第二 国民保健体操第二

二、特殊検定

種目	標準			備考
	標	準	備考	
右ハ泳力ノ基本検定種目トナス但シ実施ノ便宜上左ノ一ツヲ以テ代行スルコトヲ得				

7. 強靱ナル体力ト旺盛ナル精神力トハ国力発展ノ根基ニシテ特ニ国防ニ必要ナル所以ヲ体認セシメ健全ナル身心ヲ鍛錬シ以テ尽忠報国ノ信念ヲ培フベシ

8. （省略）

このように戦時体制下の学校体育は，自由主義的な要素を含むスポーツ教材を制限し，武道を重視する傾向を強めるものとなった。「国民学校体錬科教授要項」(1942)，「中等学校体錬科教授要目」(1944)，「師範学校体錬科教授要目」(1943) により，国家が要求する国防力，戦闘力の向上に呼応して心身を鍛錬する体育が展開されたのである。

[12] 戦後の学校体育―体錬科から体育科へ―

第二次世界大戦の終戦直後に文部省は学徒の軍事教育，戦時体錬，学校防空関係の諸訓令をすべて廃止し，銃剣道，教練を禁止した。これらは学校体育の戦時色を払拭するためであった。その後も短期間に，次のような通牒を出している。

・終戦に伴う体錬科教授要項（目）取扱に関する通牒 (1945.11)
・武道の取扱に関する件 (1945.11)
・学校体錬科関係事項の処理徹底に関する件 (1945.12)

・学校校友会運動部の組織運営に関する件（1946.6）
・秩序・行進・徒手体操実施に関する件（1946.6）

これらのねらいは，次のように大別される。

・教科内容に関する軍事的な色彩を持った教材の除去と遊戯・スポーツの奨励
・指導法に関するものとして，秩序，行進，徒手体操等に見られる訓練主義的，画一的形式主義の是正
・学校体育関係の組織や団体の民主化

戦後の日本の教育はアメリカを中心とする連合軍総司令部（GHQ）の管轄下にあり，総司令部は日本の教育の本格的な改革のため，アメリカ本国に専門家による教育使節団の派遣を要請した。これに応えて1946（昭和21）年3月に27名の教育使節団が来日し，25日間にわたる調査研究活動を経て報告書を作成した。体育に関する項目は次のように書かれている。

「身体を丈夫にし，体調を整え，身体的技術を教えることに加えて，学校はスポーツマン精神及び共同作業に固有の諸価値を認識する必要がある。家庭や路地でもでき，身体への調整的価値をもつスポーツやゲームを盛んにするよう，あらゆる努力がなされるべきである」

武道を禁止する一方でスポーツを奨励したGHQの教育政策は，戦後の日本の学校体育に大きな影響を及ぼした。スポーツ教材は盛んに指導されたが，武道が再び学校で行われるようになるには，柔道は1950（昭和25）年，弓道は1951（昭和26）年，しない競技は1952（昭和27）年，そして剣道は1953（昭和28）年まで待たねばならなかったのである。

（大熊廣明）

2 欧米スポーツの移入と運動会

日本の近代スポーツは，欧米の近代スポーツを採用したものが定着し成長する形で発達してきた。それはまた，日本の近代国家としての形成とその社会の近代化の一環として行われたものであった。欧米の近代スポーツが日本に取り入れられたときの主な窓口となったのは軍隊と学校であった。

［1］軍隊を窓口とした移入

まず軍隊についていえば，それは幕藩体制下で鎖国していた日本の各地に欧米諸国の艦船が頻々と来航し，薪水の供給を求め通商を要求してきたため，幕府はじめ諸藩は危機意識を高め，海防策をめぐらし西洋砲術の訓練などを取り上げたことが契機となった。1841（天保12）年高島秋帆が幕命によって武州徳丸原で行った砲術・銃陣の訓練が西洋式の軍事訓練の最初で，この後曲折はありながらも幕府・諸藩においてフランス，イギリス，ドイツ，オランダなどの軍事訓練を採用した。それには軍事訓練の基礎訓練としての徒手体

操および器械体操が含まれていて、それぞれ「体操」「体術」「筋節運動」などと呼ばれていた（岸野雄三他『近代日本学校体育史』、1959）。幕府陸軍が行ったフランス式軍隊体操を著した田辺良輔『新兵体術教練』にその好例を見ることができる。

明治維新後の軍隊を窓口としたスポーツの導入としては陸軍将校・下士官に主に剣術・体操・ラッパ・軍楽などの訓練と歩兵戦術の指導を行った陸軍戸山学校（1873年設立の陸軍兵学寮戸山出張所が前身）の果たした役割が注目される。この学校は、陸軍の体操の指導者を養成したのだが、フランス士官キエルによる剣術（サーベル）・下士官デュクロによる体操（特に器械体操）の指導が行われた。また、1888（明治21）年には陸軍乗馬学校が設立され西洋式の馬術が本格的に導入されている。

海軍について見ると、幕府が長崎に海軍伝習所を設けた1856（安政2）年ごろにカッター（端艇）が取り入れられていたと見られている。そして、明治に入ってからはイギリス海軍顧問団長ダグラス少佐の建言に基づいて海軍兵学寮（後の海軍兵学校）ではビリヤード、クリケット、ボウリングなどを生徒に行わせていたが、1874（明治7）年に「競闘遊戯」（競闘遊戯会と呼ばれることが多い）が開催された。これは、勉学に伴う「鬱散慰楽」（レクリエーション）の方法として企画されたものだった。その競技種目は、百五十ヤード徒競走、三百ヤード徒競走、六百ヤード徒競走、三百ヤード障碍走、長飛（幅跳）、高飛、玉投げ、二人連三脚駆（二人三脚）、竿飛（棒高跳）、整列歩行（競歩）、飛倚（三段跳）、三飛毎ニ立ッ事（立三段跳）、整列歩行（競歩）、負ぶい競走、目隠し競走、頭上水桶運び競走、卵拾い競走、豚の尾握り、であった。イギリス海軍士官・下士官が審判に当たり、海軍軍楽隊が演奏して景気づけた。プログラム（「競闘遊戯表」）を多数作成し、これを諸官省に配布して大勢の観覧者を得て盛大に催したのである。これらの種目は、投擲（玉投げ）、跳躍、豚の尾握りなどを除いては後に学校運動会に大部分が採用され、その内容となるものである。その意味で「競闘遊戯」は、運動会の原型の一つとなったものである。

[2] 学校を窓口とした移入

次に、学校を窓口とした欧米の近代スポーツの移入に眼を移すことにしよう。維新後まず注目されるのは静岡藩の沼津兵学校付属小学校で学課目中に剣術、乗馬、水練（夏期）とともに「体操」が置かれ、体操教授方と体操教授方手伝という職名の教員が配され、実際にその教授がなされたことである。本校の沼津兵学校にも体操教授方は置かれたが、ともに幕末期に洋式操錬に必要な体操を経験した人たちであったと見られる。したがって、その体操の内容はフランス式の軍隊体操（徒手体操・器械体操）であって、それは先にも触れたように田辺良輔『新兵体術教練』に示されたような運動であった。この沼津兵学校の体操方およびその付属小学校の体操教授方ならびに同手伝いだった人たちが、この後の近代学校体育の黎明期に体育の指導で重要な役割を果たすことになる。明治維新直後の1869～1871（明治元～4）年ごろ静岡藩以外でも郡山藩、水口藩、福井藩、岩国藩、徳島藩などの藩校で教則中に体操や体術を掲げていたことが明らかにされている。このう

ち徳島藩の場合は，沼津兵学校のを模したと見られている（能勢修一『明治体育史の研究』，1965）。

　その役割の第一は，東京大学の体育に継承されたことであり，第二には工部大学校の体育（スポーツ教育）にも影響を及ぼしたことである。東京大学のほうは，まだ「南校」といっていた時代だったが，文部省が日本の近代学校制度を全国一斉に創出した「学制」が施行される前，1871（明治4）年11月「運動場設置」の申請をし，翌年5月から使用開始した。このとき，「体操」を正科として時間割に配当した。その体操教師として雇用されたのが福島惟成，苅谷祐之，滝野貞豊らの沼津兵学校付属小学校の体操教授方，同教授方手伝だった人たちである。この体操場に体操器械が設置されていたことは，南校が第一大学区第一番中学と改称されてからの記録でわかるが，さらに1873年開成学校に変わり，専門教育を行う学校とされてから，運動場に体操器械（跳縄，木馬，手摺，矢倉，釣縄，釣木，木梯）を新設していて，それらの体操器械を見るとフランス式の軍隊体操の系譜のものを実施していたことが明らかになる。「南校」に対して医学教育を行った「東校」があり，これも第一大学区医学校，医学校とたびたび校名を改めたが，南校の体操教師に兼務で体操指導に当たらせた。ただし，このほうは正科外の扱いだった。

　工部省所管の工部大学校は，初め「工学寮」といった時期の1873（明治6）年から学課ならびに諸規則中で「生活日課表」を定め，午後4時から5時までの間を「体操」の時間としていた。しかし，最初のころの様子は判然としないが，1878（明治11）年に示された「体操」の内容は，体操科目（各種徒競走，ウオキング，障害走，幅跳び，走り高跳び，棒高跳び，ハンマー投げ，石投げ，フートボールのドロップキック，三段跳び，水泳）と遊戯科目（フートボール，シンティ，ラウンダース，輪投げ，密輸者遊戯，馬跳び，ボンネッチー，陣取り遊び，ベースボール，クリケット，ローンテニス，ローンボーリング，ファイブス，ゴルフ）から構成されていた。この学校の「都督」（実質的な校長）ヘンリー・ダイアーは，エンジニアとなる者には健康と体力がなければ知識は役立たないと説いて学生に運動を奨励していた。その方針が「生活日課表」に体育の時間を設けることにつながっていた。その具体化したものが「体操」の内容で，実はこの学校の教員は漢学と体操の教員を除いた他のすべての教員がイングランド，スコットランド，アイルランドなどの大学出身のイギリス人教師であったという特色のある学校だったから，それらのイギリス人教師たちが陸上競技種目と各種球技および遊戯からなる「体操」の指導に当てることを予定したと考えられる。実際に卒業生たちはフートボール，シンティ，クリケット，ベースボール，テニス，ボートなどで指導を受けたと語っている。しかし，掲げられたすべての種目を教えられたかは疑問である。1882（明治15）年に改正されたときは，「体操運動」のほか，フットボール，シンティ，クリケットが挙げられただけで，上記種目が絞られている。「体操運動」を指導したのが日本人体操教員であった下逸郎も沼津兵学校の体操方だった人で，工部大学校でやはりフランス式軍隊体操系の徒手体操，器械体操と教練の初歩を指導した。スポーツを大幅に採用してユニークな体育を実施した工部大学校は，工部省の廃止に伴って1886年に東京大

学工芸学部と合併して帝国大学工学部となったことによってその体育も存続されることなく終わりを告げた。たしかに、短期で終わった工部大学校のスポーツの採用であったけれども、工部大学校は欧米スポーツ移入の窓口として重要な役割を果たしたと評価しなければならない。

東京大学の前身の方にもう一度眼を向けると、1873（明治6）年ごろ開成学校で米人教師ウィルソンが学生にベースボールを紹介したとされている。しかし、1876年東京開成学校（開成学校を改正）に入学した三宅雪嶺は、開成学校時代から学校に外国流の運動が入り込んでいたが「幕末以来殺伐とした風潮の中で養われてきた学生たちは運動場に備えつけた運動器械（前述したフランス式軍隊体操の器械体操用；筆者）で遊び戯れたり、三々五々遠足したりしたが団体的に運動するようなことはなかった」（『大学今昔譚』我観社、1946）と述べている。当時の日本人学生の気質は、欧米スポーツの球技などにおける集団的プレイを困難にしていたとされるわけで、これを可能にするには時間を要したと考えられる。

札幌農学校では、1878（明治11）年に第一回遊戯会を開いた。種目は、第一 婦久呂（サック・レースか？；筆者）、第二 玉（投）、第三 石（投）、第四 飛ぶ（幅跳びか高跳びか不明；筆者）、第五 ハードル連柵競走、第六 目隠し車押し競走、第七 芋拾い競走の7種目だった。この遊戯会は、海軍兵学寮の「競闘遊戯」と同系統のもので、それをごく簡素にしたものと見られよう。これよりもさらに「競闘遊戯」に類似したものが1883年に東京大学で開催した「アスレチックスポーツ」（東京大学の運動会の始まりとされている）である。これは、東京大学予備門のイギリス人英語教師だったF. W. ストレンジの指導の下で練習を重ねた上、6月の土曜日の午後加藤弘之総理はじめ教授・学生一同が大講堂に集まったところで、ストレンジが運動の意義、スポーツの価値を説く大演説を行った。その翌週の土曜日に「アスレチックスポーツ」が実施されたのである。その種目は、①100ヤード競走、②クリケット玉投げ、③100ヤード競走決勝、④高跳び、⑤220ヤード競走、⑥砲丸投げ、⑦220ヤード競走決勝、⑧幅跳び、⑨440ヤード競走、⑩来客競走、⑪ハードル走、⑫棒高跳び、⑬ハードル決勝、⑭ハンマー投げ、⑮880ヤード競走、⑯教員競走、⑰一足競走、⑱慰み競走の18番だった。ストレンジは、東京アスレチック協会という在京の居留外国人のスポーツクラブの幹事として中心的に働き、自ら万能選手として多種目で活躍した人だっただけに、東京大学の「アスレチックスポーツ」は、より陸上競技会に近い内容のものとなっていた。この会の入賞者にはストレンジが著した英文の"*Outdoor Games*"（Z.P. Maruya & Co. 1883）が賞として授与された。日本の学校生徒があまり運動場で遊ばないのは運動場で行うゲームを知らないからだと考えたストレンジが、ラウンダース、陣取り遊び、警告（ウォーニング）、タッチ、リーダーを追う、紙まき競走、馬跳び、ガーター線飛び、障碍物競走、人取り競走、バック・バック、キャッチボール、ホッケー、フットボール、ローンテニス、クリケット、ベースボール、アスレチックスポーツ（100ヤード競走、高跳び、幅跳び、三段跳び、棒高跳び、二人三脚、慰み競走、クリケットボール投げ、ハンマー投げ、ハードル競走、トレーニング、競技規則）と幅広い範囲のゲームやスポーツの方法を紹介して

いた。このうちのアスレチックスポーツが実際に東京大学の「アスレチックスポーツ」となって実現したのである。

ストレンジは，スポーツを教えただけでなく，スポーツ競技会の運営の方法も身をもって教えたのである。彼は，またボートレースも教えた。1884（明治17）年には走舸組というボートの組織をつくり，学内対抗のボートレースを行った。隅田川での春のボートレース，大学構内での秋の運動会が恒例となり，年中行事になった。ボートは，同じころ体操伝習所や東京師範学校（高等師範学校の前身）でも行われた（今村嘉雄『19世紀に於ける日本体育の研究』1967）。

全国統一的に近代学校の創設を行った「学制」（1872年）は，小学に「体術」を採用したが，実際には1873（明治6）年になってから「樹中体操法図」（ドイツのシュレーバーの室内医療体操）と「体操図」（アメリカのS.W.メーソンの体操）によって「体操」を毎日教科外に1〜2時間実施することとした。これらは，いずれも徒手体操であった。文部省は，1878（明治11）年に『体操書』を出版して小中学校用の体操教科書としたが，その体操はフランスのベルニュ（元陸軍大尉，パリ消防連隊体操教官）の体操書に拠ったもので，内容的には徒手・器械の体操からなり，フランスの軍隊体操の影響も受け，同年に出版された陸軍の『体操教範』と相通ずるものが少なくなかったといわれている（今村，1967）。

こうして学校での体操が行われることになったのだが，実際は1877（明治10）年ごろでも小学校で実施していた府県は少なく，それも業間体操程度にすぎなかったとされる（今村，1967）。それは，当時体操を指導できる教員がきわめて少なかったことと運動場や体育館がなかったことによるものと考えられる。このため文部省は，1878（明治11）年体操伝習所を設置し，アメリカからG.A.リーランドを教員として招き，日本の学校に適する体育法の選定と体育教員の養成に当たらせた。日本の学校に適する体育法としてリーランドが選んだのは，彼がかつて学んだアマースト大学で行った「軽体操」（徒手体操・手具体操）であって，当時行われていた軍隊体操系の器械体操などを「重体操」として学生・生徒には適さないものとした。体操伝習所が文部省直轄学校の体育も実施するように改めたため，従来の東京大学のようなフランス式軍隊体操系統の体操は実質的に廃止されることになる。東京大学予備門の生徒も「軽体操」の指導を受けた。

文部省は，小学校の初等段階や女子に関しては体操だけでなく遊戯も小学校や女子の教材として取り入れようとしていたことは，軽体操のための指導書『新制体操法』（1882年）『新選体操書』（1882年）とともに『戸外遊戯法』（1884年）も出版したことでわかる。『戸外遊戯法』に採用された遊戯は，鹿や鹿や，盲目鬼，鬼遊，卵帽子，日月火水，投球競争，旗拾ひ競走，旗戻し競走，二人三脚競走，嚢脚競走，ポーム，綱引，行進法，投環（クオイツ），投球（ボウルス），トロコ，フートボール，循環球（クロッケー），ローンテニス，ベースボール，漕櫓術だった。文部省は，このような遊びやスポーツを普及奨励していこうとした。しかし，3年後この書が『改正 戸外遊戯法』と改訂されたとき，鹿や鹿や，行進法，投環，ベースボール，漕櫓術が除かれ，新たにコックファイト（闘鶏），ホップ・

ステップ・エンド・ジャンプ，フォックス（狐），ベースト・ゼ・ベーヤ（熊打ち），プル・イン・ゼ・リング（環中の牛），はんけちおとし，プリゾナル・ベース，棒脚競走，擬馬競走，徒競走，旗奪，が追加された。

　こうして，学校では軽体操とともに遊戯としての欧米のスポーツも取り入れて体操科の指導を行っていく方向が明確にされかけたとき，もう一つの新たな教材が加えられることになった。それが，「歩兵操練」であった。1883（明治16）年徴兵令を改正した際，官立公立学校（小学校を除く）の「歩兵操練科卒業証書」所持者には現役期間の短縮の特典を与える規定を行った。これにしたがって1884～85（明治17～18）年ごろから中学校・師範学校以上の学校において『体操教範』や『歩兵操典』に基づいた歩兵操練が実施されていく。小学校高等科では，はじめ隊列運動として行われた。『体操教範』は，柔軟体操（徒手体操）・器械体操の内容を示したものであり，『歩兵操典』は生兵学（徒手教練），中隊学，行軍演習，兵学大意測図を含んだものであった。しかし，森有礼文相は1886（明治19）年に学校令を制定したとき，「歩兵操練」を「兵式体操」と改め，これは軍務のためにするのではなく，身体上におよぼす影響をねらったものだと目的を転換し，順良，威重，信愛の三気質をそなえた国民を育成しようとした。「兵式体操」に対して先の体操伝習所によって導入された「軽体操」は，名称を「普通体操」と改め，この後明治末まで普通体操・兵式体操の二本立ての体操科が続くことになる。兵式体操の中に柔軟体操があり，普通体操にも別の徒手体操が存在したことが後に問題を残すことになる。

［3］その他の窓口

　軍隊と学校以外にもスポーツ移入の窓口があった。一つは，欧米諸国に対して開港してから，外国人の居留地ができ，その外国人スポーツ活動を見て知るようになったり，なかには参加する日本人も出てきたことである。幕末横浜外人のアスレチックスポーツに別当（馬丁）が参加していた例がある。競馬も横浜の根岸競馬場の影響を受けて1879（明治12）年の招魂社の競馬が行われたりしている。この他では玉突き，ダンス，自転車なども居留地で行われていたのを見て取り入れていったものである（木下秀明『スポーツの近代日本史』，1975）。いま一つの窓口は，日本人の帰国留学生だった。その代表的な例は，1876（明治9）年にアメリカから帰国して鉄道技師となった平岡煕である。彼が新橋鉄道局に組織した「新橋クラブ」は初期の野球で活躍した。

［4］運動会の形成

　先に海軍兵学寮の「競闘遊戯」，札幌農学校の「遊戯会」，東京大学の「アスレチックスポーツ」について触れた。これらの陸上競技系の種目を中心とした競技は，運動会形成の一つの要素であったが，日本の運動会，特に全国津々浦々の小学校に見られるに至った「運動会」を形成した要素は，他に二つある。その一つは1881（明治14）年に実施された体操伝習所の「体操演習会」である。体操伝習所・東京師範学校などの生徒中で体操術の

成績優等の者を選んで教育関係者等に成果を披露し，参観させたものであった。これが体操科での学習成果の発表会という一つの性格を運動会に与える出発点となったものである。この体操演習会から発展したものとして1884（明治17）年体操伝習所で開催された「体育会」（体操伝習所伝習員らが会員だったと推定される）春季大演習会がある。このときは，第一／軽運動（徒手，亜鈴，棍棒など），第二／フートボール（蹴鞠），第三／隻足競走・隻立競走・旗拾い競走・綱引き，第四／ベースボール・クロッケー・弓術，第五／野試合，第七／打毬，第八／同前，を行った。弓術や野試合など伝統的な運動種目も取り上げられているが，『戸外遊戯法』などが示した種目もあり，「体操」と「遊戯」の両方を含んだ形で構成されていた。1885（明治18）年東京体育会（先の「体育会」と同じと思われる）秋季の大演習会には副会長辻新次文部大書記官のほかに，兵式体操の推進者だった森有礼文部省御用掛も臨場して特別賞を出している。翌1886年東京体育会秋季大演習会は，フートボール，徒手体操，旗拾い競走，銃剣術，二人三脚競走（百ヤード），袋脚競走，器械体操，障碍物競走，戴嚢競走，徒競走（百ヤード），来賓競走（百ヤード），擬馬競走，徒競走（二百ヤード），棒跳び，高跳び，幅跳び，徒競走（三百ヤード），同（四百ヤード）の18番で行った。球技はフートボールだけとなり，代わって「競闘遊戯」にあったような陸上競技的種目が多数を占めた。この後体操大演習会の形式が少しずつ地方の体操大演習会（体育奨励会）やその発展形態としての「連合運動会」に影響を及ぼしていった。いわば運動会のモデル的役割を果たしたのである。

いち早く地方で「体操大演習会」を開いたのは，徳島県であった。1885（明治18）年4，5月から毎月1回または2回実施されたというものだが，師範学校・同付属小学校，中学校，徳島市街各小学校の生徒ら毎回1,000人を下らない生徒が参加したとされる。会場は，市街の四方1里ないし3里の距離で川原・浜辺・原野を選び，徒手体操，器械（旗戻し・旗拾い・縄跳び・フートボール・競走・綱引き）の運動を行った。1886（明治19）年ごろからは連合運動会の名称が現れ，さらに地域を狭めた形で開かれる。体操場の設置が必須となった後の1902年ごろから各校開催が多くなる。連合運動会では各校から離れた会場まで隊列行進したり，会場での整列整頓など大隊編成で行ったりして，兵式体操が運動会の秩序化・規律化に大きな役割を果たし，運動会形成のもう一つの要素となったのである。一方兵式体操は，その実際訓練の場を運動会に見出した。

（木村吉次）

3 体育教師養成史

［1］旧教育制度期（明治，大正，昭和戦前・戦中・戦直後）

❶師範学校での教師養成の始まり

江戸時代の教育機会は画一化されておらず，幕府の昌平坂学問所，藩校，私塾や郷学，寺子屋などがあった。庶民は寺子屋で読み書き算盤を中心に学んだ。寺子屋の師匠は武士

や町人などで，資格は必要ではなかった。

　1872（明治5）年に欧米諸国の教育制度を参考にして「学制」が公布され近代学校制度が整備された。「以後一般ノ人民華士族農工商及女子邑ニ不学ノ戸ナク，家ニ不学ノ人ナカラシメン事ヲ期ス」と，国民はすべて小学校で学ぶことになった。教員については「第四十章　小学教員ハ男女ヲ論セス年齢二十歳以上ニシテ師範学校卒業免状或ハ中学免状ヲ得シモノニ非サレハ其任ニ当ルコトヲ許サス　第四十一章　中学校教員ハ年齢二十五歳以上ニシテ大学免状ヲ得シモノニ非サレハ其任ニ当ルコトヲ許サス」と，小学教員は師範学校卒業免状あるいは中学免状，中学校教員は大学免状を得たものとなった。第四十六章では「小学校教員ハ男女ノ差別ナシ其才ニヨリ之ヲ用フヘシ」と男女平等をうたっている。同年，東京に官立の師範学校が設置された。

　この時期文部大輔田中不二麻呂は，1873（明治6）年から文部省に学監として着任していた米国人ダビット・モルレーと協力し，教育制度を改善していった。モルレーは，欧米諸国では女子は常に児童を教授する最良の教師であるから，日本でも女子を教師にしようと主張している。これを受けて田中は「女子教員養成に関する建白書」を提出し，女子師範学校設立の布達が出され，1874（明治7）年には東京に官立女子師範学校が置かれた。この東京女子師範学校は1885（明治18）年に東京師範学校に合併し，東京師範学校女子部となった。

❷体操伝習所での体育教師養成の始まり

　学制では小学校のみに，体育は「体術」として教科の中に入り，中学校には半年後「体操」として稽古時限の外で追加となったが，その内容は示されなかった。1873（明治6）年の小学校改正教則で「毎級ニ体操ヲ置ク体操ハ一日一，二時間ヲ以テ足レリトス樹中体操法図，東京師範学校体操図ナドノ書ニヨリテスベシ」と規定された。図面を見て教えなさいということであるが，教師には教えることが難しかった。田中不二麻呂は米国を視察し，米国アマースト大学の体育が日本人に適していると考え，同校の卒業生で医師のリーランドを教師として日本に招聘し，1878（明治11）年10月に体操伝習所を設立し，翌年4月から授業を開始した。リーランドは明治政府が欧米から各分野に招聘した「お雇い外国人」の一人である。体操伝習所がわが国の体育教師養成の始まりであった。リーランドはダイオ・ルイスの体操をもとにした保健的体操を教えた。リーランドはそれをノーマル・ジムナスティックスやライト・ジムナスティックスといい，通訳坪井玄道は「普通体操」や「軽体操」と訳した。リーランドは最初の卒業生が出ると，1881（明治14）年7月に帰国した。リーランド帰国後は坪井玄道が体操を指導することになった。体操伝習所は1885（明治18）年12月に東京師範学校の附属となり1886（明治19）年4月に廃止された。同時に東京師範学校が高等師範学校（以下高師と略すことがある）となり，高師体操専修科となったが1回卒業生を出すと1887（明治20）年7月に募集停止となり，1899（明治32）年6月に再開する。

❸ 高等師範学校での中等学校教師養成の始まり

1875（明治8）年に東京師範学校に中学師範学科が附設され中等学校教師養成が始まった。1886（明治19）年の師範学校令で師範学校を尋常と高等に分け，高等師範学校は東京に1校設けることになったので，東京師範学校は高師へ改組されて，中等学校教師養成をすることになった。1890（明治23）年に高師女子部は高師から独立して女子高等師範学校（以下女高師と略すことがある）となった。1902（明治35）年に広島高師が設立され，東京の高師は東京高師，1908（明治41）年に奈良女高師が設立され，東京の女高師は東京女高師と改称した。1944（昭和19）年に金沢高師，1945（昭和20）年に岡崎高師，広島女高師が設立され中等学校教師養成が整っていく。

高師では1887（明治20）年7月から1899（明治32）年6月まで，女高師では1903（明治36）年1月以前と1911（明治44）年3月から1937（昭和12）年5月までは体育教師を主として養成する学科はなかった。高師，女高師ともに他科の専攻であっても体操の授業はあったので，他科の卒業生が体操科の免許状も併せて得て，赴任先で体操科の授業も担当することが多かった。たとえば，1890（明治23）年3月に女高師高等師範学科卒業生の安井てつら13名全員が師範学校女子部，高等女学校の学科を限定しない教員免許状を得ている。旧教育制度期においては男女別学であり，男子は男女中等学校の教員免許状を得ることができたが，女子は女子の学校の教員免許状のみを取得できた。1897（明治30）年からは学科を明記した教員免許状になり，同年は20人全員が修身，教育をはじめ普通体操を含んだ16科の教員免許状を得た。1897（明治30）年12月に文科理科に分けられてからは（1899年2月には技芸科も設置）体操科の教員免許状を得たのは3分の2程度であった。

❹ 体育教師養成史

1884（明治17）年8月に制定された「中学校師範学校免許規程」により体操は検定学科の一つとなった。翌年，師範学校，中学校の体操で星野久成ら33名が教員免許状を取得したのが体操科教員免許状取得の始まりである。すべて体操伝習所の出身であり試験をせずに取得した。1886（明治19）年の中学校令で女子の中等教育機関として高等女学校が定められ，同年12月に，「尋常師範学校尋常中学校高等女学校免許規則」が制定され，1887（明治20）年には，師，中，高女体操教員免許状を36名，同体操（普通）教員免許状を18名が取得した。

体操伝習所が廃止され，高師に体操専修科が置かれたものの1887（明治20）年7月から1899（明治32）年6月まで募集を中止したため，1888（明治21）年以後の体操科教員免許状取得者が激減した。伝習所廃止後私立の体操学校が開廃校するが，1893（明治26）年になって日本体育会体操練習所が設立されるまではどれも小規模で短命であった。これらの学校の卒業生は，検定試験によって免許状を取得していった。

一方，1896（明治29）年12月に陸軍教導団歩兵科卒業生に兵式体操無試験検定の資格が与えられたことによって，兵式体操教員免許状取得者が増加した。軍人が体育教師になることになったのである。さらに1900（明治33）年6月の「教員検定ニ関スル規程」に

より体操科は普通，兵式の二部に分かれて出願できるようになり，さらに軍人の無試験検定の資格が，「一、陸軍歩兵科士官，二、元陸軍教導団歩兵科出身，三、陸軍歩兵科下士官任官後満四年以上現役ニ服シタ者」となりこの年の取得者数は増加するが，翌年の規程改正によりその二が削除されたことにより減少し，二科に分けて受験する方法は1908（明治41）年11月に廃止された。

1899（明治32）年6月に高師体操専修科（修業年限1年10ヶ月）が再び設置され，1903（明治36）年には修身体操専修科（2年7ヶ月），1906（明治39）年には文科兼修体操専修科（3年）となった。兼修制は1913（大正2）年に打ち切られ，体操専修科となった。1915（大正4）年には専修科ではなく，特科として体育科（4年），1935（大正10）年にはようやく文科，理科と同様の正規の体育科が設置され，男子の体育教師養成が整った。

1900（明治33）年の教員免許令により教員免許状は，教員養成を目的として設置した官立学校の卒業者か教員検定に合格した者に文部大臣が授与するものと定められ，教員検定は試験検定と無試験検定に分けられた。しかし，「但シ文部大臣ノ定ムル所ニ依リ免許状ヲ有セサル者ヲ以テ教員ニ充ツルコトヲ得」とされ，無資格者であっても教員になることができ，実際，体育教師にも無資格者はあった。

このとき，教員養成を目的として設置していた官立学校とは高師と女高師2校のみであった。1902（明治35）年3月，中等学校教員不足に対応するため，「臨時教員養成所官制」が公布された。臨時教員養成所は教員養成を目的とした官立学校として設置され，全国の官立学校（帝国大学，旧制高校，外語学校，音楽学校，高師，女高師など）内に付設し，校舎も教員もその学校のものを兼ねていた。教員不足に応じて開廃校をし，同じ学校に設置される場合も名前を変更しているので，全36校にのぼる。

さらに，高師，女高師，臨教合わせても，就学率の向上のため中等学校教員は不足し，それを補ったのが文部省検定無試験検定合格者である。文部省は教員養成を目的としていない官・公・私立学校，文部省講習会修了者等に無試験検定の指定校あるいは取扱いを許可（許可校）することによって，教員免許状を交付した。指定あるいは許可は「高等師範学校又ハ女子高等師範学校ノ当該学科目ノ課程ト同等以上」が条件であった。無試験といっても学内で試験が行われ不合格者もあったが，試験検定を受けるよりも格段と合格率は高くなったので，教員免許状取得者が増加した。

別表（次ページ）に，「旧教育制度期における体育教師養成学校概要」を記す。

その他，1924（大正13）年3月から文部省体操教員養成講習会修了者が無試験検定指定（体操・成績優等の者に限る）や1944（昭和19）年1月に東京特設中等教員養成所3月以後卒業生が裁縫科に加えて，当該科目を選択履修した者に芸能科書道，体錬科武道の内薙刀（指定学校）がある。

以上のように，旧教育制度期においては，体育教師になるためには高師・女高師卒業，臨教卒業，無試験検定合格，試験検定合格の四つの方法があった。男女共に私立学校卒業の無試験検定合格者が最も多かった。

旧教育制度期における体育教師養成学校概要

(設置, 無試験検定　☆：男子校, ★：女子校)

官立☆	1878（明治11）年10月体操伝習所設置。1885（明治18）年12月東京師範学校附属。1886（明治19）年4月廃止とともに高等師範学校体操専修科となり1887（明治20）年7月に募集停止。1899（明治32）年6月再開。1903（明治36）年修身体操専修科, 1906（明治39）年文科兼修体操専修科。1913（大正2）年体操専修科。1915（大正4）年特科体育科, 1935（大正10）年体育科。
私立☆	1893（明治26）年4月日本体育会体操練習所設置。1900（明治33）年6月改組日本体育会体操学校「本科優等卒業生」中等学校体操科無試験検定出願資格。翌年設置高等科卒業生は全員1901（明治34）年5月に無試験出願検定資格。1941（昭和16）年3月日本体育専門学校。1951（昭和26）年廃止。（1949〈昭和24〉年日本体育大学へ継承）
私立★	1902（明治35）年5月私立東京女子体操学校（11月改称, 私立東京女子体操音楽学校）設置。官立より早い日本初の女子体育教師養成学校。高橋忠次郎により設立され, 藤村トヨに引き継がれた。翌3月高等女学校教授要目教授上の注意1で,「體操ハナルヘク女教員ヲシテ之ヲ教授セシムヘシ」と示される。女子にふさわしい体育を女子の心身を理解した女子体育教師が教えるという考えであった。1925（大正14）年2月, 同年3月以後卒体操科本科無試験検定の取扱を許可（体操）。1944（昭和19）年東京女子体育専門学校。1951（昭和26）年廃止。（1950〈昭和25〉年東京女子体育短期大学へ継承）
官立★	1903（明治36）年1月女高師国語体操専修科設置。井口阿くりの米国留学帰国を待って設置。専修科は教員の欠乏を満たすために設置され, 修養と採用のために国語と体操を兼修した。本科4年に対し2年と短期養成であり, 4期88人の卒業生を出し, 8年後の1911（明治44）年に閉鎖された。
私立★	1903（明治36）年1月日本体育会体操学校女子部設置。1925（大正14）年2月に, 同年3月以後卒無試験検定の取扱（体操）。1941（昭和16）年3月日本体育専門学校女子部。1951（昭和26）年廃止。（1949〈昭和24〉年日本体育大学へ継承）
私立☆	1905（明治38）年大日本武徳会武術教員練習所設置。1912（大正元）年大日本武徳会武術専門学校, 1919（大正8）年私立大日本武徳会武道専門学校。1926（大正15）年2月, 同年3月以後卒本科無試験検定の取扱を許可（撃剣, 柔術, 国語, 漢文）。同時に校名変更大日本武徳会武道専門学校。1946（昭和21）年2月京都文科専門学校と校名変更し武道廃止。1947（昭和22）年1月廃止。GHQ武道禁止の影響。1935（昭和10）年から1947（昭和22）年までは附属薙刀教員養成所（女子）が設置されていた。
官立★	1918（大正7）年2月第六臨教に体操家事科設置。1914（大正3）年7月に第六臨教は家事科は二部に分かれ, 第一部卒業生に体操科ノ内体操, 家事, 裁縫教員免許状を授与。長い間, 女高師に代わって女子体育教師を養成した。1939（昭和14）年廃止。
私立★	1922（大正11）年4月二階堂体操塾設置。二階堂トクヨが女高師と第六臨教を辞して設立。1926（大正15）年3月日本女子体育専門学校。1928（昭和3）年6月に, 1929年3月以後卒日本女子体育専門学校本科, 専修科, 無試験検定の取扱を許可（体操）。1951（昭和26）年廃止。（1950〈昭和25〉年日本女子体育短期大学へ継承）
私立★	1922（大正11）年5月中京高等女学校家事体操専攻科設置。1928（昭和3）年3月, 3月以後卒中京高等女学校家事体操専攻科, 無試験検定の取扱を許可（体操）。1951（昭和26）年廃止。（1950〈昭和25〉年中京女子短期大学へ継承）
官立☆	1926（大正15）年第一臨教体操科, 東京高師内に設置。1932（昭和7）年廃止
私立☆	1929（昭和4）年国士舘専門学校本科設置。1933（昭和8）年3月, 同年3月以後卒本科無試験検定の取扱を許可（柔道・剣道）。1938（昭和13）年3月, 1937年3月以後卒本科国語, 漢文追加。1939（昭和14）年8月本科を武道国漢科と改称。1944（昭和19）年3月武道国漢科を剣道科, 柔道科と改称。1946（昭和21）年4月至徳専門学校と改称, 国民科国語のみ。GHQ武道禁止の影響。（1956〈昭和31〉年国士舘大学短期大学体育科へ継承）
官立★	1937（昭和12）年5月東京女高師体育科設置。正規の体育科が設置され, 女子体育教師養成が整った。1951（昭和26年）廃止。（1949〈昭和24〉年お茶の水女子大学文学部教育学科体育学専攻へ継承）
官立★	1941（昭和16）年3月東京女子臨教家事体操科, 東京女子高等師範学校内に設置。1944（昭和19）年3月体錬科と家政科に分かれる。1949（昭和24）年5月廃止。
官立☆	1941（昭和16）3月東京高等体育学校設置。初の体育教員養成を目的とした官立学校として設置。1944（昭和19）年5月東京体育専門学校に改称。（東京高師体育科とともに1949〈昭和24〉年東京教育大学体育学部に継承）
私立☆	1944（昭和19）年4月早稲田大学高等師範部に国民体錬科設置。1946（昭和21）年3月に体育科と改称。1947（昭和22）年6月同年3月以後卒体育科（三年制, 四年制）無試験の取扱を許可（体錬科体操）。1951（昭和26）年廃止。（1964〈昭和39〉年早稲田大学教育学部教育学科体育学専修へ継承）
官立☆	1944（昭和19）年4月第三臨教体操科, 東京高師内に設置。1948（昭和23）年閉所。
官立★	1945（昭和20）年4月広島女高師体育科設置。1952（昭和27）年廃止。（1949〈昭和24〉年広島大学教育学部高校教員教育科体育科へ継承）
官立★	1947（昭和22）年4月奈良女高師体育科へ入学生。1951（昭和26）年廃止。（1949〈昭和24〉年奈良女子大学理家政学部家政学科健康学専攻へ継承）

［2］新教育制度期（戦後）

❶ 無条件開放制から制限的開放制（課程認定）へ

戦後の新教育制度では教員免許状の男女差はなくなった。1949（昭和24）年の教育職員免許法で，大学での修業（年限）と単位の履修により，教員免許状を取得できる無条件開放制となった。この年新制大学，翌年短期大学が設置されたが，実際にはどこの大学でも保健体育科教員免許状を所得することができるわけではなかった。

1953（昭和28）年の教育職員免許法改正で，文部省が免許状授与の所要資格を得させるための課程として認めた課程で修得しなければならない（課程認定）制限的開放制となった。最初の課程認定が昭和29年4月から適用された。当時，課程認定には四つの課程があったが，大学・短大の「正規の課程」での中学校，高等学校教諭保健体育科課程認定校は大学58校（国立大学教員養成学部46，教員養成以外の国立6，公立2，私立4），短大8校（公立1，私立7）の合計66校であった。その後，新設された大学はそのつど課程認定を受け体育教師養成を行っている。一度課程認定されても教育職員免許法改正があると，再課程認定を受けなければならない。

❷ 体育教師養成の概観と特色

戦後，多くの体育教師養成学校や学部等が設置された。紙幅の都合で主な変遷のみを新教育制度期における「新教育制度期における体育教師養成学校略年表」（次ページ）に示した。特色は次のようになろう。

(1) 旧教育制度学校からの継承学校と新設学校

新制大学・短大発足時には，旧官立学校は国立大学4校へ継承した。私立は1校のみが大学へ，3校の女子学校は女子短期大学への継承であった。開放制によって新たに体育教師養成を始めた大学・短大があり，以後多くの大学・短大が設置された。

(2) 国立教員養成大学・学部―特別教科教員養成課程からゼロ免課程へ―

国立教員養成大学・学部では，高校教員免許は中学校課程でも取得できる。当初高校教員養成を目的とする科は2校へのみの設置であった。高校教員不足に対応し，1952（昭和27）年から1967（昭和42）年までに9大学に特別教科教員養成課程保健体育科が設置されたが，すべて募集停止となった。それに代わる形で1988（昭和63）年からゼロ免課程スポーツコースが設置された（教員養成を目的としていないので本表には省略）。

(3) 国立体育大学の設置

国立大学体育学群（学部）では，筑波大学体育専門学群（旧東京教育大学体育学部）があるが，わが国初の国立体育大学として1981（昭和56）年10月に鹿屋体育大学が設置された（1984年4月学生受け入れ）。課程名にスポーツを用いた初である。

(4) 体育教師養成可能な短期大学，学科の廃止

1992（平成4）年までに体育教師養成可能な短期大学，学科は17校設置された。しかし，2004（平成16）年の段階で12校が募集停止や廃止となった。半数は大学への発展的廃止，

新教育制度期における体育教師養成学校略年表

2004（平成16）年まで

西暦	年号	国：国立　公：公立　私：私立　　前・：前身がある学校　　×：募集停止，取りやめ　　左端設置　右寄り改訂など　　◎：共学大学　●：女子大学　☆：男子大学　△：共学短大　▲：女子短大　▽：男子短大		
1949	昭和24	前・国◎	5月	東京教育大学体育学部体育学科，健康教育学科
		前・国●	5月	お茶の水女子大学文学部教育学科体育学専攻
		前・国●	5月	奈良女子大学理家政学部家政学科健康学専攻
		前・国◎	5月	広島大学教育学部高校教員教育科体育科
		前・私◎	3月	日本体育大学体育学部体育学科
		国◎	5月	教員養成を目的とする大学，学部が各都道府県国立大学に1学部全46大学設置され，中学校教員養成課程保健体育科等で中高の保健体育教員も養成される（大学名省略）。
		国◎	5月	金沢大学教育学部三部（高等学校保健体育科教員養成を目的）
		国◎	5月	東京大学教育学部体育学科
		国◎	5月	北海道大学教育学部教育学科
		国◎	5月	京都大学教育学部教育学科
		私◎	2月	玉川大学文学部教育学科
		私◎	2月	中央大学一部文学部文学科史学科哲学科二部文学部文学科課程認定1954年（×1968年取りやめ）
1950	昭和25	前・私▲	3月	東京女子体育短期大学保健体育科（1973.4改　保健体育学科）
		前・私▲	3月	日本女子体育短期大学体育科（1967改　体育科体育専攻，舞踊専攻）
		前・私▲	3月	中京女子短期大学体育科（1964.10改　中京女子大学短期大学部　1976体育学科）（2009.4共学）
		公▲	3月	長崎県立女子短期大学（1957.3改　県立女子短期大学，1969.3改　県立女子短期大学）
		公●	10月	大阪女子大学学芸学部保健体育免許課程設置1954課程認定（×1974.3取りやめ）
		私▲	3月	東京女子大学短期大学部体育科
		私△	3月	熊本短期大学社会科第一部第二部保健体育コース
		国●4月改		お茶の水女子大学文教育学部教育学科体育学専攻
1951	昭和26	私▽	10月	天理短期大学保健体育科（男子のみ）
		私☆	3月	順天堂大学体育学部体育学専攻，健康教育専攻（男子のみ）
1952	昭和27	国◎	4月	金沢大学教育学部特別教科教員養成課程保健体育科（×1989.4募集停止）
		国●4月改		奈良女子大学文学部教育学科体育学専攻
1953	昭和28	前・私▲	3月	日本体育大学女子短期大学体育科
		国◎	4月	福島大学教育学部特別教科教員養成課程保健体育科（×1996.4募集停止）
		国◎	4月	鹿児島大学教育学部特別教科教員養成課程保健体育科（×1997.4募集停止）
1954	昭和29	国◎	4月	広島大学教育学部特別教科教員養成課程保健体育科（×1978.4募集停止）
1955	昭和30	公◎		大阪市立大学家政学部課程認定課程認定（×1975.1取りやめ）
		私◎	2月	天理大学体育学部体育学科
		私▲	4月	武庫川学院女子短期大学体育科（1958.4改　武庫川女子短期大学，1985.4改　武庫川女子大学短期大学部，1989改　体育学科）
		私▽×4月		天理短期大学保健体育科募集停止，1956.3廃止（天理大学体育学部体育学科へ移行）
1956	昭和31	前・私▽	4月	国士舘短期大学体育科（男子のみ・3年制）
		国◎12月改		東京大学教育学部体育学健康教育学科
1958	昭和33	前・私☆	1月	国士舘大学体育学部体育学科（男子のみ）
		私◎	1月	日本大学文理学部教育学科体育学専攻
1959	昭和34	国◎	4月	京都教育大学教育学部特別教科教員養成課程保健体育科（×1997.4募集停止）
		私◎	1月	中京大学体育学部体育学科
1960	昭和35			私▽×3月　国士舘短期大学体育科（男子のみ・3年制）廃止（国士舘大学体育学部へ移行）
1961	昭和36	公△	4月	岡山県立短期大学体育科
		私◎4月		国士舘大学体育学部女子入学
1962	昭和37	前・私●	1月	東京女子体育大学体育学部体育学科
		前・私●	12月	武庫川女子大学文学部教育学科体育専攻
		私▲	4月	三島学園女子短期大学体育科
		国◎改		金沢大学教育学部体育学科（高等学校保健体育科教員養成を目的）
		私◎3月改		日本大学文理学部体育学科
		私◎3月増		日本体育大学体育学部健康学科
		私◎3月増		中京大学体育学部健康教育学科
		私▲×3月		東京女子大学短期大学部体育科廃止
1963	昭和38	前・私●	1月	中京女子大学体育学部体育学科
		私▲	4月	大阪成蹊女子短期大学体育科（1971.4改　体育学科）
		私▲	4月	九州女子短期大学体育科（×2006.4募集停止，07.3廃止，九州共立大学スポーツ学部スポーツ学科へ移行）

年	元号	区分	月	内容
1964	昭和39	前・私☆	4月	早稲田大学教育学部教育学科体育学専修（男子のみ）
		国◎	4月改	広島大学教育学部高等学校教員養成課程保健体育科（×1979.4 募集停止）
1965	昭和40	前・私●	1月	日本女子体育大学体育学部体育学科
		私◎	1月	大阪体育大学体育学部体育学科
		国◎	4月	東京学芸大学教育学部特別教科教員養成課程保健体育科（×2000.4 募集停止）
		国◎	4月	高知大学教育学部特別教科教員養成課程保健体育科（×1998.4 募集停止）
		私◎	1月増	日本体育大学体育学部武道学科
1966	昭和41	私◎	1月	国士舘大学文学部教育学科教育学専攻
		私▲	1月	北海道女子短期大学体育科（1970.4改 保健体育科，1997.4改 北海道女子大学短期大学部）
		私△	4月	南九州短期大学体育科
		私◎	12月増	中京大学体育学部武道学科
1967	昭和42	私◎	1月	東海大学体育学部体育学科
		私◎	1月	仙台大学体育学部体育学科
		国◎	4月	島根大学教育学部特別教科教員養成課程保健体育科（×1996.4 募集停止）
		国◎	4月	福岡教育大学教育学部特別教科教員養成課程保健体育科（×1999.4 募集停止）
		国◎	4月増	東京教育大学体育学部武道学科
		私◎	12月増	東海大学体育学部武道学科
1968	昭和43	私●	12月	立正女子大学教育学部初等教育課程体育専修
1969	昭和44	私◎	2月	福岡大学体育学部体育学科
1970	昭和45	国●	6月改	お茶の水女子大学文教育学部教育学科表現体育学専攻
1971	昭和46	私☆	1月改	順天堂大学体育学部体育学科，健康教育学科（男子のみ）
1972	昭和47	私▲	4月	三島学園女子短期大学体育科募集停止 1974.9 廃止
1973	昭和48	前・国◎	10月	筑波大学体育専門学群（東京教育大学筑波移転を契機に新構想大学として設置・学生受入れ翌4月）
		国◎改		金沢大学教育学部高等学校教員養成課程体育科（×1996.4 募集停止）
1974	昭和49	私◎	12月増	日本体育大学体育学部社会体育学科
1976	昭和51	私●	7月改	立正女子大学，文教大学に改称 1977年共学
		私△	3月	南九州短期大学体育科廃止
1978	昭和53	国◎×	3月	東京教育大学閉学
		国◎	6月改	広島大学教育学部教科教育学科体育教育学専修（×1979.4 募集停止）
1981	昭和56	国◎	10月	鹿屋体育大学体育学部体育・スポーツ課程，武道課程（学生受け入れ 1984.4）
1982	昭和57	国●改		お茶の水女子大学文教育学部舞踊教育学科
1983	昭和58	私◎	12月	国際武道大学体育学部武道学科，体育学科
1986	昭和61	前・国◎	4月	徳島大学総合科学部総合科学科
		私◎	12月改	早稲田大学人間科学部スポーツ科学科（共学になる）
1990	平成2	私◎	12月	川崎医療福祉大学医療技術学部健康体育学科
		私△改		熊本短期大学社会科第一部第二部生涯スポーツ専攻
1991	平成3	私△	2月	武蔵丘短期大学健康生活学科健康・体育専攻（2005.4改 健康スポーツ専攻）
		私◎	4月	順天堂大学体育学部女子入学
1992	平成4	前・国◎	10月	神戸大学発達科学部人間行動表現学科身体行動コース
		公△	12月改	岡山県立大学短期大学部健康福祉学科健康体育専攻（×2006 募集停止，2007 廃止）
		私◎	12月改	順天堂大学スポーツ健康科学部スポーツ科学科，スポーツマネジメント学科，健康学科
1993	平成5	公△×	4月	岡山県立短期大学体育科募集停止，1994 廃止（岡山県立大学短期大学部へ移行）
1994	平成6	私●	12月改	中京女子大学健康科学部健康スポーツ科学科（2010.4至学館大学に校名変更・共学）
		私◎	12月増	仙台大学体育学部健康福祉学科
		私△×	改	熊本学園大学短期大学部，社会科第二部募集停止，1997.8 廃止
1995	平成7	国●	4月改	奈良女子大学文学部人間行動科学科スポーツ科学専攻
		国◎	4月改	東京大学教育学部総合教育学科
1996	平成8	国●	4月改	お茶の水女子大学文教育学部芸術表現行動学科舞踊教育学コース
		私◎	12月増	大阪体育大学体育学部生涯スポーツ学科
1997	平成9	私◎	12月改	福岡大学スポーツ科学部スポーツ科学科，健康運動科学科
1998	平成10	公▲	4月	長崎県立女子短期大学体育科募集停止，1999 廃止
		私◎	4月改	文教大学学校教育課程体育専修
		私△	4月	熊本学園大学短期大学部社会科第一部募集停止，2000.5 廃止
		私●	12月改	日本女子体育大学体育学部運動科学科，スポーツ健康学科
1999	平成11	私●	12月	北海道女子大学生涯学習システム学部健康プランニング学科
		私◎	12月	桜美林大学文学部健康心理学科

		私◎ 12月	東亜大学総合人間文化学部総合人間文化学科保健体育専修
		私● 12月改	武庫川女子大学文学部教育学科健康・スポーツ専攻
		私◎ 12月改	中京大学体育学部体育科学科，健康科学科
		私▲×	日本女子体育短期大学募集停止，2000.7廃止（日本女子体育大学体育学部へ）
2000	平成12	公◎ 4月	姫路工業大学環境人間学部環境人間学科課程認定 2004年改，兵庫県立大学
		私● 4月	北海道女子大学，北海道浅井学園大学に改称，男女共学となる
		私◎ 4月増	国士舘大学体育学部武道学科，スポーツ医科学科
		私△ 4月改	北海道浅井学園大学短期大学部保健体育学科
		私◎ 7月増	国際武道大学体育学部スポーツトレーナー学科，国際スポーツ文化学科
		私▲ 4月改	武庫川女子大学短期大学部健康・スポーツ学科
		私● 12月改	武庫川女子大学文学部健康・スポーツ科学科
		私◎ 12月改	仙台大学体育学部健康福祉学科健康福祉専攻
		私◎×	中京大学体育学部武道学科募集停止
2001	平成13	私● 4月	大阪国際女子大学人間科学部スポーツ行動学科課程認定
		私● 5月	鹿児島純心女子大学国際人間学部こども学科課程認定（2002年から2007年入学生，2008年取りやめ）
		私◎ 7月増	仙台大学体育学部運動栄養学科
		私◎ 12月改	玉川大学教育学部教育学科
2002	平成14	前・私◎ 12月	びわこ成蹊スポーツ大学スポーツ学部生涯スポーツ学科，競技スポーツ学科
		私◎	愛知みずほ大学人間科学部人間科学科健康科学コース課程認定（2009.4改 健康・保健学領域保健体育コース）
		私● 4月	大阪国際女子大学，大阪国際大学に統合スポーツ行動学科（女子のみ）
		私◎ 7月改	早稲田大学スポーツ科学部スポーツ医科学科，スポーツ文化学科
		私◎ 12月増	大阪体育大学健康福祉学部健康福祉学科
2003	平成15	私◎	白鷗大学発達科学部発達科学科スポーツ健康専攻
		私▲×	大阪成蹊女子短期大学体育科募集停止（びわこ成蹊スポーツ大学スポーツ学部へ移行）
		私△×	北海道浅井学園大学短期大学部保健体育学科募集停止 2007.4廃止
2004	平成16	私◎ 4月	福山平成大学福祉健康学部健康スポーツ科学科
		私◎ 10月	新潟医療福祉大学医療技術学部健康スポーツ学科
		私◎ 11月	大東文化大学スポーツ健康科学部スポーツ科学科
		私◎ 11月	吉備国際大学社会学部スポーツ社会学科
		私◎ 11月	東洋大学ライフデザイン学部健康スポーツ学科
		私◎ 11月	八戸大学人間健康学部人間健康学科
		私◎ 4月改	大阪体育大学体育学部スポーツ教育学科，健康・スポーツマネジメント学科

注） ・各項目の出典は省略した。
・紙幅の都合で，国立教員養成大学・学部については中学校教員養成課程およびゼロ課程のスポーツ関連学科は省略した。

半数は使命を終えての廃止である。大学の廃止は見られない。

(5) 共学化の流れ

設置時男子のみの入学に制限していた3大学は，すべて女子にも門戸を開いた。女子大学も男子に門戸を開いて校名変更をしたり，女子短大を発展的に改組し共学とするなど，共学化の流れにある。一方，女子大の伝統を守る大学も残されている。

(6) 多様化―体育教師養成からスポーツ健康科学へ―

当初は体育学部や体育学科等の名称で，主として体育教師養成を目的としていた。1962（昭和37）年に健康学科，1965（昭和40）年以後武道学科，1974（昭和49）年以後社会体育学科などが増設された。1986（昭和61）年以後は学部の改組が進み，学部学科名に体育ではなく，スポーツ科学，スポーツ健康科学など，スポーツ・健康・科学を用いる大学が増加した。さらに，近年はマネジメント，ウエルネスなどを学部名などに加え，スポーツ関連学部の設置が加速度的に拡がっている。課程認定を受けているものの，各大学の教育内容は体育教師養成だけでなく健康，スポーツ科学などに多様化している。 （掛水通子）

4 舞踊教育と児童の遊戯

　ここでは日本の学校体育における舞踊教育の変遷を明治時代から現代まで概観する。また，遊戯とダンスの関係について述べ，からだを媒介としたコミュニケーション体験の重要性について記述する。

[1] 児童の遊戯と舞踊

❶ 遊びをせんとや生れけむ

　　「遊びをせんとや生れけむ　戯れせんとや生れけん
　　遊ぶ子供の声きけば　我が身さえこそ動がるれ」

　これは，平安時代の歌謡集として知られる『梁塵秘抄』の歌で，遊び戯れる子どもの純粋な姿とその愛おしさに自分のからだも一緒に動いてしまうという内容である。

　子どもにとって遊びは命であり，遊びの中で子どもは最も輝いている。ドイツの教育家であるフレーベルは，子どもの健全な発達を促すものとして遊びを最も重視し，遊びの中に子どもの未来が内包されているとして19世紀中ごろ，遊びを幼児教育に初めて取り入れた。また，オランダの歴史学者であるホイジンガは『ホモ・ルーデンス』（1938年）を著し，人間の文化は「遊び」として生まれ展開したものであるとし，舞踊は「遊びそのもの」であるとの立場をとる。そのホイジンガの発想を受け，理論を修正しながら独自の遊戯論を展開したフランスの社会学者であるカイヨワは，『遊びと人間』（1958年）の中で遊びを運のゲーム，競技，物真似，めまいを起こさせるゲームの四つのカテゴリーに分類した。そして舞踊の楽しさは「模倣」「変身」の欲求にその源泉があるとしている。

❷ 児童の遊戯と活動主義

　教育史における児童活動主義は，新教育思想としての経験主義あるいは活動主義の教育の流れに位置する。その源をたどるとルソー，ペスタロッチ，フレーベルなどヨーロッパの自己発展の教育学にいきつく。そしてアメリカにおいては彼らの影響を受けて19世紀末から20世紀初頭にかけて児童活動主義（児童中心主義）が発展した。その代表的人物にF.W.パーカーやJ.ディユーイがいる。わが国では，樋口勘次郎がF.W.パーカーの考えを受け入れて児童活動主義を唱え，『統合主義新教授法』（1899年）を著した。彼によれば遊戯は児童にとって自発的活動の最も適切な例であり，遊戯によって心身の発達を図り，物事に対する理解を容易にすることができると記している。体育でも高島平三郎が活動主義を唱え，遊戯の価値を強調した。

　明治初期の日本の遊戯教育に大きな影響を与えたのはフレーベルであるが，彼は教育史上で遊びの教育的役割を重くみて，遊びを通して幼児を教育しなければならないということを主張した代表的な人物であった。子どもにとって遊びを離れての生活はなく，遊びが生活そのものであり，子どもの生命だからである。彼によれば，自己活動とは本来人間が自ら有する本質を外に表そうとする運動であり，自らの興味と力とによって表現できる活

動である．そして教育とは，子どもが自ら内在する生き生きとした思想や感情を，自由に表現することができるよう導くことであると，述べている．

一方，舞踊教育は「人間教育」というペスタロッチやフレーベル思想に影響を受け，教育内容が認められ，さらに発展し今日に至っている．そもそも舞踊は，その教育的価値からさまざまな目的で教育に用いられたが，体育の教材として学校制度に取り入れられたのは19世紀後半からであった．

現代の日本では，多様で豊かな舞踊文化が享受されるようになり，それに伴い学校での舞踊教育の内容も多様化している．そして「自己のこころやからだを解放し，リズムに合わせて踊りを楽しんだり創造したりするなど，仲間と共感し交流する喜びを味わうことができる運動」を共通理念としてさまざまな形で教育の場に広く生かされている．

［2］学校体育の中での舞踊教育

明治から今日までの学校教育の中での舞踊教育を概観する．ここでいう学校体育における「舞踊」は，体育科（戦前は体操科）教育の一領域として行われたもので，その内容に唱歌遊戯・行進遊戯・動作遊戯などと呼ばれた遊戯，そして表現運動や，創作ダンス，フォークダンス，リズミカルなダンスを含むものとする．一般的に「ダンス」というときは舞踊文化の総称として用いることにする．

❶体操中心の体育の中で「遊戯」が芽生えた時期（明治初期〜明治20年代）

わが国の体育の一領域として行われてきた舞踊教育のはじまりは，1874（明治7）年の伊澤修二によるフレーベルの教育思想に基づいた遊戯教育の提唱や，下等小学校における唱歌遊戯の実践にあったと考えられている．伊澤は，その研究や実践の成果を1875（明治8）年，文部省第二年報「将来学術進歩に付須要の件」の中で，「唱歌は精神に快楽を与え，運動は肢体に爽快を与う．此の二者は教育上並び行われ偏廃すべからざるものとす．而して運動に数種あり，方今体操をもって一般必行のものと定む．然れども年歯幼弱筋骨軟柔の幼生をして肢体を激動せしむるは，其の害却って少なからずと，是有名諸家の説なり．故に今下等小学の教科に嬉戯を設く」と述べ，小学校の体育のために「嬉戯」という唱歌遊戯を開発し，これを教えることの必要を説いた．その後東京女子師範学校附属幼稚園が

図8-3　円になって唱歌遊戯をしている挿絵（出典：大村芳樹『音楽の枝折』巻下，1889年，普及舎）

開設されると，西洋の音楽や遊戯運動を取り入れながらその保育内容としての「唱歌遊戯」の作成に取り組まれたが，このとき日本の伝統文化としての雅楽を受け継いできた宮内庁雅楽課の伶人たちもこれに関わっていたことは特筆すべきことである。

そして小学校以上の学校では，制度的には1881（明治14）年の「小学校教則綱領」の中で尋常科1・2年の体操の内容として「遊戯」がはじめて示された。また，鹿鳴館時代（明治16年ごろ）には社交ダンスや方舞，円舞行進など西洋の舞踊が紹介され，そのうちの教材として適正なものが女学校や女子師範学校でも取り上げられた（例：カドリール，ファウスト，ポルカセリーズなど）。

❷ 体育の中に「遊戯」が位置づけられた時期（明治30年代～明治末期）

明治30年代になり，海外留学をした坪井玄道の著書『行進遊戯法』（1905年）や川瀬元九郎の『行進遊戯』（1905年），井口阿くり等によって外国の「ダンス」が紹介され，学校におけるダンス界は急速に活発化した。その他にも，女子教育に力をそそぎながら遊戯研究を進めた者に，白井規矩郎，高橋忠次郎らがいる。1904（明治37）年には文部省は，普通体操を行ってきたところに新たにスウェーデン体操が導入されてきて混乱した状態にあった学校体操を統一し，学校体育の進むべき方向を指示しようとして「体操遊戯取調委員会」を設けて調査にあたらせた。そこでは，体育の内容としての遊戯の問題も調査検討され，その報告書が1906（明治39）年1月に公表された。これにより，「遊戯」が体育の教材として評価され，「競争遊戯」・「行進遊戯」・「動作遊戯」に分類された。その結果，舞踊教育が「行進遊戯」，「動作遊戯」として学校体育の中に位置づけられたのである。

❸ 体育の安定・充実期における学校のダンス隆盛の時期（大正初期～昭和10年代前半）

1913（大正2）年「学校体操教授要目」が公布され，「遊戯」が「競争を主とする遊戯」「発表的動作を主とする遊戯」「行進を主とする遊戯」の三つの教材群に分けられその内容が明示された。一方，一般社会での舞踊は，大正の中ごろに石井漠，伊藤道郎，小森敏，高田雅夫ら専門家の活動によって，いくつかの系統に分かれながら現在に連なる方向へ動きはじめた。また，その影響で芸術教育の思潮が高まり，律動遊戯や童謡遊戯が隆盛をきわめることになった。このことが学校教育における「ダンス」に大きな影響を与えた。そのため，1926（大正15）年には芸術教育の思潮を反映して体育全般が見直され，「第一次改正学校体操教授要目」が公布された。その際，従来は「遊戯」という名称で総括していた領域を「遊戯及び競技」とし，それを五つの教材群に分け，ダンスは「唱歌遊戯」・「行進遊戯」の二つとされた。この時代は女性体育指導者，藤村トヨ，二階堂トクヨ，伊沢エイ，高橋キャウ，三浦ヒロ，戸倉ハルなどの活躍が著しく，その中には海外に留学して外国の体育を学んで帰朝した人たちが多くいた。そして数年後には，この中から体育教員養成学校を創設する人も出て，ダンスの研究が行われるなど，女子体育の進展期に多大な貢献がなされ，それが昭和前期までの学校ダンスを方向づけることになった。

昭和時代に入ると新しい体育思潮であるヨーロッパの「新体操」が起こり，その美的・表現的体操の斬新さに日本の学校体育は大きな影響を受けた。19世紀の後半にヨーロッ

パで起こった近代舞踊革命は，舞踊が「人間の感情や思想を身体の運動で表現する芸術」であると宣言し，舞踊は自由に表現し創造できる芸術であると唱えた。その代表的な舞踊家はイサドラ・ダンカンであった。彼女たちは創造芸術としての新しい舞踊は，特定の舞踊専門家だけでなく，だれでも学べばできるものであり，だれもが参加すべきであると主張していた。また，近代舞踊の父といわれているルドルフ・フォン・ラバンは学校における教材としての舞踊の特性を，「舞踊は，われわれの身体と心の間の関係を取り扱う教育の分野であって，他の学科目では果すことのできない重要な教育課題を果すものである」（邦正美『舞踊の文化史』，1968）と語っていた。

こうした思潮の高まりを契機に日本でもダンスに対する研究がいっそう盛んになり，著書や雑誌が次つぎに出版された。また当時の体育思潮は，体育によって全人を陶冶し，品位の獲得を体育の主要目的とするドイツの体育思想に影響されていた。そしてそのことが1936（昭和11）年の「第二次改正学校体操教授要目」の主要な目標になったといわれている（井上一男，1976）。また，このときダンスの領域は「行進遊戯」「唱歌遊戯」に新たに「基本練習」が加えられ，教材も豊富になった。

図8-4　イサドラ・ダンカンの舞台姿
（出典：フェラーリ，小瀬『美の女神　イサドラ・ダンカン』1988年，音楽之友社）

❹ **戦時下にもダンスが存続した時期**（昭和10年代半ば～第二次世界大戦中）

1941（昭和16）年の「国民学校令」では体操科は皇国民の練成を主眼とした体錬科に変わり，戦時体制下の影響を受け国家主義的，軍国主義的色彩がきわめて強くなった。1942（昭和17）年には「国民学校体錬科教授要項」が定められたため，リズムや美的表現などは評価されず，ダンスの存在意義は希薄になるという不遇の時代となった。しかし学校におけるダンスは訓練的な色彩を濃くしたものの「音楽遊戯，音楽運動」の名称の下にかろうじて存続することができた。そして作品は軍国的・国粋主義的色彩を帯び，ステップの名称もウォーキングステップは足尖歩に，ギャロッピングステップは追跳歩など，すべて日本語に直されるなど数多くの制約を受けた。

❺ **新しい方向模索の時期**（昭和20年代前半）

第二次世界大戦後，連合国の占領下で教育の一大改革がなされた。1947（昭和22）年に「教育基本法」が制定されるとともに，6・3制の学校制度が採用され，新設された学校のために「学校体育指導要綱」が示された。それまでの体錬科は体育科と名称が改められ，舞踊教育はその本来の特性と新しい教育理念に基づき，名称も「ダンス」となった。また，この舞踊教育の教育内容として小学校の低学年では「表現遊び」が，高学年から中学校，

高等学校では「表現（創作ダンス）」が明示され，舞踊本来の特性である表現が強調された。ある指導者は当時を振り返って「受動的な作品の模倣から，能動的な創る活動へと一大転換をした。その結果多くの指導者が舞踊家のもとに走って創作の理論と実際を身につけようと必死であった」（中島花「学校体育」1966，6月）と語っている。このことから，当時の学校教育における表現を重視したダンスの変容に，大きな変革のうねりが訪れたことがうかがわれる。

❻ **自主創造を重んじる方向に向かう努力がなされた時期**（昭和20年代半ば～昭和30年代）

1949（昭和24）年，「小学校学習指導要領体育編」が公布され，ダンスは児童生徒の発達の段階によって，「リズム遊び（1～4年）」「リズム運動（5～6年）」となり，指導例も具体的に示された。そして，1953（昭和28）年の改訂では，「リズムや身振りの遊びをする（1～4年）」「リズム運動（5～6年）」とされ，内容が「歌を伴う郷土の遊びとフォークダンス」と「基礎リズムと経験の表現（模倣）」の二本立てになった。

また，中学校・高等学校の指導要領は1951（昭和26）年公布されたが，1956（昭和31）年に改訂され，最低基準を示すものとされたが，ダンスの領域は「表現」と「フォークダンス」に二分された。そして「表現」は基礎運動，応用運動，作品の創作の三つの内容を持つことになった。その後，1958（昭和33）年には小・中学校，1960（昭和35）年には高等学校の改訂が行われ，系統的指導や段階的指導が目指され，小・中・高を通しての一貫性ある内容とされた。このとき，従来「試案」という形で指導の参考であったものが官報の告示によって国家「基準」となり，拘束性を帯びたものとされ指導上の責任が課せられるものとなったことに注目しなければならない。ともあれ，こうして戦後の長い間，わが国の舞踊教育は「表現（創作ダンス）」が重視され「フォークダンス」との二本柱で指導が行われてきた。

❼ **運動文化として舞踊をとらえた時期**（昭和40年代初期～昭和末期）

1968（昭和43）年に小学校，1969（昭和44）年には中学校，1970（昭和45）年は高校と指導要領が改訂された。1977（昭和52）年には，「表現（小）・創作ダンス（中・高）」と「フォークダンス」の指導内容は変わらなかったが，このころダンスの実践指導や多くの研究がなされるようになった。それに伴い，ダンスにおける本来の特性は変わらないものの，その目的が変化してきた。すなわち従来ではダンスを通して創造力を養い，美的表現力を高め，情操を豊かにするなど，期待される教育的効果を目的としたものが，ここではダンスすることそれ自体が目的となり，ダンスの本質的価値に触れさせることを重要視するようになったのである。

❽ **生涯体育を目指し，性別にとらわれない舞踊教育推進の時期**（平成初期～平成10年代）

1989（平成元）年，生涯体育・スポーツを展望した学習指導要領が公示された。これまでダンス教材は，小学校では男女共修であったが，中学・高校では女子のみの教材とされていた。それが，ここでは女子のみの教材から男女共修，選択性（中・高）の教材へと改訂された。これは男女の差別撤廃をめざすという国際的な人権運動の進展に伴い，わが国

の舞踊教育においてもこれまでの「ダンス」イコール「女子体育」教材という既成概念からの脱皮を図られなければならなくなった結果であるといえよう。

1998（平成10）年の改訂では男女が共に学ぶことが契機になり，特徴を伴ったリズムを持つ現代的なダンスである「リズムダンス，現代的なリズムのダンス」も内容として取り上げられることになった。それまでもリズムにのって踊ることはダンスの授業で導入として取り入れられたが，特に躍動的なリズム系のダンスは人間の根源的なパワーを目覚めさせてくれる効果的なダンスであった。こうして，従来の「表現（創作を含む）」と「フォークダンス」と「リズムダンス，現代的なリズムダンス」が加わり，三つの内容が学習できるようになった。そして学校だけでなく，地域との連携を図りながら地域の文化である伝統舞踊をとり上げるなどの舞踊教育の実践も可能になり，生涯体育にもつながるような方向づけがなされた。

❾「生きる力」の基礎育成のためにこころとからだに重点が置かれるようになった時期（平成20年代〜現在）

2006（平成18）年12月，約60年ぶりに教育基本法が改正された。体育教育の基本的なねらいは「生きる力」を基盤として，豊かなこころとからだを育成することに重点が置かれている。そして舞踊教育は，そのねらいを十分に達成できる領域の一つとして期待されている。ダンスはからだを媒体とした表現活動で，人の内面に浮かぶイメージを具体的に表現できる。その自由な活動によって自己の世界が広がり創造力が育まれる。さらに共に踊ることによって，こころやからだが解放され，他者と共感し合うことができる。そのことからコミュニケーション力の低下や対人関係が希薄になってきている今日，ダンスは特に重要な領域と考えられている。

2008（平成20）年度の改訂で新たに変更された点は，中学1年・2年まで男女必修となったことである（中学1年・2年のいずれかの学年で全生徒に履修させるという必修化が図られた）。中学生以上の男子も必修とすることは明治5年の学制以降初めてのことで舞踊教育史上画期的なことといえる。指導内容は，前回と同じく「表現（創作を含む）」「リズムダンス」「フォークダンス」の三つである。

以上これまで概観してきたことを体育の教育目標の変遷に照らして考察すると，次の三つに大別される（竹之下休蔵，1982の区分を参考にした）。

　Ⅰ．①②③④：からだの教育を目標にした戦前の体育
　Ⅱ．⑤⑥：運動を教育手段とし，全人的発達を目標にした体育
　Ⅲ．⑦⑧⑨：運動を手段だけではなく，教育目的と考えた体育

このように，舞踊教育は体育の教育目標の変遷に準じて発展してきている。

［3］今こそ舞踊教育の必要性を

現代の日本における児童の遊びについて，1970年代から東京の街角で子どもの遊びに魅せられライフワークとして彼等を撮り続けたある写真家は，子どもたちが外遊びの世

界から急速に遠ざかりつつあると語っている（荻野矢慶記『街から消えた子どもの遊び』1994）。その兆しにはじめて気がついたのは、時間を気にして遊ぶ子を目にしたことだったという。かつて子どもたちにとって格好の遊び場だった空き地はマンションやビルに変わり遊ぶ空間が減少していった。同時に伝承遊びが忘れられ、代わって大量生産されたゲームやおもちゃが子どもたちの心をとらえていく。そしてガキ大将がいなくなり、異年齢間で行われていた交遊は同年齢での遊びに変わっていった。このような遊びが街から消えた原因を、子どもの健全な発達を無視した商業優先主義にあると彼は語る。現在、子どもの近辺で起こる深刻ないじめやひきこもり、暴力、体力低下、学級崩壊などさまざまな問題の要因の

図8-5　ダンボール箱に入って
（出典：荻野矢慶記『街から消えた子どもの遊び』1994年、大修館書店）

一つにフレーベルがいう遊ぶ時期に十分な遊びをしなかったことがあげられるのではないだろうか。

　また40年余り心理療法を行っている精神分析家が最近の臨床で感じる現代の若者の心理的特徴を次のように分析している。「現在の若者の人格は弱体化している。その基盤にあるのは、自己感覚の希薄化、対象を動かす力が弱くなったことである」（牛島定信『東京女子大学論集』2007）と。それは、ちょうど子どもたちが路地から姿を消し、集団遊びが減少したことと重なっているように思われる。遊びの変化が子どもたちの心身に及ぼした影響はきわめて大きく、子どもの時期にからだを媒体としたコミュニケーション体験の不足が招く影響ははかり知れない。そうしたとき、舞踊（ダンス）の重要な意義が浮びあがってくる。

　自分のこころとからだを閉ざしてしまっている子どもたちにとって身体表現を学ぶ教育、つまり舞踊教育の重要性が多方面から指摘されているのである。また、青少年にとってもダンスは心身のバランスを維持し、楽しく豊かな生活を送るためにも非常に大きな役割を持つものといえる。

（曽我芳枝）

5　体育教師の役割と課題

　最近、家の周りや河畔などをウォーキングする中・高年者や若い女性などの姿を見かけることが多い。健康のために、体力の維持のために、あるいはメタボ対策と始めた動機はいろいろあろうが、だれからも強制されることなく自らの意思で運動を行うという生涯ス

ポーツの理念からは好ましいことである。

しかも，これらの運動行動が学校体育の延長線上に位置づけられた現象であるとするならば，体育関係者として嬉しいことである。

［１］子どもの体力・運動能力の現状

筆者が子どものころ（1950年代）は，学校の休み時間になると，一斉に校庭に飛び出し，野球をしたり，ドッジボールをしたりして汗びっしょりになったものであった。また，家に帰り着くや近くの空き地や野原で日が暮れるのを忘れるほど遊びに夢中になっていた。当時は遊びが生活の中心で，体力や運動能力などを意識するまでもなく遊びの中で自然とそれらを身につけていたように思う。そのころから半世紀以上経過した現在，都市部でも，地方でも子どもたちの体力の低下や運動能力の落ち込みが指摘されている。その原因として，運動する子としない子の二極化がみられること，塾通いやテレビゲームの普及などによる外遊びする機会が減少したことなどがあげられている。

体力は，人間活動の源であり，健康の保持増進や意欲・気力など精神面の充実に大きく関わっており，「生きる力」の重要な要素となるものである。子どもたちの体力が低下しているということは，将来の生活習慣病の増加やストレスに対する抵抗力の低下などを引き起こし，ひいては国民医療費の増大に結びつくなど，国民生活を危機的状況に追いやるリスクを負っていると強く認識すべきである。

［２］体育科教師の役割

子どもたちは概して運動が好きである。学校教育の中で体育の授業がなかったら無味乾燥な学びの場となるであろう。しかし，体育の授業が「子どもたちが喜んでするゲームだけを与えておけばよい」というような短絡的な考えで行われるとしたら体育教師の仕事を放棄したといわざるを得ない。体育の授業は，単に運動によるからだの訓練や気晴らしだけではなく，生涯を通じて運動に親しむことができるような資質や能力を育む学習をすることである。指導者は児童生徒（学習者）一人ひとりのねらいや欲求を叶えてやりながら導く人であると定義するならば，意図的に授業をつくっていく教師の役割は，大変重要なものとなる。ここでは，授業場面に即した体育教師の役割について，すべての運動に共通するものをあげてみたい。

❶「めあて」の持たせ方の指導

学習者に，自分が取り組む運動の特性を理解させ，学習者個人やグループが，自分の能力を正しく知り，それにふさわしい「めあて」を持つように導くこと。

❷学習計画を立て，学習条件を整える指導

運動の楽しさ・喜びに触れることを目指した学習活動とは，どんな道筋（学習過程）をとったらよいか，そのためには，どんな学習の場づくりや学習条件が必要かを考え，自ら選択し，整える意識を向けるように導くこと。

図8-6　中学2年生のとび箱運動の授業

❸ **学習活動の効率をあげる指導**

学習活動の安全性を確保し，活動の効率をあげ，より高次な楽しさ・喜びを体験できるような技能や知識が獲得でき，学習の仕方がわかるように導くこと。

❹ **学習の成果を確認し，ねらいの達成に向ける指導**

自分（たち）のめあてをどのように達成しているか，活動の問題点を発見し，それを修正しながら効果的な活動の選択ができるように導くこと。

❺ **学習仲間の大切さを理解させる指導**

個々の学習が仲間によって支えられ一人では体験できない楽しさや喜びが集団の中で得られることを理解するように導くこと。

以上のことがらに加えて教師自らが学習活動を通して，指導のねらいの妥当性や効率的な学習活動が展開されたかなどを分析し，指導法の改善を図ることも体育教師に求められる重要な役割である。

［3］体育教師に求められる資質

筆者が大学2年生に「どのような体育教師をめざすか？」というアンケートを取ったところ（鹿屋体育大学，2010年実施），以下のように非常に意欲的で若者らしい回答を得た。

- 生徒の気持ちを理解できる教師
- 運動の苦手な子どもにも適切な指導ができる教師
- 生徒目線でものごとを考え，気軽に相談に乗れる教師
- 楽しい中にも厳しさ（礼節）のある教師
- 生徒に夢を持たせ，生徒の将来に影響を与えられる教師
- 安全面に配慮し，生徒にけがをさせない教師
- 生徒一人ひとりの個性や能力に応じた指導ができる教師
- 体育の時間が待ち遠しいと子どもたちに言われる教師
- いつも元気はつらつで，率先垂範技術指導のできる教師
- 褒めるところは褒め，叱るところは叱ることのできる教師

・生涯にわたって運動を継続できるような動機づけのできる教師

　また，「教育は人なり」といわれるように，学校教育の成否は教員の資質能力に負うところがきわめて大きい。このため，教員には次のような資質能力が求められる。

○教師の仕事に対する強い情熱（教育者としての使命感や誇り，子どもに対する愛情や責任感など）

○教育の専門家としての確かな力量（子ども理解力，教科指導力，生徒指導力，集団指導の力，学級づくりの力など）

○総合的な人間力（豊かな人間性や社会性，常識と教養，礼儀作法をはじめ対人間関係能力など）

　体育の学習は，指導者である教師と学習の主体者である児童生徒が学習内容である「運動」を介しての相互作用で成り立つ。したがって，体育教師の関与のいかんによって授業の成否にきわめて大きな影響を与えることは当然のことである。この関与の在り方が教師の力量，あるいは専門性と呼ばれるものである。

　生涯スポーツの時代を迎え，体育教師には，児童生徒の現在と将来にわたる生活にスポーツを結びつける役割が強く期待されることになる。さらに，体育に関わる教師の職能（職業上の能力）について，武隈は次のように述べている（『新体育科教育法講義』，2000年）。

【体育における職能の内容】

　教師の職能が，情熱や人間性といった人格的な側面(A1)と確かな教育観（体育観）や理念(A2)を基盤とし，それに支えられていることは明らかである。

　さらに，体育教師としての職能として機能するためには以下に述べるような専門的な能力が伴わなければならない（図8-7参照）。

(1) 児童生徒を理解する能力 (B)

　運動場面だけでなく，児童生徒を一人の生活者としてとらえ，生涯スポーツの基礎を学

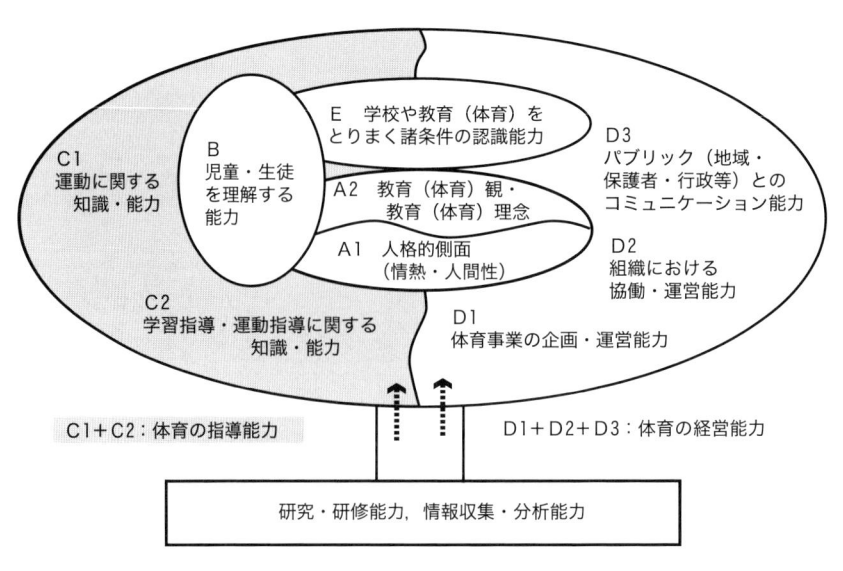

図8-7　体育における職能の機能

習する中で，一人ひとりをどのように育てるかという視点を持つこと。

(2) 教育実践者としての指導力

- 運動に関する知識や能力 (C1)
  児童生徒の学習を促進することができるような知識や技能
- 学習指導・運動指導に関する知識や能力 (C2)
  学習者の特性や発達段階に目を向けながら，学習すべき内容を体系化し，それを計画・展開し，さらにその結果を評価する能力

(3) 体育事業（運動を行う機会や場を設定すること）の企画・運営能力 (D1)

- 学校体育の目標は，体育の授業を中心としながら，体育的行事や部活動などさまざまな教育活動を通して達成される。それぞれの体育事業の目標等を明確にし，それを計画・運営し，評価するという一連の活動を遂行できる能力
- 学校全体の教育活動として体育事業を進めるため組織を運営する能力 (D2)
- 地域・保護者等とのコミュニケーション能力 (D3)

(4) 学校や教育（体育）をとりまく諸条件の認識能力 (E)

生涯スポーツの時代における学校体育の役割など体育に対する社会的な要請や現在の子どもの生活や特性の変化など，学校を取り巻く環境に敏感であり，かつそれらを客観的に把握することのできる能力

教師の職能のうち，図の大きな楕円で示した部分は，現在の教師の能力を示している。社会環境の変動やそれに伴う社会の学校に対する期待および子どもの変化などを考慮すると，教師の力量が停滞することは許されない。絶えず研鑽に努め，体育の専門家としての資質を磨くことが求められる。

［4］今後の課題

2006（平成18）年12月，教育基本法が約60年ぶりに改正され，これからの教育のあるべき姿，めざすべき理念が明らかにされた。それに基づき2008（平成20）年1月に中央教育審議会の答申において，各教科の主な改善事項が示された。体育科，保健体育科の改善のポイントは，おおむね次の通りである。

①小学校，中学校，高等学校を通じて，体育科，保健体育科については，その課題を踏まえ，生涯にわたって健康を保持増進し，豊かなスポーツライフを実現することを重視し改善を図る。その際，心と体をより一体としてとらえ，健全な成長を促すことが重要であることから，引き続き保健と体育を関連させて指導すること。また，学習したことが実生活，実社会において生かすことを重視し，学校段階の接続および発達の段階に応じて指導内容を整理し，明確に示すことで体系化を図る。

②体育については，それぞれの運動が有する特性や魅力に応じて，基礎的な身体能力や知識を身に付け，生涯にわたって運動に親しむことができるように，発達の段階のまとまりを考慮し，指導内容を整理し体系化を図る。また，武道については，その学習

を通じてわが国固有の伝統と文化に，よりいっそう触れることができるよう指導の在り方を改善する。

　新しい教育基本法や中央教育審議会の答申を踏まえ，2008（平成20）年3月に小・中学校の学習指導要領が，2009（平成21）年3月に高等学校の学習指導要領が改訂され，公示された。学習指導要領が意図するところをくみ取り，子どもたちの現状等を十分理解したうえで，元気で楽しい体育指導を展開してほしい。そのことが，21世紀をたくましく生き抜き，わが国はもとより国際社会に貢献できる子どもの育成に結びつくものと確信している。

（瀬田豊文）

課題

1. 郷土の藩校における剣術・柔術・弓術，乗馬，水練，体操（体術）などを調べてみよう。
2. 明治18年ごろからの郷土の小学校の運動会について調べてみよう。
3. 郷土の旧制中学校や師範学校における近代スポーツの導入について調べてみよう。
4. 旧教育制度期（明治，大正，昭和戦前・戦中・戦直後）と新教育制度期（戦後）の体育教師養成の違いをまとめなさい。
5. 日本の舞踊教育について戦前と戦後に分けて考察してみよう。
6. 体育教師の役割と課題について，ディスカッションしよう。

［参考文献］

1) 阿部生雄・山田理恵・榊原浩晃編『多様な身体への目覚め』2006年，アイオーエム．
2) 舞踊教育研究会編『舞踊学講義』1991年，大修館書店．
3) 井上一男『学校体育制度史・増補版』1970年，大修館書店．
4) 今村嘉雄『日本体育史』1970年，不昧堂出版．
5) 木下秀明『スポーツの近代日本史』1975年，杏林書院．
6) 岸野雄三・竹之下休蔵『近代日本学校体育史』1983年，日本図書センター．
7) 能勢修一『明治期学校体育の研究―学校体操の確立過程―』1995年，不昧堂出版．
8) 能勢修一『明治体育史の研究』1965年，逍遙書院．
9) クルツィア・フェラーリ，小瀬村幸子著『美の女神 イサドラ・ダンカン』1988年，音楽之友社．
10) 文部省『学制百年史』1972年，帝国地方行政学会．
11) 文部科学省『幼稚園教育要領』『小学校・中学校学習指導要領解説体育編』2008年．
12) 日本体育協会編『スポーツ八十年史』1958年，日本体育協会．
13) 篠田弘・手塚武彦編『学校の歴史第5巻　教員養成の歴史』1979年，第一法規．
14) 薗田碩哉『遊びの文化論』1996年，遊戯社．
15) 庄司雅子『フレーベルの生涯と思想』1975年，玉川大学出版部．
16) 竹之下休蔵『体育の学習と指導』1982年，光文書院．
17) 吉見俊哉他『運動会と近代日本』1999年，青弓社．
18) 宇土正彦他編「新訂体育科教育法講義」2005年，大修館書店．

第 9 章

現代のスポーツ振興政策

> **本章のねらい**
>
> 本章では，現代のスポーツ振興政策について，諸外国と日本の政策の歴史的変遷と内容の比較検討から，スポーツ振興の課題や今後のあり方を明らかにしていこう。また，スポーツと法は密接に関わっているが，軽視されがちである。その重要性についても学んでいきたい。
>
> キーワード：スポーツ・フォアオール憲章，トリム運動，ゴールデンプラン，第 2 の道，スポーツ振興法，スポーツ振興基本計画，スポーツ基本法，スポーツ基本計画，法はスポーツに入らず，スポーツ国家法，スポーツ固有法，法の段階構造，スポーツ権，予防法学

1 諸外国のスポーツ振興政策

[1] ヨーロッパの源流

　諸外国のスポーツ振興政策の概要について述べることにするが，これまでの日本のスポーツ政策に強い影響を与えてきたヨーロッパ諸国，とりわけドイツや近代スポーツの原点となったイギリスと，北米を中心にその要点を整理していきたい。

　日本のスポーツのムーブメントは，ヨーロッパ，特にドイツのスポーツ政策に影響を受け，そしてヨーロッパ全土のスポーツ・フォー・オール運動によって拍車をかけられた。ヨーロッパのスポーツ振興に関して歴史的には，世界のスポーツ振興のモデルとなったドイツの「第 2 の道：Zweiter Weg」と「ゴールデンプラン：Goldener Plan」があげられる。1959 年に出された「第 2 の道」では「第 1 の道」としての競技スポーツの振興に対して，すべての国民のスポーツ機会を提供することを目的とした，今日的な生涯スポーツ振興の始まりを告げる画期的な政策となった。ヨーロッパでは，その後ノルウェーなどとともに，この振興策の中でも「トリム運動」が展開されてきた。特にドイツの第 2 の道では 1970 年代からのメインキャンペーンとして「Trim Dich durch Sports：運動・スポーツによって君自身を鍛えよう！」をスローガンにさまざまな呼びかけと具体的なプログラムを開発

第9章 現代のスポーツ振興政策

表9-1　20世紀のヨーロッパにおける主なスポーツ振興政策

旧西ドイツの1959年～		第2の道
	1960年～	ゴールデンプラン
ノルウェー	1967年～	トリム運動
イギリス	1972年　スポーツ審議会	「スポーツ・フォー・オール宣言」
1975年第1回欧州スポーツ閣僚会議		「ヨーロッパスポーツ・フォー・オール憲章」採択
1992年第7回欧州スポーツ閣僚会議（12ヶ国）		「新ヨーロッパスポーツ憲章」採択

（山口・野川らの資料〈川西・野川編，2007年〉を参考に作成）

奨励してきた。その後も，女性スポーツ，余暇スポーツ，健康，高齢者，そして運動の正しいやり方と継続性などの各テーマに応じて今日までキャンペーン活動を継続してきている。

　時を同じくして黄金計画（ゴールデンプラン）が1960年に民間団体であるドイツオリンピック協会（DOG）から，連邦政府や国の関係機関に向けて出された。そこでは，子どもの遊び場，運動広場，体操場，体育館，屋内外プールなどの施設不足に伴う，整備計画を15年計画で実施する内容で西ドイツの体育・スポーツ施設計画が進んだ。

　こうしたドイツの生涯スポーツ政策の中で，施設を核としたスポーツクラブが数多く誕生してきた。その数は，現在91,000クラブおよび会員数は2,750万人以上に達している。その参加率は，国民の33％以上を越しスポーツクラブ王国ドイツを象徴する数値である。また，2006年から新たにドイツ・オリンピックスポーツ連盟（DOSB）が創設され，生涯スポーツと競技スポーツの両面にわたって振興する組織体制が確立されている。

　近代スポーツの発祥の地イギリスでは，1965年のスポーツ審議会（Sport Council）の設立を契機に，いわゆる健康と生涯スポーツの振興を始めた。その後，1972年には「スポーツ・フォア・オール宣言」を行い，本格的なスポーツ参加のキャンペーンや施設整備を開始した。生涯スポーツの民間機関である英国社会体育審議会（CCPR）は1961年から生涯スポーツの振興を図り，そこでの地域スポーツ分野でのボランティア指導者の育成に努めてきた。今日的なスポーツ振興策としては，生涯スポーツの普及と国際競技力の向上として，文化・メディア・スポーツ省（DCMS）は2002年12月「ゲームプラン：Game Plan」（表9-2）を打ち出した。そこでは，国民のスポーツ参加の促進，障害者の身体活動や競技力の向上，トップアスリートの競技力向上や国際試合での成功，オリンピックなどのビッグ・スポーツイベントの誘致などを目標としている。イングランド・スポーツカウンシル（Sport England）では，この目標を達成すべき2020年までの活動計画「A Vision for 2020」を策定した。

　こうしたドイツやイギリスの影響下，ヨーロッパ諸国では，

表9-2　ゲームプランの目標
（スポーツ・身体活動についての2020年までの展望）

	主な目標
1	国民のスポーツ，身体活動への参加率の増加—2020年までに最低でも週5回のややきつめの運動スポーツへの参加率を70％まで上げる（現在の参加率は30％前後）
2	トップ・アスリートの競技力を向上させ，国際大会で成功を収める
3	オリンピックなどのビッグ・イベントを誘致する

（笹川スポーツ財団2005より抜粋）

1975年に第1回欧州スポーツ閣僚会議で「ヨーロッパスポーツ・フォア・オール憲章」が採択されるなど，EC諸国全体の生涯スポーツ振興がはかられることとなった。他のヨーロッパ諸国では，そうした全体の流れの中で，その国独自のスポーツ振興策を提唱し，実施してきている。そうした財源は，国からの予算もさることながら，スポーツ振興くじなどの財源を有効利用している。

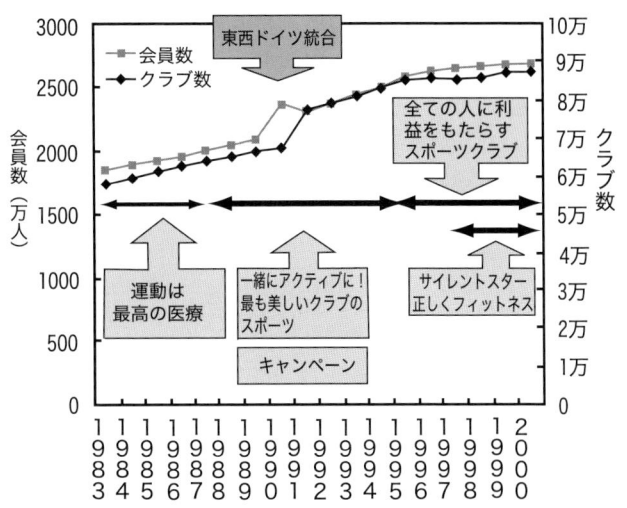

図9-1 ドイツのスポーツ振興キャンペーンとスポーツクラブ設置数の推移
（Deutscher Sportbund(2000):30 Jahre Breitensport 1970-2000 と Bestaudserhebung 2000 から川西作成）

　ドイツやイギリスをはじめ，各国のスポーツ振興政策が確立されていくなかで地域のスポーツ拠点となるスポーツクラブの整備もなされてきている。図9-1のドイツのスポーツ振興キャンペーンと地域スポーツクラブ数の推移を見ても明らかであるが，その振興策のインパクトがクラブ増につながっている。

［2］自主独立をめざす北米地域

　北米地域において，アメリカでは，あまり国民のスポーツ活動の実態に関する資料は数少なく，それぞれの州や地方自治体で行う活動が基本的なスタンスである。多くが，野外・公園レクリエーションとして国民のスポーツ振興が図られてきている。行政部門では，保健福祉省内の部門の一つとして「大統領体力スポーツ審議会：PCPFS」があるが，現在の事業内容としてはキャンペーン事業を主として実施している。

　これまで保健福祉省では，国家レベルの健康政策として「ヘルシーピープル2010」を展開し，1990年にスタートした第二次10カ年計画で表に示すような22の政策課題の一つに「身体活動とフィットネス」が盛り込まれている（表9-3）。

　また，カナダでは，スポーツ振興を担う連邦行政機関は「フィットネス・アマチュアスポーツ法」と「カナダ文化遺産省法」に基づき設置されたスポーツカナダである。スポーツカナダの役割はスポーツ競技を通して，国内外でのカナダのアイデンティティを強化することと，スポーツ制度の発展を目指している。国民の運動不足による健康不安がある中で，1998年にはフィジカル・アクティビティガイドが発表され，健康づくりのための運動奨励指針が示されている。カナダでは，1971年に創設された民間非営利組織のパーティシパクション（ParticipACTION）が全国的なスポーツや身体活動の奨励とプロモーションに貢献してきた。

表 9-3　ヘルシーピープル 2010 重点領域

重点領域 22	身体活動とフィットネス

［成人の身体活動］

22-1	レジャー時間に身体活動を実施していない成人（18 歳以上）の割合を減少させる 現状値：40%　　　　　　　　　　　　目標値：20%
22-2	1 日 30 分以上，規則的に（できれば毎日実施）適度な運動を実施する成人の割合を増加させる 現状値：15%　　　　　　　　　　　　目標値：30%
22-3	心肺機能を維持，向上させる活発な身体活動（1 回 20 分以上，週 3 回以上）を実施する成人の割合を増加させる 現状値：23%　　　　　　　　　　　　目標値：30%
22-4	筋力，筋持久力を維持，向上させるための身体活動を実施する成人の割合を増加させる 現状値：18%　　　　　　　　　　　　目標値：30%
22-5	柔軟性を維持，向上させるための身体活動を実施する成人の割合を増加させる 現状値：30%　　　　　　　　　　　　目標値：43%

［青少年の身体活動］

22-6	1 日 30 分以上，週 5 日以上にわたって適度な身体運動を実施する青少年の割合を増加させる 現状値：27%（中 3～高 3）　　　　　目標値：35%
22-7	1 日 20 分以上，週 3 日以上，心肺機能を高める活発な身体活動を実施する青少年の割合を増加させる 現状値：65%　　　　　　　　　　　　目標値：85%
22-8	全生徒に毎日の体育授業を必修とする全国の国公立および私立校の割合を増加させる 現状値：中学校 17%　　　　　　　　　目標値：25% 現状値：高　校 2%　　　　　　　　　目標値： 5%
22-9	毎日の体育授業に出席する青少年の割合を増加させる 現状値：29%（中 3～高 3）　　　　　目標値：50%
22-10	学校体育授業の 50% 以上が活発な身体活動を取り入れた授業に参加する青少年の割合を増加させる 現状値：38%　　　　　　　　　　　　目標値：50%
22-11	テレビ視聴時間が 2 時間以下である青少年の割合を増加させる 現状値：57%（中 3～高 3）　　　　　目標値：75%

［施設へのアクセス］

22-12	全国の公立および私立校の体育・スポーツ施設を開放する割合を増加させる
22-13	職場における身体活動，フィットネスプログラムを提供する企業の割合を増加させる 現状値：46%（従業員 50 人以上）　　目標値：75%
22-14	ウォーキングによる通勤，通学の割合を増加させる 現状値：通勤 17%　　　　　　　　　　目標値：25% 　（18 歳以上，1 マイル以下の距離） 現状値：通学 31%　　　　　　　　　　目標値：50% 　（5～15 歳，1 マイル以下の距離）
22-15	自転車による通学の割合を増加させる 現状値：0.6%　　　　　　　　　　　　目標値：2.0% 　（5 マイル以下の距離） 現状値：2.4%　　　　　　　　　　　　目標値：5.0% 　（2 マイル以下の距離）

（笹川スポーツ財団 2005，より抜粋）

2 日本のスポーツ振興政策

［1］ スポーツ振興基本計画の出現まで

　日本の体育・スポーツ分野におけるスポーツ政策は，1961（昭和36）年6月に制定されたスポーツ振興法に始まり，そこでは主に，スポーツの定義をはじめ，各地方公共団体レベルでのスポーツ振興審議会の設置や，非常勤公務員としての体育指導委員の設置，さらには，地域でのスポーツ振興にからむ公共体育・スポーツ施設補助のあり方と基準を明らかにした。その後，文部省（現文部科学省）の諮問機関である保健体育審議会は，1972（昭和47）年「体育・スポーツの普及振興に関する基本方策」を答申し，近隣社会でのスポーツ環境施設整備に関した指針を明らかにした。これは，ドイツのゴールデンプランに端を発した施設計画で，地域での施設整備基準のひとつの目安となっている。

　経済企画庁，国土庁，自治省等関係各省庁からは，コミュニティ再形成施策とあいまってコミュニティでの体育・スポーツ活動やレクリエーション活動の拠点となるコミュニティセンターの整備などが並行して提唱されてきている。このように日本では，オリンピック東京大会（1964年）を契機として，日本国民に広がってきた社会体育振興に対して，地域でのスポーツ拠点となる施設面を中心としたハード優先の施策が出現してきたステージでもある。

　その後，リゾートブームの出現や商業スポーツ施設の増大で，全国各地に大型の体育・スポーツ施設の建設やアスレチッククラブの増大など，空前のスポーツ産業バブル期を迎えてきている。

　21世紀を前にして保健体育審議会は「生涯にわたる心身の健康の保持増進のための今後の健康に関する教育及びスポーツの振興の在り方について」（保健体育審議会，1997年9月答申）のⅡ．スポーツと生涯にわたるスポーツライフの実現のなかで「生涯にわたるスポーツライフの在り方」として「生涯にわたる豊かなスポーツライフを実現していくためには，生涯を通じて主体的にスポーツに親しむ態度や習慣をどのように定着・発展させるかという観点から各ライフステージとスポーツとの望ましい関係をスポーツライフスタイルの萌芽期（乳幼児

表9-4　日本の主なスポーツ振興政策　　　（川西作成，2017）

「地方スポーツの振興について」文部事務次官通達　1957
スポーツ振興法　1961.6
「国民の健康体力増強策」閣議決定　1964.12
「体力づくり国民会議」設立　1965.3
「体育・スポーツの普及振興に関する基本方針」1972
「コミュニティー生活の場における人間性の回復」
　国民生活審議会調査部会　1969.9
「経済社会基本計画―活力ある福祉社会のために」
　経済企画庁　1973.2
「生涯にわたる心身の健康の保持増進のための今後の健康に
　関する教育及び振興のあり方」保健体育審議会答申　1997.9
「スポーツ振興基本計画」文部省　2000.9
「健康日本21」厚生省　2000.3
「子どもの体力のための総合的な方策について」中央教育審議
　会答申　2002.9
「スポーツ立国戦略―スポーツコミュニティ・ニッポン」文部
　科学省　2010.8　文部科学大臣決定
スポーツ基本法　2011.6　公布（平成23年法律第78号）
スポーツ基本計画　2012.3

期・児童期)，形成期（青年期前期・後期），充実期（壮年期・中年期），享受期（老年期前期・後期）」としてとらえ，そのライフステージ別の運動・スポーツの望ましいあり方の指針を明らかにした。また，地域のスポーツ環境の整備については，「今後，学校体育施設については，これまでの単に地域住民へ場を提供するという『開放型』から，学校と地域社会の『共同利用型』へと移行し，地域住民の立場に立った積極的な利用の促進を図ることが必要である」とするなど，地域での住民スポーツの拠点として学校体育施設の有効利用が提唱されている。この答申は，生涯スポーツの振興を意図したもので，運動・スポーツの継続性のための環境や，そのための，基本的な考え方が示された点でこれまでのハード中心からソフト志向へシフトした政策である。

[2] スポーツ振興基本計画

21世紀を目前とした2000年9月に今後の日本が抱えるさまざまな社会的情勢に対応する形で，文部科学省は，より具体的な数値や目標を掲げたスポーツ振興基本計画を明らかにした。特に，1. 生涯スポーツ社会の実現に向けた，地域におけるスポーツ環境の整備充実方策については，下の政策目標を置き，成人のスポーツ参加率の向上をめざした。

スポーツ振興基本計画の生涯スポーツ社会の実現にむけた政策目標

政策目標：	(1) 国民の誰もが，それぞれの体力や年齢，技術，興味・目的に応じて，いつでも，どこでも，いつまでもスポーツに親しむことができる生涯スポーツ社会を実現する。
	(2) その目標として，できるかぎり早期に，成人の週1回以上のスポーツ実施率が2人に1人（50パーセント）となることを目指す。

また，具体的な政策目標達成のため必要不可欠である施策として，平成7年度から実施してきた総合型地域スポーツクラブ育成補助事業をさらに促進するため，「誰もがスポーツに親しむことのできる生涯スポーツ社会を21世紀の早期に実現するため，国民が日常的にスポーツを行う場として期待される総合型地域スポーツクラブの全国展開を最重点施策として計画的に推進し」，2010年までに全国の市町村に最低一つ，さらに，各都道府県には，それを支援・統括する広域スポーツセンターを一つずつ整備する目標を掲げた。

日本では1985（昭和60）年ごろからの子どもの体力・運動能力の低下傾向が続き，体格も肥満傾向になってきた。2002（平成14）年9月中央教育審議会答申「子どもの体力向上のための総合的な方策について」は，こうした現象に対して歯止めをかけるための諸事業を推進した。

2000（平成12）年9月に策定されたスポーツ振興基本計画の全体見直しが行われ，2006（平成18）年9月21日に改訂された。今回の改訂では，三つの課題があげられ，それらは(1)スポーツ振興を通じた子どもの体力向上方策，(2)地域におけるスポーツ環境の整備充実方策，(3)我が国の国際競技力の総合的な向上方策へと大きな変更があった。新しく盛り込まれた政策目標では子どもの体力について，スポーツの振興を通じ，低下傾向に歯止めをかけ，上昇傾向に転ずることをめざすことである。政策目標達成のため必要不可欠で

「スポーツ振興基本計画」の見直しのポイント

【趣旨】10年計画(平成13年度〜)の前半5年間の進捗状況等を踏まえ、計画の後半5年間分として改訂

政策目標

1. 子どもの体力の低下傾向に歯止めをかけ、上昇傾向に転ずることを目指す←(新規)
2. 成人の週1回以上のスポーツ実施率50%(34.7%(H9)→38.5%(H16))
3. オリンピックでのメダル獲得率3.5%(アトランタ・リレハンメル1.85%(H8)→アテネ・トリノ3.22%(H18))

政策目標達成に向けた視点と施策 ⇒ 以下の施策の新規・拡充。

子どもの体力の向上
- 子どもの体力の状況を都道府県別に公表すること等を通じ学校における指導の改善を図るなど、国民全体が子どもの体力の重要性を認識するための「国民運動」を展開
- 学校が「教育活動全体を通じて体力向上」を図るとともに、子どもが体を動かす場の確保や、指導者の充実のため、「学校と地域の一層の連携」を推進

生涯スポーツ社会の実現
- 「総合型地域スポーツクラブ」の全国展開に向けて、質・量ともに一層の充実を支援
- 「スポーツ指導者の養成・確保・活用」について、指針を策定するとともに、スポーツリーダーバンク等の一層の活用や、地域における関係者の話し合いの場を確保

国際競技力の向上
- 「ナショナルトレーニングセンター」について、「中核拠点施設」を平成19年中に整備するとともに、「競技別強化拠点」を早期に指定・支援
- 「企業や地域のスポーツ支援の在り方」の検討や「トップレベル競技者のセカンドキャリア支援」の充実
- 「アンチ・ドーピング」について、条約の早期締結や体制及び活動の在り方を検討

(文部科学省ホームページより抜粋)

ある施策として、子どもの体力の重要性について正しい認識を持つための国民運動の展開や学校と地域の連携による、子どもを惹きつけるスポーツ環境の充実などを上げている（文部科学省、2006年）。

このように、1960年代から出現してきた日本のスポーツ政策は、ハードからソフトづくりへ、その内容が変化してきた。しかしながら、これまでの日本のスポーツが発展してきた経緯から、この基本計画でめざすスポーツ環境の整備には、さまざまな問題を抱えているのも事実であり、この中間答申が出された時の新聞報道やパブリックコメントからもその難しさがうかがわれる。しかしながら、この答申は、これまでの抽象的なものから具体性のあるスポーツ政策への転換であり、少子高齢化に対応した国家的課題への取り組みとして画期的な施策の出現といえよう。今後は、2010年度を評価年としたこの計画の実行のため学校やスポーツ団体、地域行政、住民が一体となって、健康で生きがいのある社会形成に向けて動き出す時期にきたといえる。

[3] 国家戦略としての「スポーツ立国戦略」の出現

麻生政権下において2006(平成18)年11月「スポーツ振興に関する懇談会」が設置され、翌年8月には「スポーツ立国ニッポン」国家戦略としてのトップスポーツなる懇話会報告がなされた。その内容は第1部総論で「いま、なぜ国家戦略なのか」－五つの理由－として1. 国際社会における真の先進国「日本」の『国力』と『プレゼンス』を高めるために、2. 国際競技力大会を通じた国家の安全保障・国際平和への貢献のために、3. 国民の健全

スポーツ立国戦略の概要 (文部科学省)

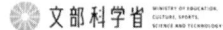

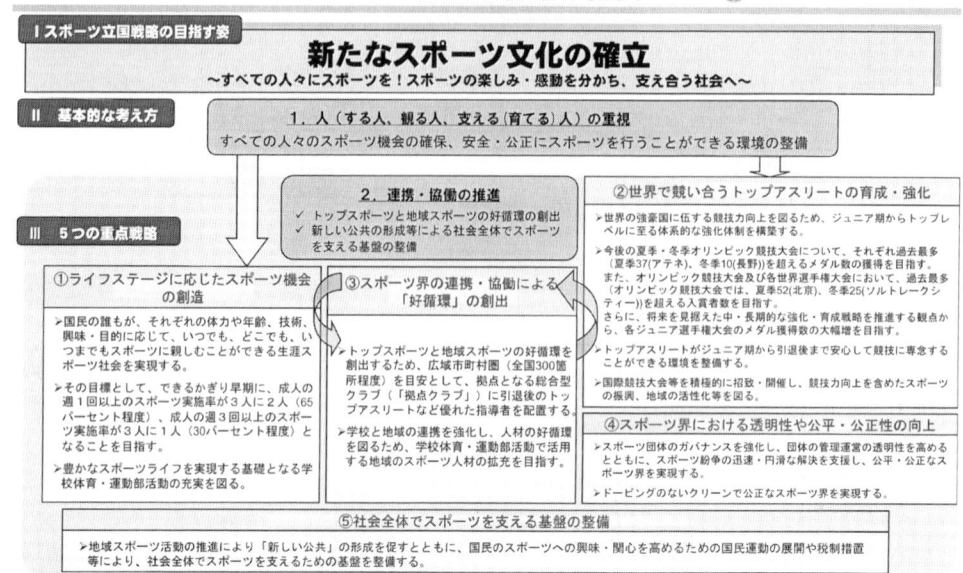

I スポーツ立国戦略の目指す姿
新たなスポーツ文化の確立
～すべての人々にスポーツを！スポーツの楽しみ・感動を分かち，支え合う社会へ～

II 基本的な考え方
1. 人（する人、観る人、支える（育てる）人）の重視
   すべての人々のスポーツ機会の確保、安全・公正にスポーツを行うことができる環境の整備
2. 連携・協働の推進
   - トップスポーツと地域スポーツの好循環の創出
   - 新しい公共の形成等による社会全体でスポーツを支える基盤の整備

III 5つの重点戦略

①ライフステージに応じたスポーツ機会の創造
- 国民の誰もが、それぞれの体力や年齢、技術、興味・目的に応じて、いつでも、どこでも、いつまでもスポーツに親しむことができる生涯スポーツ社会を実現する。
- その目標として、できるかぎり早期に、成人の週1回以上のスポーツ実施率が3人に2人（65パーセント程度）、成人の週3回以上のスポーツ実施率が3人に1人（30パーセント程度）となることを目指す。
- 豊かなスポーツライフを実現する基礎となる学校体育・運動部活動の充実を図る。

③スポーツ界の連携・協働による「好循環」の創出
- トップスポーツと地域スポーツの好循環を創出するため、広域市町村圏（全国300箇所程度）を目安として、拠点となる総合型クラブ（「拠点クラブ」）に引退後のトップアスリートなど優れた指導者を配置する。
- 学校と地域の連携を強化し、人材の好循環を図るため、学校体育・運動部活動で活用する地域のスポーツ人材の拡充を目指す。

②世界で競い合うトップアスリートの育成・強化
- 世界の強豪国に伍する競技力向上を図るため、ジュニア期からトップレベルに至る体系的な強化体制を構築する。
- 今後の夏季・冬季オリンピック競技大会について、それぞれ過去最多（夏季37(アテネ)、冬季10(長野)）を超えるメダル数の獲得を目指す。また、オリンピック競技大会及び各世界選手権大会において、過去最多（オリンピック競技大会では、夏季52(北京)、冬季25(ソルトレークシティー)）を超える入賞者数を目指す。
- さらに、将来を見据えた中・長期的な強化・育成戦略を推進する観点から、各ジュニア選手権大会のメダル獲得数の大幅増を目指す。
- トップアスリートがジュニア期から引退後まで安心して競技に専念することができる環境を整備する。
- 国際競技大会等を積極的に招致・開催し、競技力向上を含めたスポーツの振興、地域の活性化等を図る。

④スポーツ界における透明性や公平・公正性の向上
- スポーツ団体のガバナンスを強化し、団体の管理運営の透明性を高めるとともに、スポーツ紛争の迅速・円滑な解決を支援し、公平・公正なスポーツ界を実現する。
- ドーピングのないクリーンで公正なスポーツ界を実現する。

⑤社会全体でスポーツを支える基盤の整備
- 地域スポーツ活動の推進により「新しい公共」の形成を促すとともに、国民のスポーツへの興味・関心を高めるための国民運動の展開や税制措置等により、社会全体でスポーツを支えるための基盤を整備する。

IV 法制度・税制・組織・財源などの体制整備
スポーツ基本法・総合的なスポーツ行政体制の検討、スポーツ振興財源の在り方 等

（文部科学省ホームページより抜粋）

育成のために，4. 国内経済の活性化のために，5. 変わりゆく世界のトップスポーツからの社会背景についてふれたものの，論議半ばでこの立国案は廃案になった。

しかしながらこれらの提言が契機となって，ネット上で多くのパブリックコメントをもらいながら2010（平成22）年8月には「スポーツ立国戦略―スポーツコミュニティ・ニッポン―」が文部科学省から提言された。

この政策のはじめにでは「スポーツは人格の形成，体力の向上，健康長寿の礎であるとともに，地域の活性化や，スポーツ産業の広がりによる経済的効果など，明るく豊かで活力に満ちた社会を形成するうえで欠かすことのできない存在である」とした上で，スポーツ振興法の見直しを図るものとしている。新たなスポーツ文化の確立を目指し，人（する人，観る人，支える(育てる)人）の重視と連携・協働の推進を基本的な考えとして示している。五つの重点戦略として，①ライフステージに応じたスポーツ機会の創造，②世界で競い合うトップアスリートの育成・強化，③スポーツ界の連携・協働による「好循環」の創出，④スポーツ界における透明性や公平・公正性の向上，⑤社会全体でスポーツを支える基盤の整備などについて，これまでのスポーツ振興基本計画の終了する2010年以降の10年間を見据えた政策内容を提言している。内容的には，スポーツ振興基本計画の成果評価とともに，その目指す方向や具体的な目標値がより具体性を持ってくると思われる。

また，2011年6月には，50年ぶりに従来のスポーツ振興法が全面改正された。さらに，スポーツ基本法も公布・施行された（スポーツ基本法については125～127頁参照）。

（川西正志）

3 スポーツと法

「法」という言葉を聞いたときに，学生諸君はどのようなことを連想するだろうか。

テレビの刑事ドラマで犯人が逮捕されるシーンや弁護士や検事が主人公のドラマで二枚目俳優が法廷でかっこいい弁論を繰り広げているシーンを思い浮かべる人もいるかもしれない。しかし，法は堅苦しいとかスポーツ人には縁遠い存在であるというようなイメージを持っている人もいるだろう。果たしてそうだろうか。

実は，スポーツは法と縁遠い存在であるどころか，スポーツに携わる人たちにとって，法の知識ほど重要なものはないといっても過言ではない。

というのは，どのようなスポーツでも思わぬ事故は起こりうるもので，事故が発生した場合に被害者の損害はどのようにすれば法的に回復されるのか，加害者にはどのような法的責任が課されるかということが常に問題になる。また，スポーツ指導者は，リスクマネジメントの観点から，スポーツ事故の過去の判例を参考に，同様の事故を防止するためにどのような安全に対する配慮が必要であるかを十分に知っておく必要がある。また，国内スポーツ団体がオリンピックの代表選手を選出する場合には，どのような基準に基づきどのような手続きで代表の選出が行われるのかが常に問題となる。実際に代表に選出されなかった選手が国際仲裁裁判所（CAS）や日本スポーツ仲裁機構（JSAA）に提訴した事例も存在する。さらには，プロリーグで活躍するスポーツ選手の場合には，所属するチームとの間の契約問題や肖像権，パブリシティ権などの法的な権利の侵害が問題となる場合もある。また，スポーツ団体を新たに結成しようとする場合，公益法人制度に関する関連法の規定や特定非営利活動促進法の規定内容などにも精通する必要がある。これらのことからわかるように，スポーツと法は密接に関連するものなのである。

［１］ スポーツと法の関係

「法はスポーツに入らず」という法諺がある。この法諺どおり，スポーツ法学誕生以前の現代法学においては，法が宗教や家庭の問題に立ち入らないのと同様に，スポーツの問題に法は介入しないということが常識となっていた。これは，スポーツ人にとっては，スポーツのルールが第一義的に守らなければならない規範であり，国家法は間接の法にとどまることから，このようにいわれたのである。

さらに，スポーツ中の事故については，被害者も関係者もスポーツ中のことだからやむをえないとして加害者の責任を追及しない傾向があり，また，責任問題が起こっても関係者が団体内部の問題として自主的に処理する傾向があった。

さらに，スポーツ事故については，市民間の一般事故の場合とは異なる判例が成立してきた。たとえば，スポーツの試合においては，スポーツのルールを守ってプレイした結果事故が発生し，プレイヤーが傷害を負った場合には，医師による手術が傷害罪に該当しないのと同様に，正当業務行為（刑法35条）として法的責任が免除される。

さらには，どのようなスポーツにも危険が内在することから，スポーツ事故の裁判においては，プレイヤー同士が「危険」を承知の上でスポーツに従事しているとする「危険引受」の法理に基づいて，一般の事故に比べて当事者の法的責任が縮減されるという判断もなされてきた。

また，近代市民法が前提とする人間関係は，各自が独立・平等であるべきとするものである。ところが，自己の健康を維持・増進し，あるいは楽しみとして生涯スポーツに従事する一般市民は別として，スポーツにおける人間関係においては，近代市民法が前提とする人間関係とは異なる状況が存在する。たとえば，千葉正士（2001年）が指摘するように，闘争形式のスポーツにおいて，相手に対して苦痛を与えても互いに攻撃防御をする人間，複数当事者が横に並ぶ競争形式のスポーツにおいて，自己の苦痛に耐えながら相手に優先しようとする人間である。当然のことながら，このような特殊な人間関係の当事者間で発生した事故については，近代市民法の法理論が適用できないこともありうる。

以上のようなことを背景として，わが国においても法学の一分野としてスポーツ法学の必要性が提唱され，スポーツに関する法的な問題に関して専門的研究を進めるための学会として日本スポーツ法学会が1993年12月に結成された。

［2］スポーツ法学の対象

❶スポーツ法学が考察の対象とする「スポーツ」とは何か

スポーツ法学は，「スポーツ法」すなわちスポーツに関する法の学問であり，「スポーツ法」とは，スポーツに関する法規範の総称である。

どのような学問でも，その学問が考察の対象とするものが何であるかを確定しなければならない。スポーツ法学が考察の対象とする「スポーツ」については，千葉の研究によれば，R.D. マンデルが唱えた次の三要因を備えたものであるとされている。すなわち，①特定の身体運動による競争，②①を規制する「一定の規則」，③実現をめざす「特殊な象徴的様式」である。そして，これら三要因のうち②の「一定の規則」すなわちルールが存在しなければ，スポーツとして成り立たないことから，「一定の規則」が最も重要であると考えられてきた。ただし，登山や個人が健康増進のために行うスポーツなどは，三要因すべてを明確に備えているとはいえないことから，どのスポーツもこれらすべてを一様にしかも明確に備えているわけではなく，スポーツの種類によって各要因の比重は異なる。

❷スポーツ法学が考察の対象とする「スポーツ法」とは何か

次に問題となるのが，スポーツ法学が対象とする「スポーツ法」とは何かである。これについては，スポーツ法学は，スポーツに関する国家法である「スポーツ国家法」と R.D. マンデルによる「一定の規則」を含めた「スポーツ固有法」，さらにはスポーツに関する国際的な条約やスポーツの国際的な統制団体の規則等を含めた「スポーツ国際法」を対象とする。これまでの実定法学では，「スポーツ固有法」は考察の対象とされてこなかった。しかしながら，前述したように，スポーツにおいてはスポーツを規律するルールがなけれ

ばスポーツ自体が存立し得ないことから，スポーツ法学では「スポーツ固有法」も考察の対象に含めている。

❸スポーツ国家法

スポーツ国家法は，スポーツを直接規制することを目的とする国家法とスポーツの規制を直接の目的としないがスポーツの権利義務を確定する国家法に分類される。まず，前者については，憲法を頂点として，以下条約，法律，命令というように，いわゆる「法の段階構造」を成している。このことは，上位の法規の内容に反する下位の法規は無効となることを意味する。このスポーツ国家法には，自治体の条例や規則など地方公共団体で制定される法規も含まれる。また，後者には，スポーツ事故の際の刑事責任を追求する根拠となる刑法，民事責任を追求する根拠となる民法等が含まれる。

❹スポーツ固有法

スポーツ固有法には，①個々のスポーツの存立実行を可能にさせる一定の規則である「スポーツルール」，②スポーツ団体の組織と運営に関する協約や協定である「スポーツ団体協約」，③フェアプレイ，スポーツマンシップなどのスポーツ理念を基礎としたスポーツ法に固有の理念である「スポーツ法理念」がある。

スポーツルールが存在することによって，ボクシングなど相手に対して有形力を行使するスポーツは，スポーツとして存立しうるし，団体スポーツでは，ルールに基づき試合をすることが可能となる。

❺スポーツ国際法

スポーツの権利性などを定めた国際条約やさまざまな国際憲章，ならびにIOCのオリンピック憲章，国際水泳連盟，国際柔道連盟などの国際的なスポーツ統括団体（IF）の組織・運営に関する協約により構成される。

[3] スポーツの権利性

スポーツの権利性については，次のとおりこれまでさまざまな国際的な憲章で認められてきた。

❶スポーツの権利性を認めた国際憲章

(1) みんなのスポーツ憲章

本憲章は，1975年3月に開催された「ヨーロッパスポーツ担当大臣会議」において採択されたもので，「すべての個人は，スポーツを行う権利をもつ」(1条)として「スポーツ権」を承認するとともに，「…スポーツを促進するため，公共機関の適切な援助が行われなければならない」(2条)と規定し，これらの条文によって，「スポーツ権」が自由権的側面・社会権的側面の両方を兼ね備えた人権として保障されている。

(2) 体育およびスポーツに関する国際憲章

1978年11月の第20回ユネスコ総会において採択された本憲章では，「体育・スポーツの実践はすべての人々にとって基本的権利である」とし，「スポーツ権」を保障している。

さらに、同憲章では、「スポーツ権」を保障するために、体育・スポーツの教授、コーチおよび行政は有資格者によって行われるべきであること（4条）、「十分な施設と設備は体育・スポーツに不可欠である」（5条）との認識に立ち、あらゆる政府に対して「体育・スポーツの施設、設備、用具を提供する義務」を課している（5条・2号）。すなわち、同憲章は、「スポーツ権」の自由権的側面だけでなく、社会権的側面も保障していることになる。

(3) 新ヨーロッパスポーツ憲章

1992年5月の第7回ヨーロッパ・スポーツ閣僚会議において採択された本憲章の第1条ⅰにおいて「個人はだれでもスポーツに参加できる」とし、スポーツ参加の自由が保障されている。また、第3条では、公共機関がスポーツ振興活動を支援することに主要な役割を担っているため、本憲章の目的遂行のため非政府機関のスポーツ団体との密接な協力が不可欠であること、民間スポーツ団体の活動への支援、本憲章のいくつかの履行のため政府、非政府のスポーツ機関・団体にその任務が委ねられること等を定めている。さらに、第12条では、本憲章の目的遂行のために、公共基金（中央、州〈県〉、市町村レベルでの）からの適切な支援と財源が必要とされることを定めている。これらの規定により、同憲章はスポーツ権の自由権的側面と社会権的な側面を保障していることになる。

(4) IOCの現行「オリンピック憲章」

本憲章の「オリンピズムの基本原則4」で「スポーツを行うことは人権の一つである」と明記されている。

なお、これらの国際的な憲章は、国連の一機関であるユネスコやヨーロッパのスポーツ担当大臣の会議、あるいはIOCによって採択されたものであるから、わが国政府がスポーツ権の自由権的側面や社会権的側面を保障するよう法的に拘束される効力を有するものではない。しかしながら、スポーツ界の国際憲章として世界中のスポーツ団体を拘束するIOCのオリンピック憲章において、明確にスポーツを行うことが人権であると定められている意義は大きい。

また、わが国も批准している、法的拘束力のある国際人権規約（社会権規約）15条①項（a）において、同規約の締約国は「文化的な生活に参加する権利」をすべての者の権利として認めると規定していることから、「文化的な生活」を構成するスポーツ参加の自由が同条によって保障されていると解することができる。さらには、同規約12条①項では、「すべての者が到達可能な最高水準の身体及び精神の健康を享受する権利を有する」として締約国の国民の健康権を保障しており、②項で健康権を保障するための締約国のとるべき措置の内容が規定されている。健康権とスポーツ権との関係が問題となりうるが、同条によりスポーツによる心身の健康の増進が権利として保障されているとも解釈できる。

❷ 諸外国の憲法に規定されたスポーツ権

諸外国の現行憲法を散見してみると、旧東ドイツ憲法でスポーツ権が実定化されたほか、次の諸憲法において、スポーツの権利性を保障している条文が見られる。

(1) 中華人民共和国憲法

「国家は，国民の身体的フィットネスを促進するため身体文化を促進し大衆スポーツを促進する」（21条②項）と規定し，「権利」という文言は使われていないが，スポーツの社会権的な側面が保障されている。同様の規定はポーランド共和国憲法にも存在する。

(2) ブラジル連邦共和国憲法

「スポーツ活動に関するものを含めて，集団作業への個人の参加および人間の音声ならびに肖像の再生に対する保護」を保障し，スポーツへの参加の権利を保障している（5条28号(a)）。

(3) ロシア連邦憲法

「住民の保健と健康の増進の連邦プログラムに対して財政支出がなされ，国，地方自治体および民間の保健制度の発展の措置が講ぜられ，人の健康の増進，体育とスポーツの発展を…助長する活動が，奨励される」（41条2項）として，「権利」の実効性は必ずしも強いとは思われないが，スポーツの社会権的な側面が保障されている。

［4］ わが国におけるスポーツ権の現行法体系と理論状況

わが国の憲法学においては，1960年代以降，環境問題の発生や情報化社会の進展によるプライバシー保護の必要性などに対応するため，憲法13条の幸福追求権を憲法に列挙されていない新しい人権の根拠となる包括的基本権と位置づけ，裁判上の救済を受けることができる具体的権利として保障しようとする考え方が提唱された。そして，新しい人権として，プライバシーの権利，環境権，日照権などが主張され，そのうちプライバシーの権利としての肖像権が最高裁でも認められるに至った。体育・スポーツの分野においても，新しい人権として「スポーツ権」が唱えられた。

わが国におけるスポーツ権論の嚆矢となったのは，永井憲一法政大学名誉教授による「権利としての体育・スポーツ―学校教育の健康教育化のために」（体育科教育1972年12月号）の論稿である。本論文においては，憲法26条が国民の権利として保障した「教育を受ける権利」は，一人一人の国民が，その個性を生かして，自立して健康で文化的な社会生活を営むことができるようになるための権利であるという認識から，学校教育においては，単に知識・技術の習得に留まらず，健康な身体の成長・発達のための「体育・スポーツ」も，その「教育を受ける権利」に根ざすものと理解すべきだ，という提言がなされた。すなわち，この考え方は，「教育を受ける権利」は人間各人の「人権」（人間として生きる権利）が社会的に保障される基礎を習得する権利であり，いわば国民の「健康権」あるいは「人格権」の一種であって，体育・スポーツも，その権利に根拠を持つものと認められるべきだとするものである。

永井教授の「スポーツ権」論は，もともとは主に学校における「体育・スポーツ」が憲法26条の「教育を受ける権利」を根拠として考えられるべきであるという主張であった。そして，その後国民の「教育を受ける権利」が学校教育においてだけでなく，各ライフス

テージの生涯にわたって保障されるべきであると評価されるようになってからは，永井教授の理論も，国民の「スポーツ権」を学校教育に限らず，憲法26条の「教育を受ける権利」に基づき，国民のだれもが「健康で文化的な生活」を個人の個性的能力によって可能となるように教育を通じて成長し発達する権利であると位置づけている。永井教授の「スポーツ権」論は，体育界においてもスポーツを権利として考えることを日本で初めて提唱するものとして評価された。

その後「スポーツ権」に関する論稿が憲法学やスポーツ法学会所属の研究者らにより発表されるようになった。それらの理論は「スポーツ権」を日本国憲法のどの条文に根拠を有するかによって次のように分類することができる。

- 国民の幸福追求権を保障する憲法13条に求められるとする説
- 国民の健康で文化的な生活を保障する25条に求めるべきだとする説
- 自由権的側面の根拠を国民の幸福追求権を規定する13条に求め，国家にスポーツの条件整備を求める社会権的側面の根拠を25条に求めるとする説
- 勤労の権利を保障する27条に根拠を求める説

❶ 日本国憲法上のスポーツ権に関する条文

日本国憲法においては，スポーツ権に関する条文として次のような規定が置かれている。

(1) 日本国憲法13条

「スポーツ権」論の論者の中には，本条の「幸福追求権」の中にスポーツに参加する権利が含まれると解釈する見解がある。

(2) 日本国憲法25条

「スポーツ権」の憲法上の根拠を本条に求める論者は，国民が「健康で文化的な生活」をするためのスポーツを文化的権利と認識し，それを「スポーツ権」として，スポーツが行われる物的条件の整備を国に要求することができると解することができるとする。

これら (1) と (2) の条文については，憲法13条のみをスポーツ権の根拠条文にあげる見解もあるが，学会の多数説的な見解は，憲法13条によって「スポーツ権」の自由権的側面が保障され，憲法25条によって「スポーツ権」の社会権的側面が保障されるとして，両者を合わせて「スポーツ権」としての権利性を構成すると主張する。

(3) 日本国憲法26条

永井憲一教授が主張するように，日本国憲法26条で保障される「教育を受ける権利」については，教育基本権（教育人権）として，国民の主権者教育を受ける権利であるという意義を有すると同時に，「ライフ・ステージの教育を受ける権利」すなわち，人間の成長・発達の人権として「生涯自己教育権」としての意義を有する。そして，永井教授は，後者の発達権（自己教育権）に「スポーツ権」を根拠づけている。

また，日本国憲法26条に関しては，準憲法的性質を有する教育基本法第1条の「教育は，人格の完成をめざし，…心身ともに健康な国民の育成を期して行われなければならない…」の規定との関連も重要である。すなわち，永井教授が指摘するように，「心身とも

に健全な国民の育成」を目的とする教育を受けることを国民の権利として保障したのが憲法26条の規定であり，この点に「権利としての体育・スポーツ」について考える原点が求められると解することもできる。

そのほか，体育学の専門家からも，国民のスポーツ権を「健康で豊かな文化的な生活を営む権利」（健康権）や「生きる権利」（生活権）を実現するための権利であるとする説（森川貞夫）や「生存権を土台に，第一の系として環境・健康権へ，第二の系として教育・文化・スポーツ権へと分化し，環境・健康権とスポーツ権は，人格権へと統一・止揚される」とする説（伊藤高弘）が唱えられている。

スポーツ権を裁判上の救済を受けることができる具体的な権利として保障するためには，スポーツ権が芦部信喜氏による，ある権利が憲法13条の幸福追求権から導き出される「新しい人権」といえるかどうかの判断基準を満たしているかどうかが検証される必要がある。その判断基準とは，①特定の行為が個人の人格的生存に不可欠であること，②その行為を社会が伝統的に個人の自律的決定に委ねられたものと考えているか，③その行為は多数の国民が行おうと思えば行うことができるか，④行っても他人の基本権を侵害するおそれがないかということである。

さらに，永井教授が体育・スポーツの「理論的問題点」として指摘する次の諸点についてスポーツ権論を再構築する必要があると考える。すなわち，スポーツ権とは，①だれにより（主体），②いつ，どこで（範囲），③何が（内容），④どのようにして（方法・手続・制度），⑤どのような目的であるかという点である。

❷スポーツ基本法

スポーツ権に関する憲法の条文の下に，スポーツの基本理念や国・地方公共団体の責務及びスポーツ団体の努力等を示したスポーツ基本法が2011年8月に施行された。同法は，1961年に制定されたスポーツ振興法を全部改正する法として制定された。同法は，前文と本文3章・35条の条文から構成されている。

本法で注目すべきなのは，スポーツ権に関する規定が，前文および第2条で定められたことである。すなわち，第2条①項で「スポーツは，これを通じて幸福で豊かな生活を営むことが人々の権利である」ことが明記され，日本の法律において初めてスポーツの権利性を認める規定が置かれた。

また，前文では，スポーツが人格の形成に大きな影響を及ぼすこと，心身の健康の保持増進に重要な役割を果たすこと等スポーツの価値や意義が示されている。

また，第1章「総則」では，第1条：目的，第2条：基本理念を規定している。第2条の⑥項では，同法でいう「スポーツ選手」の定義として「プロスポーツの選手を含む」と定めており，アマチュアの選手のみを対象としたスポーツ振興法の定義と異なっている。また，第3条：国は，基本理念にのっとり，スポーツに関する施策を総合的に策定し，及び実施する責務を有することを規定，第4条：地方公共団体は，基本理念にのっとり，スポーツに関する施策に関し，国と連携し，その地域の特性に応じた施策を策定・実施する

責務を有することを規定，第5条：スポーツ団体がスポーツを行う者の権利利益の保護等に配慮しつつ，スポーツの推進に取り組むこと等を規定している。さらに，第6条：国民の参加及び支援の促進，第7条：関係者相互の連携及び協働，第8条：政府による法制上の措置等について定めている。

さらに，第2章では，スポーツ振興法に基づくスポーツ振興基本計画に代わる国のスポーツに関する施策の総合的・計画的な推進を図るためのスポーツ基本計画を文部科学大臣が定めることを規定している（第9条）。また，地方公共団体は，スポーツ基本計画を参酌して，その地方の実情に即した地方スポーツ推進計画を定める努力義務が定められている（第10条）。第9条に基づき，従来のスポーツ振興法に基づくスポーツ振興基本計画に代わり，2012年4月からスポーツ基本計画が施行された。さらに，2017年4月から2022年3月までの5年間の計画として第2期のスポーツ基本計画が2017年4月から施行された。

また，第3章では，第1節「スポーツの推進のための基礎的条件の整備等」に関する次の規定が置かれている。第11条：指導者等の養成等，第12条：スポーツ施設の整備等，第13条：学校施設の利用，第14条：スポーツ事故の防止等，第15条：スポーツに関する紛争の迅速かつ適正な解決，第16条：スポーツに関する科学的研究の推進等，第17条：学校における体育の充実，第18条：スポーツ産業の事業者との連携等，第19条：スポーツに係る国際的な交流及び貢献の推進，第20条：顕彰について定められている。

また，同章第2節「多様なスポーツの機会の確保のための環境の整備」では，次の規定が置かれている。第21条：地域におけるスポーツの振興のための事業への支援等，第22条：スポーツ行事の実施及び奨励，第23条：体育の日の行事，第24条：野外活動及びスポーツ・レクリエーション活動の普及奨励。

さらに，同章第3節「競技水準の向上等」では，次の規定が置かれている。第25条：優秀なスポーツ選手の育成等，第26条：国民体育大会及び全国障害者スポーツ大会，第27条：国際競技大会の招致又は開催の支援等，第28条：企業，大学等によるスポーツへの支援，第29条：ドーピング防止活動の推進。

また，第4章「スポーツの推進に係る体制の整備」では，スポーツに関する施策の総合的，一体的かつ効果的な推進を図るため，スポーツ推進会議を設け，関係行政機関相互の連絡調整を行うこと（30条），都道府県・市町村にスポーツの推進に関する重要事項を審議させるためにスポーツ推進審議会等を置くことができる（31条），スポーツ振興法の下での体育指導委員に代わり，市町村にスポーツ推進委員を委嘱する（32条）ことが定められた。

さらに，第5章「国の補助等」では，国による地方公共団体，学校法人，スポーツ団体に対する補助（第33条），地方公共団体によるスポーツ団体への補助（第34条），国・地方公共団体によるスポーツ団体への補助金交付に関するスポーツ推進審議会等への諮問（第35条）が定められた。

また，同法附則第2条では「政府は，スポーツに関する施策を総合的に推進するため，スポーツ庁及びスポーツに関する審議会等の設置等行政組織の在り方について，政府の行

政改革の基本方針との整合性に配慮して検討を加え，その結果に基づいて必要な措置を講ずる」と定められ，この規定に基づき，スポーツ庁が文部科学省の外局として2015年10月に設置された。

❸健康増進法

日々何らかのスポーツに親しんでいる一般市民にとって，スポーツは健康増進を第一の目的として営まれるものである。したがって，本法は，スポーツと密接に関連する法律であるということができる。ところが，本法は，内容的に次のような問題点を有している。

①本法では，健康を享受することが国民の権利として保障されるどころか，逆に国民に対して生涯にわたり「健康の増進に努めなければならない」（2条）と，努力義務ではあるが，「健康増進」の努力義務を課している。さらに，同法第5条において，国，都道府県，市町村，健康事業実施者，医療機関などに対して「国民の健康の総合的な推進を図るため」協力する義務を課した。

②同法施行に当たり厚生労働省から出された告示「国民の健康の増進に総合的な推進を図るための基本的な方針」においては，「多様な分野における連携」の条項で，「生涯スポーツ分野における対策」などの連携が盛り込まれた（第1条4項3号）。しかし，この生涯スポーツにおける連携について定めたこの条項においても，語尾が「必要がある」とされており，国民の健康権あるいはスポーツ権保障を前提とした義務づけ規定とされていない。

❹その他の関連立法

そのほかのスポーツに関する法律として，社会教育に関連する法律として教育基本法の社会教育に関する規定（12条），それを受けた社会教育法や地方自治法の指定管理者制度に関する規定，さらには学校体育に関連する法律として教育基本法および学校教育法，学校保健安全法などがあげられる。これらのうち，教育基本法2条では，同法1条の「教育の目的」を実現するための「教育の目標」が掲げられた。そのうち2条一号で「健やかな身体を養うこと」が盛り込まれている。また，学校教育法21条では，義務教育として行われる普通教育の目標が規定されているが，そのうち第八号で「健康，安全で幸福な生活のために必要な習慣を養うとともに，運動を通じて体力を養い，心身の調和的発達を図ること」と規定されていることが注目される。

また，福祉関係の法律である高齢者の医療の確保に関する法律（旧老人保健法）2条1項では「国民は…自ら加齢に伴って生ずる心身の変化を自覚して常に健康の保持増進に努める…」と定められている。

❺わが国現行法体系の問題点

①日本の法律で初めてスポーツの権利性を認める条文がスポーツ基本法に定められた。このことは評価できることであるが，次のような今後更に検討を要する論点が残されている。すなわち，憲法上認められているスポーツ権とスポーツ基本法で認められたスポーツの権利がどのような関係にあるのか，また，スポーツ基本法によりスポーツの権利が認められたことにより，どのような場合に同法上のスポーツの権利が侵害されたと評価できる

のか，スポーツの権利が侵害されたと評価された場合に，同法のスポーツ権が裁判規範性を有する実体的権利であるとするためには，権利が侵害された場合の救済がどのような手段・方法によって可能となるのか等を明らかにする必要がある。

②2015年10月に設立されたスポーツ庁は，文部科学省，経済産業省，厚生労働省，外務省等の省庁間の重複を調整して効率化を図り，スポーツ行政の総合的な推進を図っている。そして，従来厚生労働省が担ってきた健康増進や障害者スポーツもスポーツ庁が担うこととなった。このため，オリンピックは文部科学省の管轄，パラリンピックは厚生労働省の管轄というような，縦割行政によるスポーツ行政の弊害が解消されることとなった。但し，スポーツを通じた健康増進については，どの部分を健康増進法に基づくものとするか，あるいはスポーツ基本法に基づいてどのような健康増進に資する事業をスポーツ庁が展開するかなど，両法の境界線上に位置づけられる事業をどのように位置づけるか等の課題が残されている。

［5］予防法学としてのスポーツ法学

千葉正士氏は，スポーツ法学はスポーツ固有法をも考察の対象とするなど既存の実定法学には見られない新しい法学としての意義を有する学問であると評価している。さらに，千葉氏は，スポーツ法学が新法学として立法学や予防法学の面での役割を果たすことも期待している。

これらのうち，予防法学とは，スポーツ事故の予防のために，スポーツ事故の予防策を理論的に体系化して個々のスポーツに応じて十分な予防のための固有法や国家法を発達させることである。

たとえば，マナーやエチケットのスポーツといわれるゴルフのルールを定めた現行の「ゴルフ」規則では，「安全の確認」について次のように定められている。

「(1) プレーヤーは，ストロークや練習スイングをする場合，次のことをよく確かめるようにするべきである。
 (イ) 近くに誰も人が立っていないかどうか
 (ロ) クラブや，球や石，砂利，木の小枝などが飛んでいって当たりそうな場所に誰も人が立っていないかどうか
(2) プレーヤーは前の組のプレーヤーたちが球のとどく範囲外に出るまではプレーを始めてはならない。(以下省略)」

ここに書かれていることはゴルファーが身につけるべきマナーとされているが，ゴルフのマナー・エチケットの多くは，事故防止の観点から定められている。ゴルフ規則に見られるような事故防止のためのルールを集約して類型化することも予防法学の構築に有効な手段となりうると考えられる。(詳細については，213頁に掲載の「参考資料」を参照)

（森　克己）

課題

1. ヨーロッパのスポーツ・フォア・オール・ムーブメントの特徴を論じなさい。
2. 北米のスポーツ振興のユニークな特徴とは？
3. 日本のスポーツ振興政策の変遷と特徴を論じなさい。
4. スポーツにとって法はどのような重要性を有するかについて論じなさい。
5. スポーツの権利性について定めた国際憲章，各国の憲法としてはどのようなものがあげられますか。
6. わが国のスポーツに関する法にはどのようなものがあり，またスポーツに関する現行法体系にはどのような問題点があるか論じなさい。

【参考文献】

1) 芦部信喜『憲法』（第3版）2002年，岩波書店．
2) 千葉正士『スポーツ法学序説』2001年，信山社．
3) 千葉正士・濱野吉生編『スポーツ法学入門』2001年，体育施設出版．
4) 保健体育審議会「体育・スポーツの普及振興に関する基本方策」1972年．
5) 保健体育審議会「生涯にわたる心身の健康の保持増進のための今後の健康に関する教育及びスポーツの振興の在り方について」1997年．
6) 川西正志，野川春夫『生涯スポーツ実践論』（改定2版）2007年，市村出版．
7) 文部科学省「スポーツ振興基本計画」2000年．
8) 文部科学省「スポーツ立国戦略－スポーツコミュニティ・ニッポン」2010年．
9) 文部科学省「スポーツ基本法」（平成23年法律第78号）2011年．
10) 文部科学省「スポーツ基本計画」2011年．
11) 文部科学省「第2期スポーツ基本計画」2017年．
12) 森克己「教育人権とスポーツ権」『憲法と教育人権』2006年，日本評論社．
13) 永井憲一『教育法学の原理と体系』2001年，日本評論社．
14) 小笠原正監修『導入対話によるスポーツ法学』2005年，不磨書房．
15) 小笠原正・諏訪伸夫編『スポーツのリスクマネジメント』2009年，ぎょうせい．
16) 奥島隆康「スポーツ基本法制定の意義と課題」ジュリスト1433：2-6, 2011年．
17) SSF笹川スポーツ財団「諸外国におけるスポーツ振興政策についての調査研究」2005年．

column

イギリス・スポーツ団体におけるチャイルド・プロテクション

　イギリスにおいては，1989年，子ども法（Children Act 1989）などの制定法によって親などによる虐待を予防し，虐待されている子どもを保護するチャイルド・プロテクション（child protection；以下CPと略）の制度が設けられている。このCPの考え方は，スポーツ分野にも導入されてきた。

　それは，ソウル・オリンピックのイギリス水泳チームのコーチが少女たちに対して性犯罪を行ったことを契機としてイギリス・アマチュア水泳連盟によって始められた。そして，イギリス政府から資金を提供されているすべてのスポーツ団体にCPの制度を導入するために，2001年にCPSU（Child Protection in Sport Unit）が設立された。

　イギリススポーツ団体のCP制度の最も重要な特徴は，コーチング認証制度（以下UKCCと略）の教育プログラムの内容にCPの知識を修得することが含まれていることにある。このUKCCの制度は，2002年7月に文化・メディア・スポーツ省のコーチング特別専門委員会・最終報告書において，全国に3,000人のフルタイムで資格のあるコミュニティコーチを雇用することなどのほか，5段階のコーチングの国家資格制度の創設が提言されたことに基づき，スポーツ種目に横断的な共通のコーチング認証制度として創設された。

　CPSUは，子どもや青年のための安全なスポーツ環境を創造し危害から守ることなどのために，スポーツにおけるCPの基準として2002年に「スポーツにおける子ども保護に関する基準　第2版」（以下「CPSU基準」と略）を策定した。同ガイドラインは，スポーツ団体のガイドラインの基準となっている。その一環として，イギリス柔道連盟（以下BJAと略）でも，2002年にCPのガイドラインを策定,改訂を経て2008年に新ガイドライン（2分冊）を策定した。

　BJAのガイドラインでは，柔道指導における子ども虐待の予防や対応だけでなく，組織内の職員やボランティアによる虐待の疑いを通告した者の保護，職員やボランティアについて刑事記録局によるチェックを実施することにより不適格な大人が子どもと関わることを排除することや子どもの肖像権の保護までも取り扱う広範な内容が含まれている。

　また，同ガイドラインでは，1989年子ども法と同様に，虐待の五つの形態として身体的虐待，性的虐待，心理的虐待，ネグレクト，いじめをあげている。これらの中で「いじめ」については，嘉納治五郎の「自他共栄」（Mutal Welfare and Benefit）の精神を取り上げ，「自他共栄を促進することがわれわれのスポーツの核心である」とし，「柔道家はいじめをしない」ことを特に強調していることが注目される。そして，イギリスにおいて専門的な柔道指導者の資格を獲得しようとする者はだれでも，このガイドラインを学び実践することが求められている。

　BJAをはじめイギリスにおけるCPと結びついたコーチング認証制度は，わが国におけるスポーツ指導者の公的な資格制度を構築することにおいて非常に示唆に富むものであるといえる。ただし，同制度にはバランスの問題があるという指摘もある。すなわち，若いアスリートは指導者からの支援と激励を必要とする一方で，不愉快にさせるあらゆる形態での激励や虐待は暴露され排除される必要がある。この問題は今後解決すべき課題となっている。

（森　克己・山田理恵）

第10章

総合体力と
トレーニング科学

> **本章の
> ねらい**
>
> これまで，人間の身体能力は体力・運動能力として身長や体重などの形態の面からと筋力，持久性などの機能の面から，また精神的な面から説明されてきた。その基本的考え方を理解しながら，脳機能を含め，「心・技・体」を統一・総合的に考える。またトレーニングの科学的な考え方について述べる。
>
> キーワード：体力，総合体力，スキル，心・技・体，トレーニング科学

1 「体力」を考える

●運動は脳によってコントロールされている

米国のメジャーリーグで活躍しているイチロー選手のようなすばらしい走・打・投の能力はほぼ全身の筋の働きの結果であり，脳・神経系によってコントロールされている。人間の日常動作，たとえば歩く，字を書く，話をする，これらすべて脳から神経を通じて筋を動かした結果なのである。運動の遂行には大きくは，①神経系，脳による制御，②筋・骨などの運動器，③エネルギーの供給によって成り立つといえよう。運動は「体力」であって，「脳力」には無関係だという誤解がある。これは，体力という用語の混乱からくるものである。そもそも知的活動，創造的な芸術活動ですら身体の運動から生じるものである。このことは案外，気づかれないことが多いと思われる。パソコンに文字を入力し，文章を書く，絵画を描く，ピアノを弾くこれらすべて脳が身体運動を司っている結果なのである。このようにみてくると，文化的な知の創造も含めてすべて身体の運動から成り立つといえよう。まさに，脳のアウトプット（出力）は筋であることがわかる（養老，1998）。

[1] 総合体力とは

　これまで体力をどう考えるかについて多くの研究者が議論を重ねてきた。体力は多面的に現れる現象を、総合的に評価し把握するものであるから、体力の要素を（x, y, z, w,…）とすると、体力Fは相対的に、F = f (x, y, z, w,………) という関数関係で表される（福田,1968）。多くの要素によって体力はダイナミックに変化する。これらの要素をどう決め、測定・評価し総合するかについてはその時代の科学技術に依存することが多く、なかなか統一した体系をつくりあげることが難しかった。猪飼（1968）は「外からのストレスに対し防衛し自分の健康を維持しようとする」防衛体力と「身体が外界に対し積極的に発揮する能力」としての行動体力の要素があるという考え方を示し、受け入れられてきた。

　そこで最近のスポーツ科学の展開を踏まえ、トレーニングに焦点を当てた「総合体力(Synthetic Fitness)」として示した（図10-1）。これは身体の外に表れる「行動系」を①エネルギー的要因（体力）、スキルや巧緻性に関わる②サイバネティクス的要因（体力）、それに心理的要素の大きい③心理・精神的要因（体力）に分けた。さらに外界から身体を防衛し、抵抗する機能を「抵抗・防衛系」として、体温を調節したり、免疫機能や身体の適応能力に関わる系を行動系と対比させた。

❶エネルギー的体力

　行動体力の中身についてどのくらいエネルギーを持っているかは、その量と、どれくらい続くかという持久性の要素からみることができる。物理学的にエネルギーとは「物体が持っている、仕事をすることができる能力」であり、生物学的には「食物を摂り発育を遂げ、また摂取した食物を消化・吸収して獲得したエネルギー」といえよう。このエネルギーによって人間は呼吸し、心臓を収縮させ、筋を収縮させ動きができる。動くことによって力（force）を発生させるが、この力は有酸素的エネルギー系と無酸素的エネルギー系と

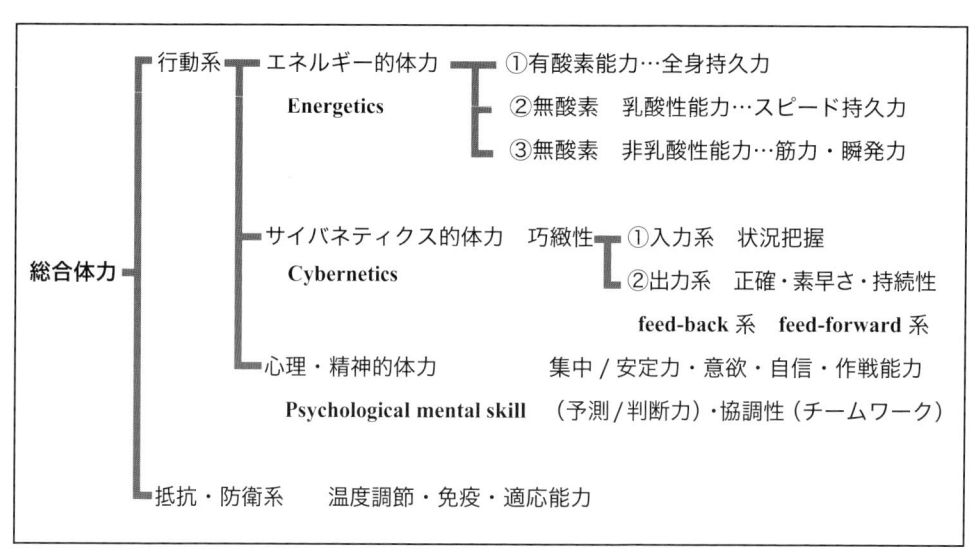

```
総合体力 ─┬─ 行動系 ─┬─ エネルギー的体力        ┬─ ①有酸素能力…全身持久力
          │          │   Energetics            ├─ ②無酸素　乳酸性能力…スピード持久力
          │          │                          └─ ③無酸素　非乳酸性能力…筋力・瞬発力
          │          │
          │          ├─ サイバネティクス的体力　巧緻性 ┬─ ①入力系　状況把握
          │          │   Cybernetics                   └─ ②出力系　正確・素早さ・持続性
          │          │                                    feed-back 系　feed-forward 系
          │          │
          │          └─ 心理・精神的体力     集中／安定力・意欲・自信・作戦能力
          │              Psychological mental skill　（予測／判断力）・協調性（チームワーク）
          │
          └─ 抵抗・防衛系　温度調節・免疫・適応能力
```

図10-1　総合体力（Synthetic Fitness）の考え方

いう代謝プロセスにより生まれる。低強度の運動では主に有酸素的エネルギー供給系によりまかなわれ、激しく強い運動と中程度の運動は無酸素的エネルギーによってにまかなわれる。無酸素的エネルギー供給系をさらにATP-CP系（非乳酸性）と乳酸系の二つに分けたほうが人間のエネルギーのつくられ方と使われ方を理解しやすい。つまり、運動は主に3種

1. 低強度運動　酸化系（有酸素性運動）
   H_2OとCO_2を生むTCAサイクル　有酸素性機構

2. 中程度運動　乳酸系（無酸素性運動）
   乳酸ができる乳酸性機構

3. 激しく強い運動　ATP-CP系
   乳酸をつくらない非乳酸性機構（無酸素性運動）

図10-2　運動は3種類に分けられる
（筋線維にATPを供給するシステム）

類のギアによって成り立つといってよいだろう（図10-2）。運動中、特に最大運動中では運動の継続に伴いエネルギー出力の依存するATP生成系が変化する点に注意する必要がある。人間が外部に発揮された物理的な量は、パワー（仕事率：力と速度の積）で統一的に表すことができる。この低強度の領域をローパワー、中強度をミドルパワー、激しく強い強度をハイパワーと表現すると、体力の指標と関連させると持久性、スピード持久性、瞬発力となる（図10-3）。

　有酸素的エネルギーによる運動を可能にするのは、筋を構成する筋線維の中でも遅筋線維(slow twitch fiber：ST線維)である。ヒトが食事から摂った栄養素から代謝（消化・吸収）し、有酸素運動に必要なATP（アデノシン三リン酸）を大量生産するのはこのST線維である。いうまでもなく呼吸することにより多くの酸素を体内に取り入れ、消費しながら運動が合理的に行われる。この過程はTCAサイクルによりまかなわれ、持久性に優れている。無酸素的エネルギーは速筋線維（fast twitch fiber：FT線維）が担う。これは前述したように中程度の出力と激しく強い出力を生む筋線維が支え、スピードやパワーの源となる。栄養の代謝過程で表現すると、無酸素の中でもそれぞれ乳酸性および非乳酸性機構が分担し、エネルギーを産出する。このようにヒトは出す力の大きさ、持久性、疲労に対する抵抗性など生理学的な要求に合わせるため、栄養の代謝過程を見事に整備しているのである。このことを知った上で、これらの線維群を選択的にトレーニングすることが試みられ、トレーニング科学として展開される。図10-3は運動単位のタイプによる生理学的特徴、エネルギー発生機構、エネルギー系体力、出力パワーを連続的にとらえ、さらにトレーニング強度まで関連させたものである。究極的に筋線維レベル（運動単位）への負荷方法、そし

運動単位の生理学的タイプ	エネルギー発生機構	エネルギー系体力	出力パワー	トレーニング強度（％ 1RM）
遅筋線維　Sタイプ slow twitch fiber	有酸素性 （酸化系）	全身持久性	ローパワー	30〜50
速筋線維　FRタイプ first twitch fiber	無酸素性 乳酸性パワー（解糖系）	筋持久力 スピード持久性	ミドルパワー	60〜70
FFタイプ	（ATP-CP系） 非乳酸性パワー	瞬発力	ハイパワー	80〜100

図10-3　運動単位タイプ・代謝系・エネルギー系体力・出力パワーとトレーニング強度の関係

て栄養（代謝過程）を総合した一貫した考え方が重要である。

❷サイバネティックス的体力

行動体力の要素にサイバネティックス（cybernetics）に属するものがある。サイバネティックスという用語は工学の自動制御の意味で用いられ，生理学では神経系の統合作用（integration of nervous system）をさす。またスキル（skill：巧緻性，調整力）と呼ばれ，神経生理学的には coordination（供応作用），運動の制御（motor control）の領域になる。「スキルというのは運動制御能力のうち，随意的な要素をさすものである。すなわち，意志によって身体を転倒から守る能力や意思によって身体各部の動きを合目的的にまとめる能力や，いかなる動作をすべきであるかという判断などによってスキルは構成されるということになる。こう考えれば，スキルは体力の一要素であるといえよう」。近年の脳科学の進歩のスピードには驚くばかりであるが，たとえばイチロー選手のすばらしい打撃のバットコントロールを計測し評価することははなはだ困難である。最近の研究から人間の筋の運動単位の motor control レベルから基本的なたとえば歩行などの神経生理学的メカニズムがおぼろげに見え始めたくらいである。人間の神経系のコントロールの巧拙を体力の要素としてとらえるには，パフォーマンス（表出されたもの）として測定可能でないといけない。スポーツをはじめ，あらゆる動作の上手下手は脳の働きの善し悪しで決まる。われわれが体を動かす場合には，必ず脳が働き，知覚，記憶，判断，予測等を行い，それに基づいて運動のためのプログラムを作成し，実行している。運動とは人間が長い間，知恵を絞って作り上げた文化であり，時代，地域などによってパフォーマンスは多岐にわたる。

スキル（巧緻性）は体力の中のサイバネティックス的調整系の中の一つの特性として取り扱ったほうがわかりやすい。大築（1988）はスキルを感覚神経の入力系と運動神経の出力系に分類した（図10-4）。状況把握能力は視覚や運動感覚（筋感覚，筋運動感覚 kinesthesis）に基づいて状況を把握する能力である。正確さは動作を性格に行う能力であり出力系の能力である。素早さは二つあり，動作開始の早さと動作の切り替えの早さである。スキルの第四の要素は持続性であり，俗に集中力と呼ばれる能力に近い。

運動は脳による支配を受けることから，脳の構造を知ることなしにサイバネティックスからみた体力の成り立ちは理解できない。図10-5は末梢神経系を分類した図である。直接，筋を活動させるのは

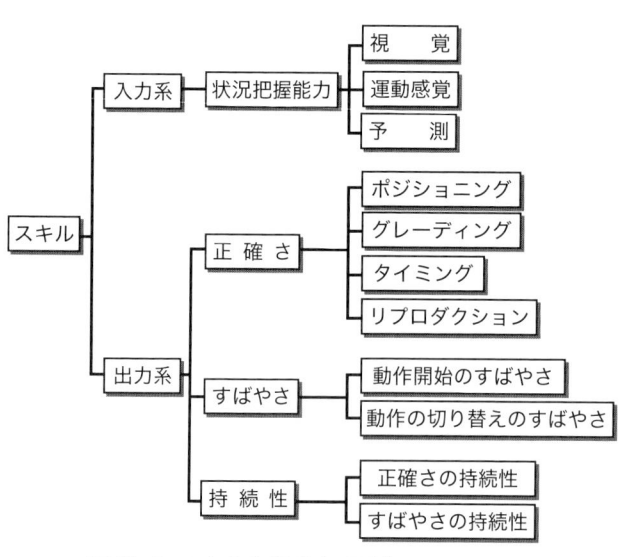

図 10-4　スキルを構成する要素（大築，1988）

運動神経で脊髄から出ている。筋などから脊髄に感覚情報が入力され，感覚神経という。この二つの神経を体性神経という。

全身の筋，約430個は脳と脊髄から発する運動神経によって見事に美しく配線されている。この運動神経は脳の働きによって支配される。よって運動，動作が上手くいくかどうかは脳のコントロールいかんによるのである。

脳の構造を図10-6に示す。これは脳の矢状断面をみたものである。脳の幹ともいえる脳幹部に中脳，橋，延髄といわれる部分がある。中枢神経系は脳と脊髄から成っている。脳の働きは現在よく知られてきたが，まだまだ未知の部分ばかりであるが，おおよその機能局在が提案されている。

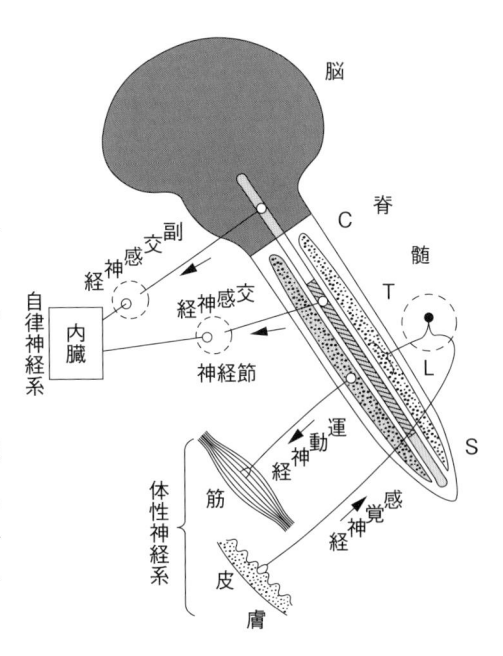

❸心理・精神的体力

スポーツ競技などの場面によって上がりやすい人と日頃のパフォーマンスをうまく発揮できる人がいることは日常よく目にすることである。このような集中力に関わる心理的要素，また意欲を高めたり，対人，チームの中での協調性に関係する要素がありうる。

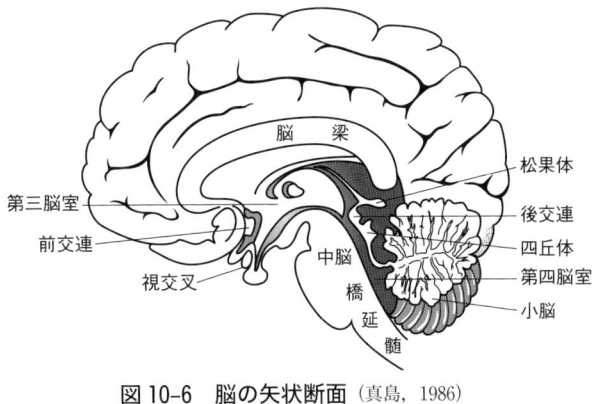

図10-5 末梢神経系（真島，1986）

図10-6 脳の矢状断面（真島，1986）

2 体力と競技成績とトレーニング科学

［1］欧米における体力

英語で体力に相当する言葉は，フィジカル・フィットネス（Physical Fitness）で"からだ（身体）が人間生活のさまざまな要求に適応しうる能力"という意味である（石河，1987）。米国でも体力を定義することは困難であったようだ。理由は体力と健康の関係があいまいであることと体力を測るテストの項目を選ぶのが難しかったからである（KarpovichとSinning 1971）。キュアトンは体力の要素を筋力，敏捷性，スピード，パワー，

平衡性，柔軟性，持久力，協応性としている。

［2］競技成績とトレーニング科学

　ここでスポーツで重要な競技力と体力と技術の関係をみてみよう。体力と技術がどう作用し，最終的に成績に反映するのであろうか。猪飼（1967）は考え方を以下の式に表現した。

　　　競技力　＝　体力　X　技術

　ここで競技力というのはスポーツの記録を出す能力であり，演技を遂行する能力であり，また攻撃し防御する能力である。日本では古くから「心・技・体」という考え方が使われてきた。こころややる気に相当するものを加えると，

　　　競技力　＝　体力　X　技術 X　気力

そのためのエネルギーは体力という人間の持つ能力から供給されるものであり，このエネルギーを利用して目的のため必要な行動を構成するものが技術であると考えた。それはPerformance に相当する。しかし，体力×技術で示したときの掛け算符号がなにを表すか不明であったので後に以下の式を提案している。

　　　$P = C \int E(M)$　　　（猪飼，1972）

　Pはパフォーマンス（成果），Cはサイバネティックス，Eはエネルギー，Mはエネルギーが動員される際の意志の作用（モティベーション；動機づけ）を表す。E（M）としたのは自由エネルギーが動員因子に支配されることであり，エネルギーはサイバネティックスにより積分されていると説明した。

　このモティベーションという心理的作業は，競技選手の取り組みの深まりや広さで大きく成績やトレーニングに影響する。特に指導者は選手にいかに動機づけの工夫（トレーニング）を行い，具体的な課題や問題意識をもたせるか重要な役割を持つ。競技レベルの高い熟練者ほどこの心理的要素のトレーニングをすることにより高い競技成績をえることができよう。

　競技成績を向上させるのにどのようなトレーニングがよいのだろうか？　この問いへの解答は年々進歩しているといえよう。最新の科学技術レベルを総動員すればするほど多くの要素が関与する。環境（高地・低地），運動用具・ウエアーから食事の戦略まで，競技者に関わってその人の体力要素，技術的要素に心理的要素が複雑に絡んでくる。スポーツ種目にもよるが初心者ではまず基礎的な体力要素が問題となろう。中級クラスではよ

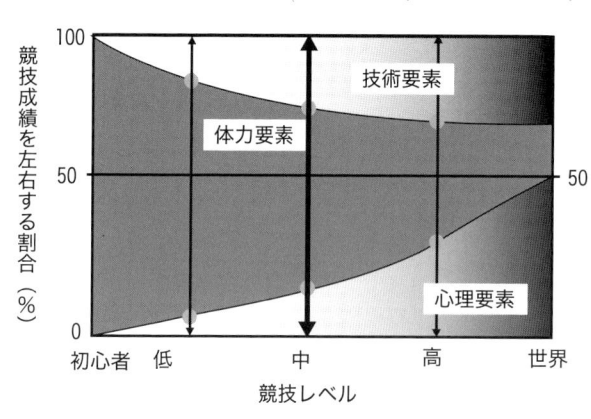

図10-7　競技成績を左右する各競技レベルの心理・技術・体力要素の割合

り専門的体力と技術的に習熟することが重要である。そして上級者から世界的なアスリートになればその競技種目に特化したトレーニングとさらに試合を左右するメンタルコントロールの占める割合が大きくなるといえよう（図10-7）。いずれにしろサイエンスとテクノロジーの発展と調和のなかで体力の考え方を柔軟に対応し，トレーニングについて多くの要素から最適解を求める限りない努力が重要であろう。

［3］心・技・体とこころ

最後に心・技・体といわれる「心」の中身について述べよう。以前から「心」には「知」「情」「意」という三つから成り立ち（時実,1976），「知」は認識や知識に関わり（大脳の頂頭葉），「情」は価値判断，情動（大脳辺縁系），「意」は意志であり計画や制御などに対応する（大脳の前頭葉）とされてきた。伊藤（1996）は，これらに共通して関わる「記憶と学習」があり，さらにこれらを総合して「意識」が頂点に位置しているとした。実際，こころとはこころの動きともいい，①脳の表層の大脳の前頭葉（新皮質），②頂頭葉（新皮質）と，③脳の深い部分に位置する大脳辺縁系，この三つの時々刻々の情報のやりとり，対話から生まれるとみられる。松本（日本物理学会編著『脳・心・コンピュータ』，1996）は，人を動かすものは何かを考え，人は情が受け入れられ（情動情報として価値を認めたとき），意欲がわき（脳が活性化し），知が働く（大脳皮質などの認知情報処理がよく行われる）といい，「脳は意欲で働くコンピュータである」と表現している。まさに人は好きだからスポーツを続け，まわりの人びとに理解され支えられて，最高のパフォーマンスを発揮するのである。

3 トップアスリートのサポートシステム

めざましい21世紀の科学技術の進展は，スポーツ科学の分野に応用されてきた。特に映像の分野では高速ビデオの性能向上（1秒に数千コマの撮影）によりフィールドプレーヤーの挙動がすぐに可視化され，分析されアスリートや監督・コーチにフィードバックされ参考にされるようになった。また低酸素室のような特殊環境装置やトレーニング負荷装置によるパフォーマンスの向上とその分析・評価が進められるようになった。これらの情報が監督・コーチ・選手に伝えられ成果があげられてきた。

図10-8は選手，チームや監督を取り巻き，支える組織について概観したものである。これは個人スポーツとチームスポーツでは異なるが一般的モデルとして表したものである。スポーツ医学専門のスタッフは，整形外科医・内科医・歯科医・理学療法士らがメディカルチェックから始まり，疾病・スポーツ傷害などのリハビリテーションから予防まで・体調管理・時差管理・ドーピングコントロールにまで関わる。またスポーツ選手の貧血，運動器のオーバーユース症候群などに注意が払われている。アスレティックトレーナは選手の広くスポーツ傷害の予防（治療）からフィールドへの復帰（リコンディショニング）・メディカルケア，テーピングなどに関わりケガを防ぐ役割を果たす。スポーツ科学スタッ

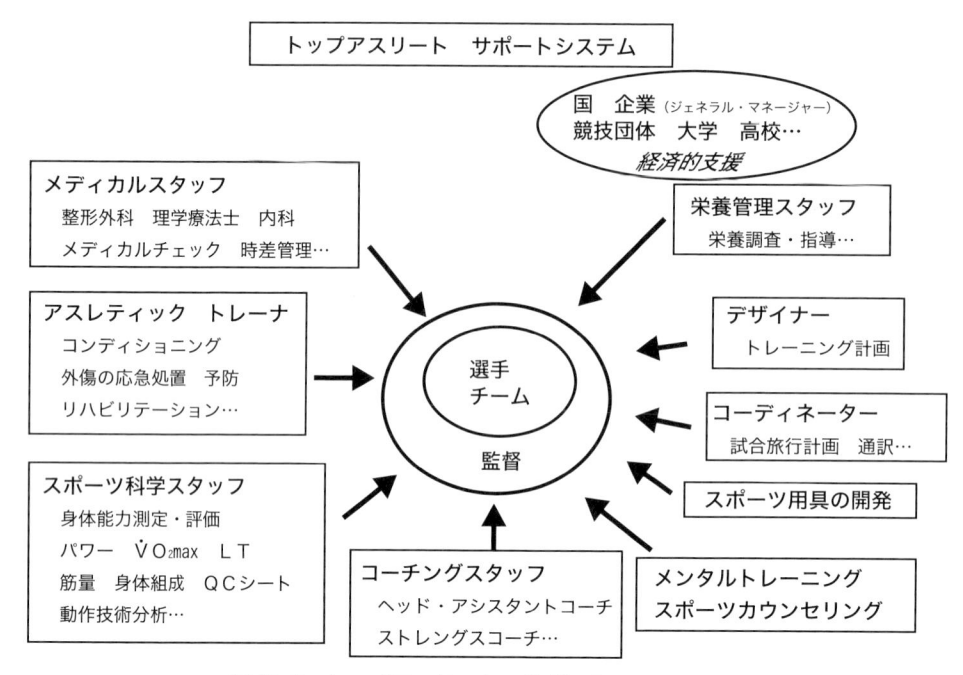

図10-8 トップアスリートのサポートシステム

トップアスリート　サポートシステム

- **国　企業**（ジェネラル・マネージャー）　**競技団体　大学　高校…**
  経済的支援

- **メディカルスタッフ**
  整形外科　理学療法士　内科
  メディカルチェック　時差管理…

- **アスレティック　トレーナ**
  コンディショニング
  外傷の応急処置　予防
  リハビリテーション…

- **スポーツ科学スタッフ**
  身体能力測定・評価
  パワー　$\dot{V}O_2max$　LT
  筋量　身体組成　QCシート
  動作技術分析…

- **栄養管理スタッフ**
  栄養調査・指導…

- **デザイナー**
  トレーニング計画

- **コーディネーター**
  試合旅行計画　通訳…

- **スポーツ用具の開発**

- **コーチングスタッフ**
  ヘッド・アシスタントコーチ
  ストレングスコーチ…

- **メンタルトレーニング　スポーツカウンセリング**

中心：**選手　チーム　監督**

フは選手の専門的体力・運動能力を測定し分析・評価する。パワーや最大酸素摂取量など，またQC（quality control）シートで選手の生活状態，栄養状態，目標や達成課題などについて分析する。これら結果はストレングスコーチによりレジスタンストレーニングなどのメニューが組まれ，実行に移される。コーチングスタッフは主に技術的に特別なポジション，たとえば野球の投手，打撃のコーチをアシスタントコーチと共同で行う。心理的サポートがメンタルトレーニングとして大事な試合であがらないで実力を発揮できるようにしたり，集中力を高めたり，スポーツカウンセリングでは選手の心理的問題，ケガの受容・チームへの不適応・試合後の燃え尽き症候群・選手引退時に対応したり，悩み・苦しみに寄り添う取り組みがなされる。1年間あるいはオリンピックでは4年の長さでトレーニングの計画をデザインするデザイナーが必要とされる。コーディネータは試合や遠征の宿泊施設，配車の手配を行い，外国遠征の際は通訳も兼ねよう。食事はトレーニングの重要な項目であり，栄養士らが専門的な立場からマラソンやパワー系選手特有の食事メニューをつくり，調理師が食事をつくる。このような組織的な支援がトップアスリートを育てる際に有効となろう。

　これらのシステムは国家レベル，プロのレベル，実業団，大学，高校，中学校，クラブチームなどさまざまなレベルが想定できよう。人と予算の関係から一人で立ち向かう場合もあるだろうが，お金をかければいいというのではなく，役割を理解し最終的には熱意をもって当たるべきであろう。

4 スポーツの広がり―産業界・学術・行政

　スポーツは，今や現代社会に生きるすべての人びとにとって欠くべからざるものになっている。スポーツを行うことは健康的で豊かで活力に満ちた生活や社会をつくり出すことに関わるといえよう。一方，青少年にとってのスポーツとは心身の健全な発達を促進し，フェアプレイ，克己心，自己責任の精神を養い，豊かな心と人に対する思いやりの心をはぐくむ。またトップアスリートのひたむきな姿は，子どもたちに感動と夢を与えるとともに，オリンピックやサッカーのワールドカップの応援は世界へと視野が国際的に広がる機会を与えるものである。

　これらのスポーツの広がりを支えるものとして科学的知識や科学技術の進展が重要な鍵を握っている。たとえば，サイエンスに裏づけられたトレーニング方法やバイオメカニクスの手法，あるいはスポーツ傷害の予防のためのスポーツ医学にかなった野球のバッティングや投球フォームの開発が進められよう。さらに陸上競技のシューズやトラックなどの新素材による記録の向上に代表されるようなサイエンスとテクノロジーがうまく協力・融合しあうことによって新しいスポーツシーンが開けてくる。また，これらの技術革新により子どもから成人，中高齢者までのライフステージに応じて多くの人々が恩恵にあずかり，運動環境が整えられ，個人スポーツから集団スポーツまでレベルに応じて楽しむことができるよう行政レベルで運動環境が整えられつつある（図10-9参照）。

　このような取り組みが「スポーツサイエンステクノロジー展」として東京・ビッグサイトで3日間にわたり行われた。さまざまな大学・政府機関や企業の研究部門の研究成果が

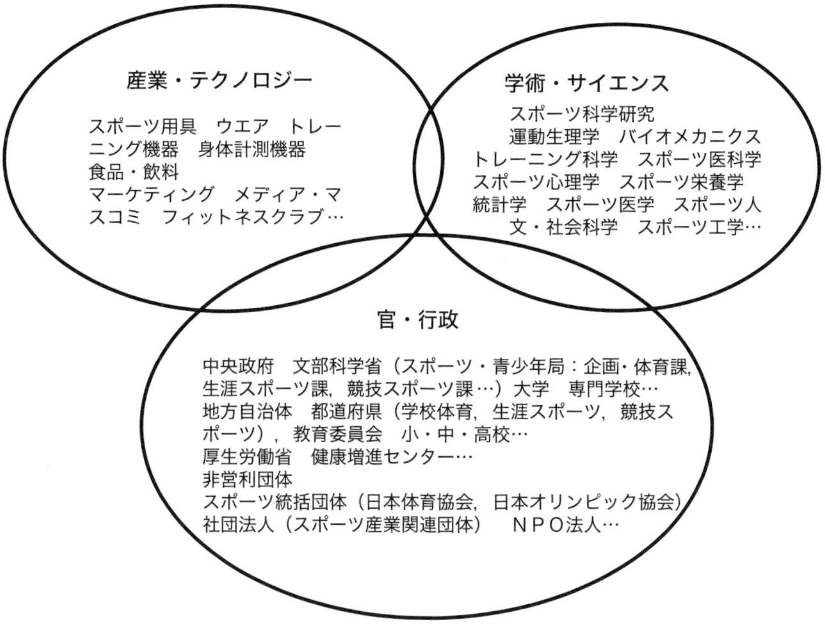

図10-9　産業，学術，官・行政におけるスポーツの広がり

一同に会し，情報を交換し，スポーツ人口の多い人気のあるスポーツ種目に焦点をあて，セミナーやオリンピックのメダリストの講演会などを実施した。実行委員会として鹿屋体育大学が関わり，行政では文部科学省などが後援し，スポーツ人口の増加，競技力アップ，スポーツ指導者の資質を高めることを目的とした。プロとアマスポーツ部門ではケガの防止から，スポーツ栄養の効果的な指導について焦点があてられた。子どもの基礎体力向上から高齢者の健康増進・体力向上という生涯スポーツを支えるためのサイエンスでは身体機能向上の観点から，また指導者・トレーナーには効果的なフィジカル・メンタル両面に関わる情報が公開された。テクノロジーの分野からスポーツ愛好家や競技者を支えるウエア・スポーツ用具，トップスイマーのウエア最新技術の紹介がなされた。

今後，社会・経済的にスポーツ市場をさらに活性化させるために，小・中学校，高校の生徒や大学学生へのスポーツの広がりに関する啓蒙活動，体育・スポーツ関連学部等への学生へのスポーツ産業界への関心を高めることがなされよう。このようにスポーツ愛好家からトップスリートまで，よりいっそうスポーツ人口を拡大させるために行政，スポーツ産業界，大学など，いわば産・学・官の活発な交流が進められることが重要である。

（西薗　秀嗣）

課題

1. エネルギー的体力とサイバネティックス的体力の構成要素をまとめなさい。
2. スキルの四要素とは何か？　自分の好きなスポーツで具体例をあげ，説明しなさい。
3. 初めてトレーニング効果を実感したときのことを話し合ってみよう。
4. 将来の職業としてどの分野が魅力的か図 10-9 を見て考えてみよう。

【参考文献】
1) 猪飼道夫『運動生理学入門』1970 年，杏林書院.
2) 大築立志『「たくみ」の科学』1988 年，朝倉書店.
3) 宮下充正編著『体力を考える－その定義・測定と応用－』1997 年，杏林書院.
4) 西薗秀嗣編著『トレーニング科学の活用テクニック―スポーツ選手と指導者のための体力・運動能力測定法』2004 年，大修館書店.

第 11 章

子どもと体育・スポーツ

> **本章のねらい**
>
> 子どもの体格（身長，体重）は向上したものの，体力・運動能力は低下していることが指摘されて久しい。これは人間を取り巻く環境の大きな変化が，子どもの運動や遊び，スポーツを減少させていることによるものであろう。また，日常生活での活発な身体運動が少なくなると健康な身体のみならず，心の発達にも重大な影響を及ぼす。もともと子どもは運動・スポーツが本当に好きである。つい熱中し，足が痛くなっても，人にはだまって試合のための練習に熱中し，ケガをしてしまうケースが多い。このことに熱心な親や指導者がつい荷担してしまう場合もあり，子どもの夢が大きく挫折することも多い。このことを避けるためにも発育期のからだや機能がどう変化していくのか？　スポーツ種目とケガの関係は？　子どもに合った運動やトレーニングをどう考えるとよいかみてみよう。
>
> キーワード：発育期，スキャモンの発育曲線，体力・運動能力の発達，オーバーユース

1 子どもの発育

❶発育期に関わる用語と区分

発育（growth）は胎内生活と生後20年における主要な生物学的活動をいう（Malina and Bouchard, 1995）。ヒトの発育期に関わる用語についてみてみよう。表11-1は文部科学省，厚生労働省の定義を示す。本文での「子ども」という表現は乳幼児から20歳未満の未成年とした。小児科の領域で「小児」が慣用で用いられている。人体の発育と用語をまとめる。

新生児	neonate	出生後4週間
乳児期	infancy	満1歳まで
幼児期	early childfood (preschool)	1～6歳
青少年期	adolescence	男　10ないし12～20歳
		女　 8ないし10～18歳
思春期	puberty	男15歳
		女13歳

また，文部科学省の保健体育審議会のライフステージの区分と年齢（表11-2）を示す。

表11-1　発育期の区分

	年齢（歳）																				
	1	2	3	4	5	6	7	8	9	10	11	12	13	14	15	16	17	18	19	20	21
厚生労働省	乳児	幼　児					少　年														
							児　童														
文部科学省			幼稚園幼児				小学校児童						中学校生徒			高等学校生徒			大学生		

❷発育に関する用語（表11-3）

おおよそ「発育」は大きさが増すこと，「発達」は働き，機能がすすみ進歩することで，「成熟」は十分に発育発達することを意味する。一般的には「発育」や「成熟」は同様に用いられるが「発達」

表11-2　ライフステージの定義　（保健体育審議会，1997）

区　分	おおよその年齢層
乳幼児期	〜6歳ごろ
児童期	〜12歳ごろ：小学校　◀ 学童期
青年期前期	〜18歳ごろ：中学校・高等学校　◀ 思春期
青年期後期	〜25歳ごろ：高等教育段階・就労
壮年期	〜30歳ごろ：就労
中年期	〜60歳ごろ：就労・退職
老年期	〜60歳ごろ以降

（成長期／青少年期／成人期）

は広範な意味で使われることが多い。「発育」と「成熟」は，遺伝子・ホルモン・栄養素・個人の生活環境などの相互作用により決まり，複雑である。また「遺伝か環境か」「氏か育ちか」といわれるが，個人の遺伝子型（遺伝子構造）は潜在的なものであり子どもの環境によって影響される。子どもの身体・生理学的特性は観察可能な形態や運動機能（表現型）として現れ，遺伝子型と育てられた環境との産物である（Malina and Bouchard 1995）。

❸スキャモンの発育曲線（図11-1）

スキャモンの発育曲線は異なる組織器官の発育（大きさ）を曲線化したもので，各年齢に対する値は20歳時を100として%で示されている。各組織器官系は成熟がほぼ終了するとみなされる20歳時まで独自の発育プロセスをたどり，ピークがいつ訪れるか，その順序や相対的な変化をみることができる。神経系曲線は脳・神経系にかかわる組織器官の発育で7歳までに全体の95％に達する。子どもが頭でっかちな理由がここにある。生殖型曲線について生殖器の組織は乳児期にわずかに発育するがその後はほとんど停滞し，思春期スパートの時期に急速に発育し成熟する。リンパ型曲線は11〜13歳で大人の2倍位

表11-3　発育発達に関する用語

用　語		定　義
発育	growth:　成長，生長，発育，成熟，発達　development:　発達，発育，発展	身体全体や身体のある部分のサイズの増大。サイズの変化は細胞レベルの①細胞の増殖，②細胞の肥大，③細胞間物質の負荷増大の結果である。
発達	growth development	「発達」は広範な概念を示しており，生物学的には「機能の特殊な方向に沿った細胞の分化」を意味し，行動的に「子どもが文化環境にどう適応するか」という意味を持つ。
性徴	sexual characteristics	性の特徴。第二次性徴は性的成熟が始まり，男らしさ，女らしさが現れる時期。「思春期」とは，性機能の発現である第二次性徴に始まり，第二次性徴が完成するまでの期間である。
成熟	mature:　十分に成長(発達)すること	成熟の状態というものは，生物学的仕組みによってことなる。性成熟は機能的な生殖可能性を意味し，骨成熟は完全に化骨した成人の骨格を現す。成熟は現在獲得過程にあるサイズの進行状態に焦点を合わせている。

にまで発育し，収束する。免疫機能にかかわる胸腺，扁桃，虫垂等のリンパ組織の発育曲線である。一般型はＳ字型をなし，乳児期と思春期に急激な増大が認められ，身長，体重，筋・骨格系，呼吸・循環器系，消化器系や泌尿器系などの発育のパターンである。この考え方は発育期に運動を指導する際の重要な考え方である。

❹ **身長の発育と年間の発育量**

身長について，過去80年前と平成17年を比較してみよう。6歳から18歳までの横断的な測定結果である（図11-2）。男子は昭和2年と比較し，10cm前後，身長が高くなっている。またここ20年間は大きな変化はないことがわかる。このデータは文部省（当時）が1927（昭和2）年から「体力・運動能力調査」として対象は小学校から高齢者まで毎年行っている貴重なものである。女子も同様の傾向である。

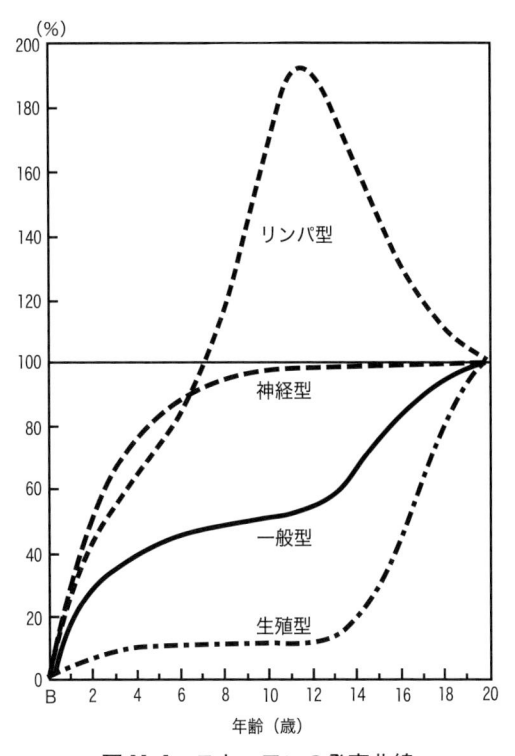

図11-1　スキャモンの発育曲線
(Scammon, R.E., The Measurement of Man, 1930)

身長が前年より何センチ伸びたかの変化についてみたのが図11-3である。身長の年間発育量の変化から男子で12～13歳ごろに1年間に平均値で7cmほど伸びていることがわかる。ここ20年で伸びのピークが1年ほど早くなり，年間発育量も7.5 cmに達している。女子では年間発育量のピーク値にあまり差はないが，男子同様ピークが早まっている。身長の変化は骨の長軸方向の発育を示すもので，ある程度，骨が強くならない時期に激しい運動を続けるとケガを発症する危険性がある。

体重もほぼ同様である（図11-4，図11-5）。このように日本人青少年の体格発育の傾向

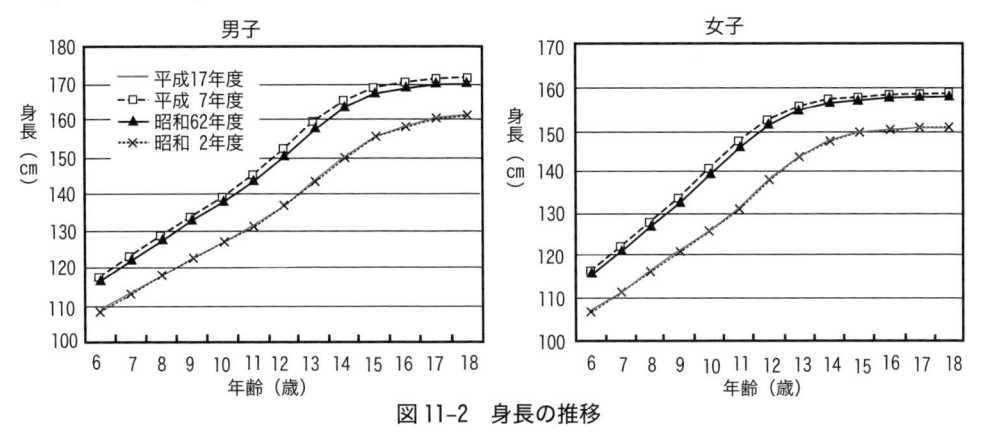

図11-2　身長の推移
約80年前より身長が高いが，ここ20年間は大きな変化はない（文部科学省「体力運動能力調査報告書」より）

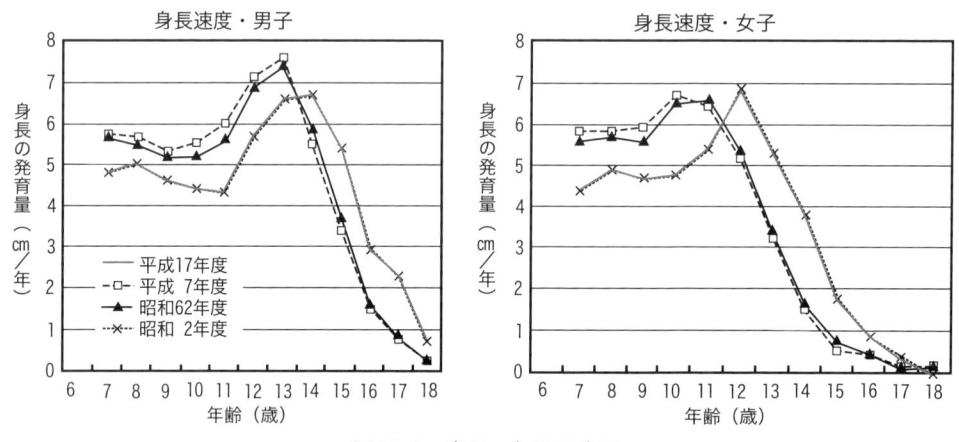

図11-3　身長の年間発育量
約80年前より発育のピークが早く，男子ではピーク値が高い（文部科学省「体力運動能力調査報告書」より）

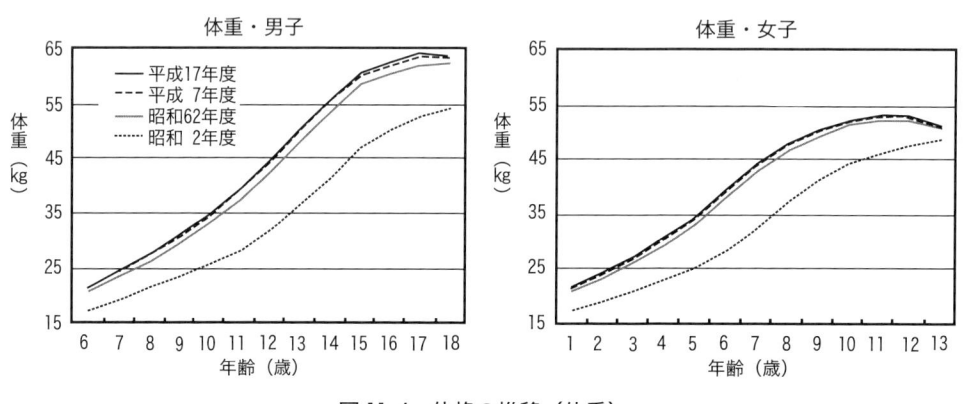

図11-4　体格の推移（体重）
約80年前より体重も大きくなっており，ここ20年間においてもやや増加する傾向がみられる。
（文部科学省「体力運動能力調査報告書」より）

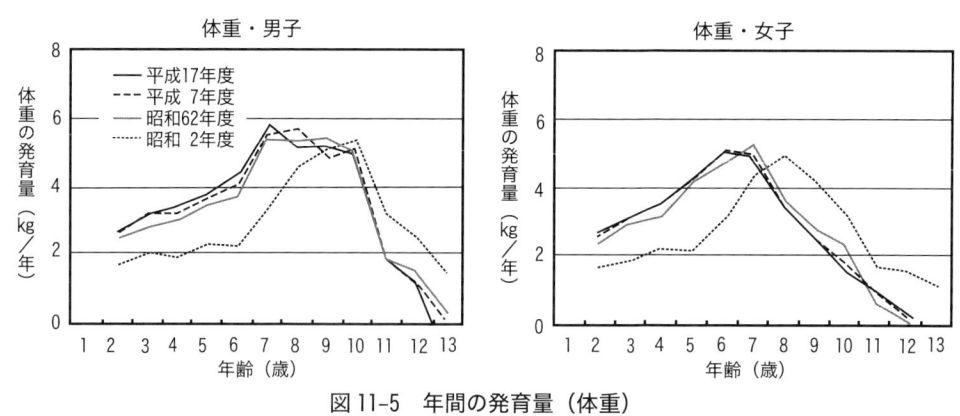

図11-5　年間の発育量（体重）
約80年前より早くピークに達する傾向にあり，ピーク値そのものもやや高くなる傾向がみられる。
（文部科学省「体力運動能力調査報告書」より）

は，文部科学省による体力・運動能力報告書によるデータを横断的に比較すると，身長・体重ともに80年前の青少年よりはるかに現代の青少年の体格発育が良好であることがわかる。そして身長・体重の測定値の変遷はここ20年の間では"伸び止まり"であること

がうかがえる。また、この横断的データから暦年齢1年ごとの身長・体重発育量（発育速度）としてみてみると、第二次性徴を示す発育スパートの時期が80年前より早期化しているだけでなく、ピークの時の発育速度も大きくなっている。つまり、現代の若者の体格の発育は昔より"早い"上に"速い"のである。しかもこの年間発育量という観点では、ここ20年の間も男女ともいっそう"早くて速い"傾向であることがわかる。

2 子どもの体力・運動能力とスポーツ

❶ 50m走能力の発達（図11-6）

50m走は10, 11, 12歳と徐々に速くなり、女子は13歳ごろでピークに達するが、男子は17歳ごろまでタイムが伸びる傾向にある。20年前より50m走は遅くなる傾向にある。

❷ シャトルラン（持久性能力）の発達

男子は12歳ごろから大きく発達していくが、女子は13歳ごろにピークに達し、以後停滞している（図11-7）。これらの年間発達量を握力、身長とも重ねて表すと図11-8のよ

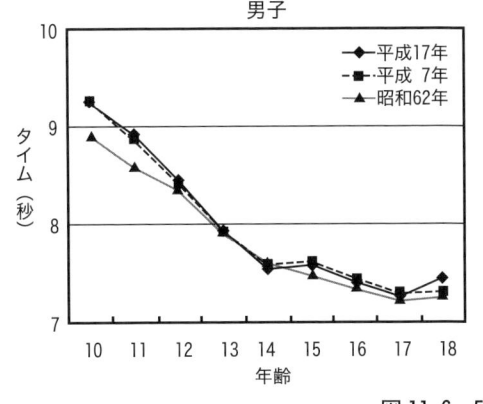

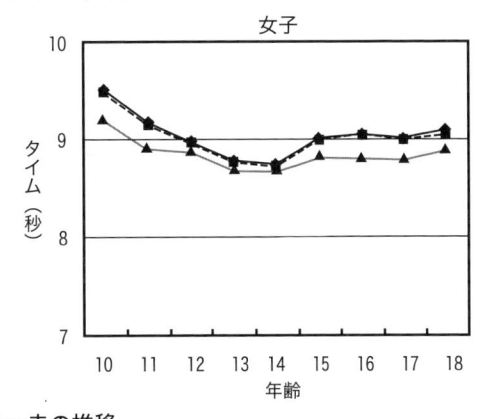

図11-6 50m走の推移
50m走は年齢によって速くなり、女子は13歳ごろでピークに達し、男子は17歳ごろまでタイムが伸びる。20年前より50m走は遅くなる傾向にある。（文部科学省「体力運動能力調査報告書」より）

うになる。これは50m走、20mシャトルラン、握力の年間発達量および身長の年間発育量を最大を100%として表したものである。50m走能力は神経系と筋系の総合した能力であるが、他のピークが12〜14.5歳ごろに重なってくる。20mシャトルランの持久性はおよそ12歳に発達のピークが、身長は12から13歳、握力は14歳に発達のピークが現れた。これらから総合して考えると、図11-8のような神経系、呼吸循環系、骨格系、筋系のそれぞれに発達のピークに合わせ、適切な運動を子ども達に刺激として与えるとよいと考えられる。

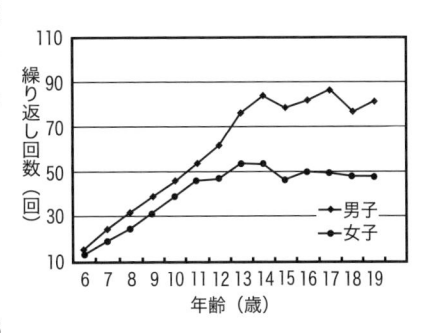

図11-7 20mシャトルランの発達
男子は14歳ごろ、女子は13歳ごろピークに達する。（文部科学省「体力運動能力調査報告書2005」より）

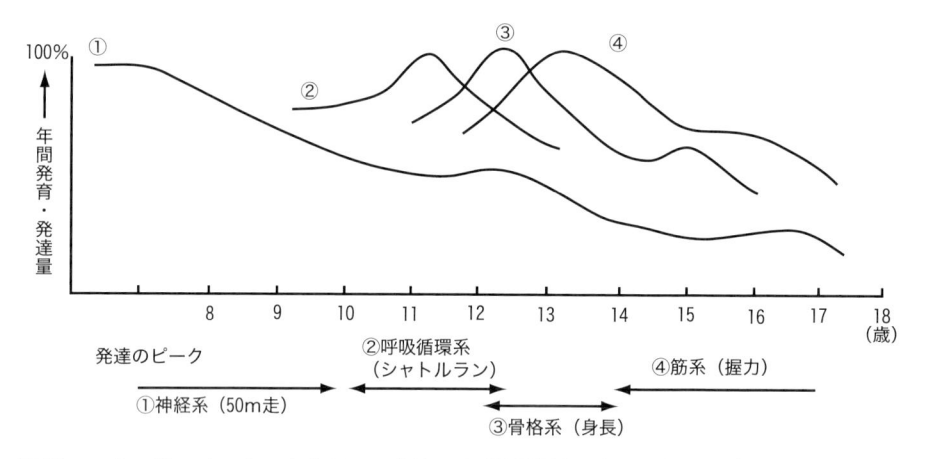

図11- 8 50m走，シャトルラン，握力の年間発達量と身長の年間発育量（宮下の図を改変）

宮下（1984）は運動能力や体力はいつ頃発達するかについて述べ，年間発達量のピークの順に，動作の習得（ボタン押し反応時間），ねばり強さ（最大酸素摂取量），身長，筋力（握力）としそれぞれの身体諸機能の発達する時期に合わせて重点的に運動を実践させなければならないとした。

❸スポーツをしている子どもは体格・体力が優れているか？

運動・スポーツをしている子どもとあまりしていない子どもで体格・体力に違いがあるか考えてみる。図11-9はサッカーをしている男子としていない子どもの身長の平均値をグラフ上に表したものである。12〜13歳で15cmくらいの差が認められる。このデータはサンプルに制限があり，すぐには一般化できないが貴重な資料である。サッカーをしている子どもは身長の平均値が大きいが，スポーツをするほど身長が高くなるとは早計にいえないが，運動が骨の発達刺激として働いたことは否定できないであろう。文部科学省の調査から作成した20mシャトルラン（持久性）の要素をみると（図11-10），運動をする群と，しない群の比較では，男女共に運動をする群が持久性に優れている。また男子は13歳ごろから，女子は11歳ごろから運動しているものとしていないものとの成績の差が大きくなる傾向にある。

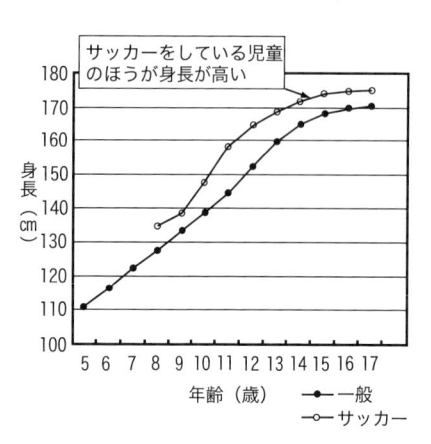

図11-9 一般男子児童とサッカー児童の身長発育（広瀬，2006）

❹発育期の一時的なパフォーマンス低下（スランプ）

青少年がスポーツを開始する年齢は個人や競技によってさまざまであるが，一般的に日本の青少年はスポーツ少年団などのクラブチームに所属することで競技を始めるケースが多い。また，試合への出場可能な年齢を11〜12歳からとする競技が多く，すなわち本格的にスポーツを実施するのは小学校高学年が大部分である。しかし，この時期はそれ以前

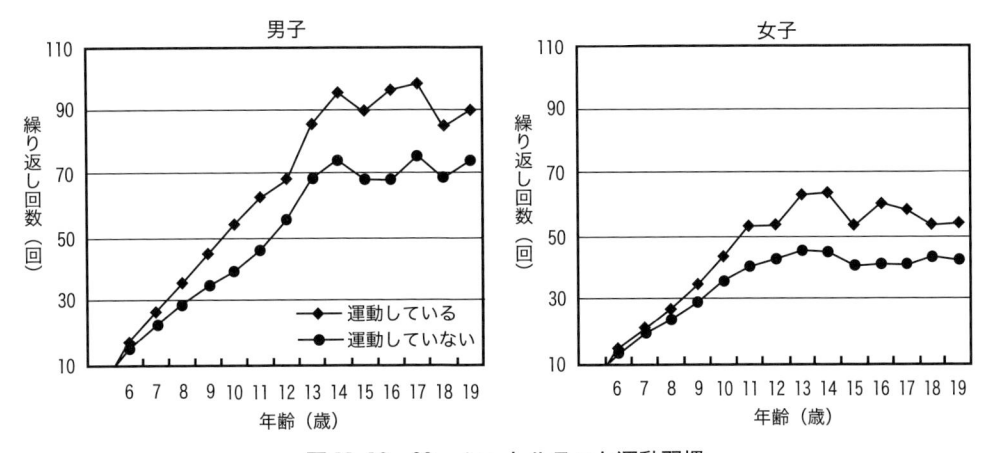

図11-10　20mシャトルランと運動習慣
男子は13歳ごろから，女子は11歳ごろから運動しているものとしていないものとの成績の差が大きくなる傾向にある。（文部科学省「体力運動能力調査報告書2005」より）

より体が成熟しているにはちがいないが，体格的には出生直後の劇的変化以来2回目の，かつ人生最大の身体激変期にあり，筋・骨格の成長が著しい。この時期に身体活動を行うことは体の発育を促進し，骨密度・骨サイズの発育に対する適正運動年齢は発育促進期というよりむしろそれ以前の小学校低学年期であり，11〜14歳ごろは前述の身体激変によりパフォーマンスが拙劣となり，スランプを経験することが多いとされる。現状としては小学校高学年期から中学校期前半にあたる時期にスポーツ少年団から学校部活動へと競技レベル・運動強度は増大する。ではなぜ，いわゆる成長期にスランプになりやすいのかという疑問についてはバイオメカニクス的にも発育発達学的にも解明されていない。ただ，骨の長さが急激に増すことに筋の伸びが追いつかず，柔軟性が極端に低下するために体の動きがぎこちなくなるという説や骨の長さや体重の増加に筋力の発達が伴わず身体運動に対してアンバランスな状態であるとされてきた。実際，日本人の11〜13歳の身長促進は主に下肢の成長の占める割合が大きく，特に大腿骨の遠位（太ももの膝側）では下肢成長全体の70％が成長するといわれている。つまり，脚の骨が均等に成長するのではなく，特定の部分が集中して伸びているということである。

❺体力テスト

身体活動を通して行われる教育としての体育が，新しい時代に対応するために体育実践による効果の科学的根拠を示すことが必要である。そのためには対象である児童，生徒，学生の体格や体力・運動，栄養の状態や生活習慣等について計測・調査し，記録し，評価されることを意味する。これまで日本では1964（昭和39）年以来，文部省（当時）が体力・運動能力調査（スポーツテスト）を実施し，その結果を健康や体力の向上に役立ててきた。2008（平成20）年から始められた「全国体力テスト」がある。これまでの体力テストとの比較をした（表11-4）。

文部科学省は平成20（2008）年度から全国の小学5年生と中学2年生を対象に全国体力テストを実施した。調査内容は，「握力，上体起こし，長座体前屈，反復横とび，20mシ

表11-4 体力テスト

	年齢	体格	体力	運動能力	生活・運動習慣調査
旧体力テスト（昭和39年〜）標本数：25,360人	6〜59歳	身長 体重 座高	握力 上体起こし 立位体前屈 背筋力 伏臥上体反らし 懸垂（斜懸垂）腕屈伸 踏み台昇降運動	とび越しくぐり 持ち運び走 走り幅とび 連続さか上がり 垂直とび ジグザグドリブル 50m走 持久走	平成2年より下記と同項目を実施
新体力テスト（平成13年〜）標本数：74,000人位	6〜79歳	身長 体重 座高	握力 上体起こし 長座体前屈	反復横とび 20mシャトルラン 50m走 立ち幅とび ソフトボール投げ ハンドボール投げ	◆運動部やスポーツクラブの所属 ◆運動スポーツの実施頻度 ◆1日の運動・スポーツ実施時間 ◆朝食の有無 ◆1日の睡眠時間 ◆1日のテレビ視聴時間
全国体力，運動習慣等テスト（平成20年〜）悉皆調査	小学5年生		新体力テスト「6〜11歳」の項目と同じ		参加人数：734,272人＊（70.1%）
	中学2年生		旧体力テスト「12〜19歳」の項目と同じ		参加人数：772,958人＊（71.0%）

＊：平成20年度文部科学省報告より（％は同学年の人口に対する割合）

ャトルラン，50m走，立ち幅とび，ソフトボール投げ」などの実技8種目と，生活習慣，食習慣，運動習慣に関する質問紙調査である。表にこれまでの体力テストと比較している。

平成20年度の全国体力テストの結果は公表され，合計点の上位には福井，秋田など全国「学力」テストでも上位の県が並び上位県の教育委員会は体育指導の成果が出て「バランスがよい状態」という声が聞かれた。一方，下位だった自治体の教委からは結果を今後どう生かすかが課題となった。小学男女で1位，中学男女で2位だった福井県は，「結果を素直に喜びたい」（スポーツ保健課）とし，好成績の理由として，小学校4年生から高校3年生まで全児童生徒が参加する体力テストを毎年実施し，分析結果を体力向上に生かしていることなどを挙げた。今回の調査では「運動しない子供」の多いことから，運動部などに未加入の子供に体を動かす喜びを教えるモデル事業を始め，スタートしている。小学校の教諭は「遊ぶ子，遊ばない子の二極化が激しので，4年生以上には昼休みに強制的に縄跳びやマラソンをやらせ，体力をつけさせている」と話す。小学校に体育専門教員を配置している県もあり，一般教員と協力して25m泳げる児童が増えたという成果を上げている。

3 子どものスポーツと傷害（外傷と障害）

特に人気のある野球，サッカー競技にかかわらず，トップアスリートの活躍は見ている人を魅了するものがある。このスーパースターたちはスマートなからだで体格もよく，健康そのものと思われがちであるが，練習やトレーニングを始めて，活躍し引退するまで実

3 子どものスポーツと傷害（外傷と障害）

はスポーツ傷害や障害に苦しんでいることが非常に多い。一般の子どもたちはいつケガをするのか。小学校期ではほとんどが授業中であるが，中・高校と進むにつれ，クラブ活動時にケガを発症している（奥脇 2001）。ケガはスポーツ活動中のどういう種目で起きているのかをみた（図 11-11）。武道，陸上競技，器械

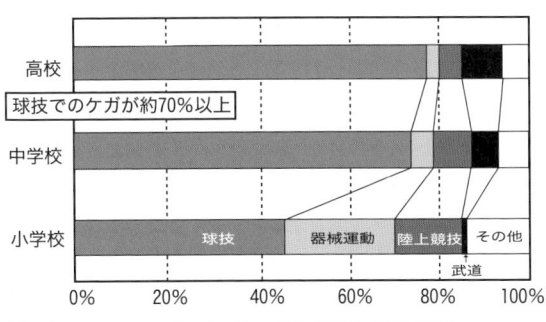

図 11-11 ケガの発生頻度（種目別）
(奥脇ら『日本体育・学校健康センター：学校管理下の災害 1997 年版』2001 より)

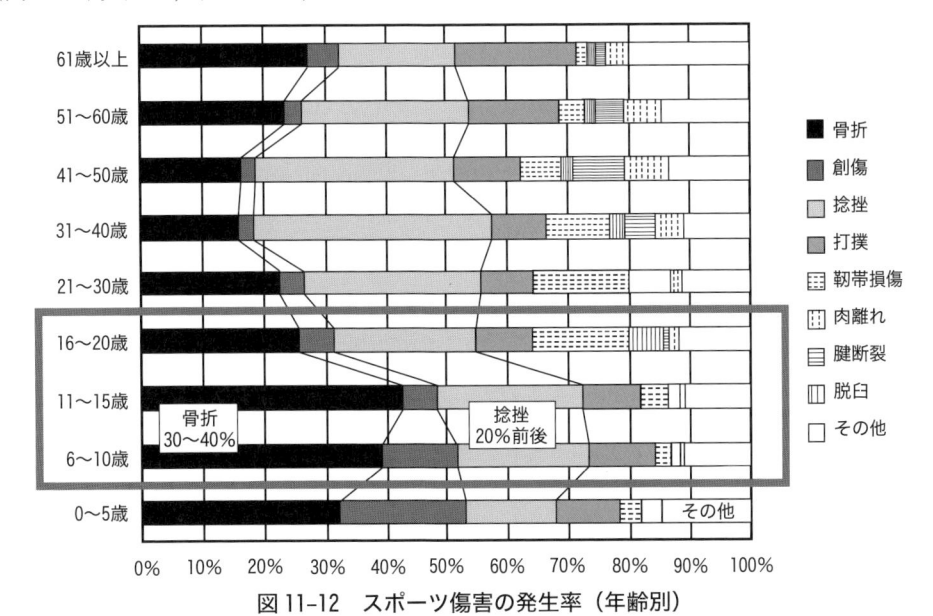

図 11-12 スポーツ傷害の発生率（年齢別）
(奥脇ら『スポーツ安全協会：スポーツ等活動中の障害調査 1996 年版』2001 より)

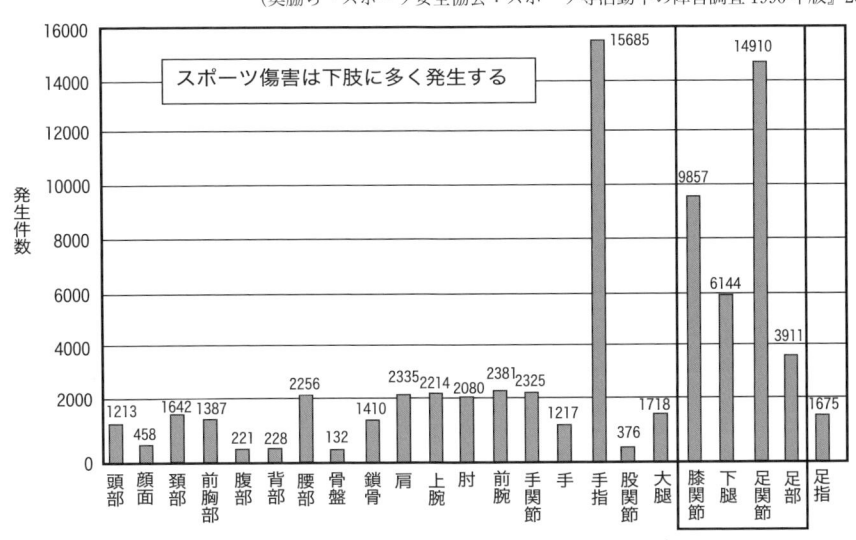

図 11-13 スポーツ傷害の発生数（部位別）
(奥脇ら『スポーツ安全協会：スポーツ等活動中の障害調査 1996 年版』2001 より)

149

体操は比較的少なく，中・高校ではケガの70%が球技系のスポーツ時に起きていることがわかる。年齢別のスポーツ傷害の内訳をみると，おおよそ骨折が30～40%を占め，ねんざが20%と続く（図11-12）。スポーツ傷害の発生部位はどうであろうか，手指を除けば，足関節，膝関節，下腿，足部の体重を支える場所に集中している（図11-13）。

❶ 発育期とスポーツ傷害

Tarnerら（1965）によって提案された思春期での発育速度曲線（図11-14）により，特長的な発育パターンが理解されてきた。図は身長の発育速度を示している。タテ軸に年間増加量，ヨコ軸に年齢をとると，思春期で男女でピークの現れ方が違い，女性が3年程先行する。また男性のピークが高いことがわかる。身長の成長が著しいこの時期は，出生直後の劇的変化以来2回目の，かつ人生最大の身体激変期を迎える。村田は1996年にこのピークをPHV: Peak Hight Velocityを基準として成長区分を四つに分け標準化した（図11-15）。

このピークの出現する時期は小学校高学年期から中学校期にあたり，スポーツ少年団から学校の部活動等へと本格的に競技レベル・運動強度は増大する。

この時期に多くのスポーツによるケガ（傷害）が起きる。運動やスポーツ実施中に転倒したり，他の選手と衝突したりして起きるのはスポーツ外傷：sports injury とされる。また運動・スポーツ中で軽微ながら少しずつ繰り返し外力が加わり痛みがあったりする。この場合，明らかな受傷機転はない。これをスポーツ障害：sports disorder という。具体的な例としてスポーツ外傷に骨折，脱臼打撲など，スポーツ障害としてオスグッド病，腰痛症などがある（表11-5）。

オスグッド病は発育期の代表的なスポーツ膝障害である。これは"膝の皿"（膝蓋骨）のすぐ下にある脛の部分がまだ成熟しておらず軟骨質である上に，急激に大腿骨や下腿骨

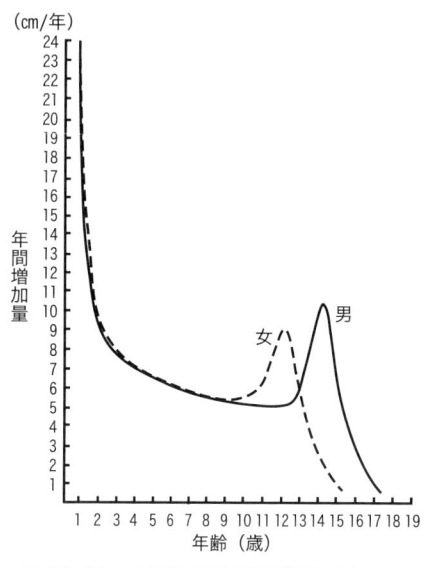

図11-14　典型的発育速度曲線パターン
（Tarnerら，1965）

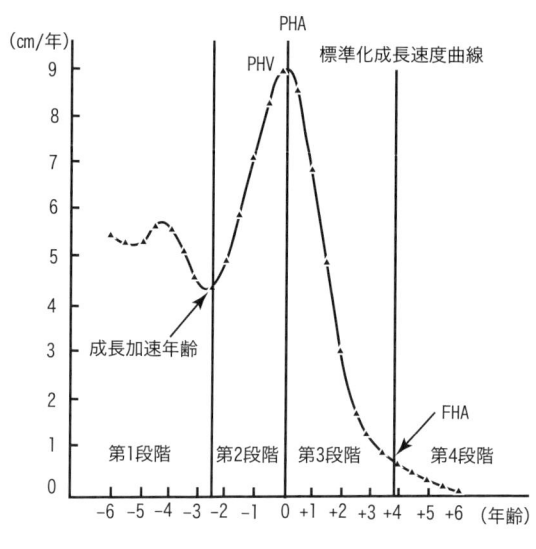

図11-15　身長成長速度曲線の成長区分
（村田，1996）

が伸びるという身体状況で激しい運動を繰り返し行うことによって，この部位に炎症・疼痛を引き起こすことが原因とされている。その発症要因としては遺伝やホルモン，過度な運動などさまざまな因子が複合的に関与しているといわれてい

表11-5　主なスポーツ障害

傷害名	概　説
オスグッド病	脛骨粗面部に発生する代表的な骨端症
膝蓋靭帯炎	「ジャンパー膝」「ランナー膝」とも呼ばれる
腰痛症	筋膜性腰痛症，腰椎椎間板ヘルニア，腰椎分離症などが含まれる
上腕骨内顆炎	「野球肘」とも呼ばれる。関節軟骨がはがれる「離断性骨軟骨炎」に至ると手術が必要となる。
足関節不安定症	疼痛や運動時の不安定感を症状とする。捻挫の繰り返しなどにより，関節内に骨性もトゲを生じることもある。
アキレス腱炎	アキレス腱周囲の腫脹，熱感，圧痛を有する

る。このオスグッド病は今から100年以上前に初めて報告されたが，現在もなお発育期青少年の20％が発症すると報告されており，重症化すると競技生命を脅かす危険性もある障害である。防止策であるが，指導者は生徒や選手個人個人の発育の早い，遅いを把握する必要がある。そのために身長のこれまでの記録を集め，年間の増加量からピーク時の年齢を知り，おおよその平均値が女子12〜13歳，男子14〜15歳と比較し，この個人の早熟，晩熟の程度を判断し，運動・トレーニング刺激，トレーニング環境（グラウンド，シューズ）を考慮するとよい。

　子どもたちの骨が十分に発育する前に激しい運動を継続的に行うことにより，ケガをしてしまうことが多い。傷害，外傷，障害の定義を学び，発育期における継続的に加わる負担の危険性について知り，指導者として留意する必要がある。骨の発育は身長の成長速度で観察することができる。最も身長増加の高い年齢から成長の段階を子ども一人ひとり把握し，早熟や晩熟の特長をとらえ，トレーニングの処方を考慮し，発育期とスポーツ障害についてスポーツ種目や各部位のケガを予防することが大切である。

❷ 発育期とオーバーユース

　スポーツ傷害は大きく急な外力によって損傷を受ける「外傷」と比較的小さいストレスが慢性的に加わることによって起きる「障害」に分類できる。後者はオーバーユース（overuse）症候群とも呼ばれる。「オスグッド病」は発育期に多く発症する代表的なスポーツ膝障害である。これは膝蓋骨のすぐ下にある脛の部分がまだ成熟しておらず，急激な激しい運動を繰り返し行うことによって，この部位に炎症・疼痛を引き起こすことが原因とされている。まさに前述のような骨発育促進の身体状況下で運動が高強度化する危険性を裏づける障害である。さらにその発症要因としては遺伝やホルモン，過度な運動などさまざまな因子が複合的に関与しているといわれている。このオスグッド病を経験した者の幼少期からの身長年間発育量を調べてみると，発育スパート開始からピーク時までに集中して発症している。このことは，下肢骨の伸びが"速い"ことも要因の一つであることを示しており，身長発育量の観察は有効な発育指標として活用できるといえる。前述のような近年の"早くて速い"年間発育量の傾向がもし今後も進行すれば，オスグッド病の青少年は増えると予測される。

ここまでの内容では，成長期スポーツのネガティブな点を強調するような印象だが，危険だから運動やスポーツをしないほうがよいというわけではなく，当然のことながら体力向上という方針は変わらない。重要なのは，その体力づくりにおける適度な質と量の負荷が今後さらに問われるということである。そのためには，子どもの発育段階を現場の先生や親が容易に把握できる「発育指標の開発」や，発育段階にどのような運動を個人に応じて行えばよいのかなどの具体的な対応策が明確化されることが必要である。

❸発育期にスポーツを行うこと

本来，子どもたちは動くことが好きであり，スポーツが好きであると思う。子どもたちが運動・スポーツに取り組み，じょうぶで大きな子どもに育ち，友達や仲間ができ，さらにスポーツが好きになり，練習やトレーニングを重ね，試合などに出てたくましくなるのは好ましいことである。スポーツの効果は身体的，精神的，社会的に表れ，適切に行われ，指導されることが望ましい。しかしながら多くの要因で好ましくないことで運動・スポーツが嫌いになったり，ケガをしたりすることがある。このことを教師，指導者は十分に知っておくことが重要である。発育期に運動をするということを身体的，こころ（精神的）の面，社会的影響に対し好ましい点とそうでない点をまとめ，指導する際の参考としたい（表11-6）。

表11-6 成長期にスポーツをするということ

	メリット		デメリット
身体的	・体力の向上 ・運動スキルの獲得 ・骨の成長の促進 ・肥満解消と丈夫な体づくり		・ケガ ・熱中症 ・疲労
精神的	・喜び ・楽しみ ・克己心	・忍耐力 ・判断力 ・創造力など	・疎外感 ・劣等感 ・燃え尽き症候群
社会的	・役割分担 ・義務と責任 ・協調性	・連帯感 ・自立性など	・勝利至上主義 ・厳しい上下関係

（浅見ら，1996より）

（西薗秀嗣）

> 課題
> 1. 発育期のトレーニング指導のポイントをまとめてみよう。
> 2. スキャモンの発育曲線の重要性について，ディスカッションしよう。
> 3. あなたの母子健康手帳や小・中・高校の通知簿の身長・体重記録が残されているか，家族に聞き，あれば年間の身長増加をグラフに表し，スポーツ障害との関連をレポートしよう。

【参考文献】
1) Malina, R. Bouchard,C "Grouth, maturation, and physical activity"，高石昌弘・小林寛道監訳『事典 発育・成熟・運動』1995年，大修館書店.
2) 宮下充正『体育とは何か』1984年，大修館書店.

第12章

高齢者・障害者とスポーツ

> **本章のねらい**
>
> これまで適切な運動，栄養と休養を取り入れた規則正しい生活が運動不足症や生活習慣病（以前は成人病）を改善できるとされ，さまざまな試行から科学的エビデンスをもって運動指導がなされるようになった。ここでは高齢化の現状を理解し，高齢者に対する体力づくり，運動能力向上の取り組みを転倒予防・骨粗鬆症・転倒予防教室に参加した高齢者からその結果についてみていく。また体力の維持増進のガイドラインを学び，高齢者の参加が望まれるスポーツ大会，競技会を知る。さらに近年「障害者スポーツ」という限定された考え方から，個人の能力や存在を尊重する「アダプテッドスポーツ」へとスポーツをめぐる社会環境が変わりつつある中で「もう一つのオリンピック」と呼ばれるパラリンピックについて理解を深める。
>
> キーワード：高齢化社会，正常加齢，転倒予防，高齢者スポーツ，アダプテッドスポーツ，パラリンピック

1 高齢化社会とスポーツ

[1] 高齢化と高齢者の体力

❶高齢化の現状

わが国の総人口は2008年から減少を続け，2010年現在，1億2,769万人となった（図12-1）。65歳以上の高齢者は人口2,822万人となり，総人口に占める割合（高齢化率）も22.1％となり，22％を超える結果となった。また，高齢者人口のうち，前期高齢者（65～74歳人口）は1,500万人（男性706万人，女性794万人，性比88.9）で総人口に占める割合は11.7％，後期高齢者（75歳以上人口）は1,322万人（男性499万人，女性823万人，性比60.6）で，総人口に占める割合は10.4％となり，初めて10％を超えた。平均寿命は，2007年現在，男性79.19年，女性85.99年であるが，今後，男女とも引き続き延びて，2055年には男性83.67年，女性90.34年となり，女性の平均寿命は90年を超えると見込まれている。

第12章 高齢者・障害者とスポーツ

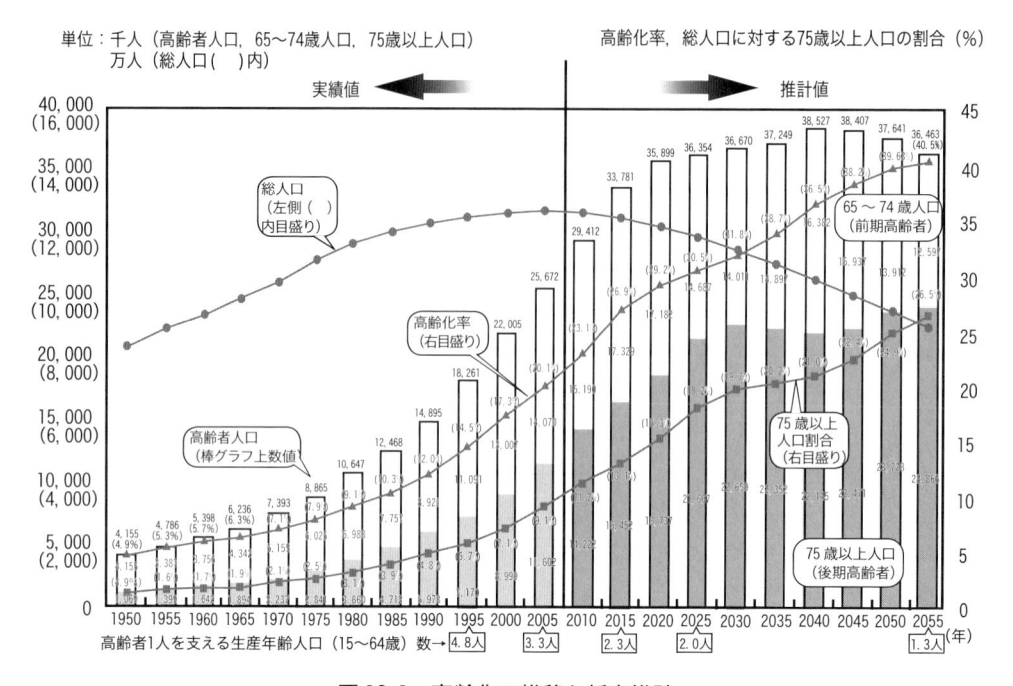

図12-1 高齢化の推移と将来推計

(資料：2005年までは総務省『国勢調査』，2010年以降は国立社会保障・人口問題研究所『日本の将来推計人口（平成18年12月推計）』の出生中位・死亡中位仮定による推計結果，『平成21年度高齢化白書』より)

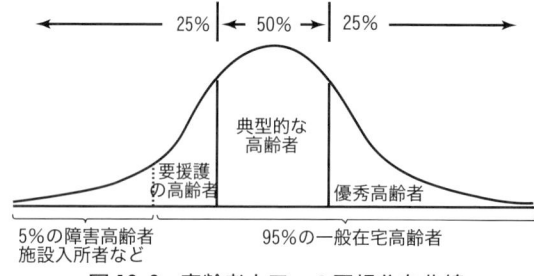

図12-2 高齢者人口への正規分布曲線
(柴田，2000)

100歳以上の高齢者の数が9月21日の「敬老の日」に発表される。2009年で100歳以上の人は4万399人で初めて4万人を突破した。やはり圧倒的に女性が多く，3万4,952人（86.5％），男性が5,447人であった。ここ2年間で1万人増加し，100歳以上の超高齢者も急ピッチで増えている。1984年，世界保健機関（WHO）は従来のWHO憲章の理念的な健康の定義から大きく変わり，「高齢者の健康は生活機能における自立をもって定義する」こととなった。このような高齢者が健康で生活の質QOL（Quality of Life）を高め，年齢にふさわしい体力を維持することは，高齢者自身にとっても地域，国家から世界規模で意義のあることである。さらに高齢者という集団が図12-2のように，自立できない援護の必要な人からシニアの競技会に参加しているような恵まれた高齢者まで分布する。これまで病気のある人の健康対策が中心であったが，今後は多様なグループを念頭において考えることが望まれる。柴田（2000）は高齢者が長生きをして自立を維持していくのみではなく社会貢献ができる主体として位置づけられる（productivityの考え方）を指摘し，高齢者の大多数は社会貢献をするのにふさわしい健康度と能力をそなえるとし，この社会貢献が高齢者の余命，生活の質（QOL: quality of life）を高める上で大いに意義があるとしている。

❷ 正常加齢による体力・運動能力の低下

図12-3は各体力要素が年齢の推移によってどのように低下していくかを20歳のときを100として表したものである（池上，1987）。身体全体の筋力を代表する握力をみると40歳くらいまで低下せず，70歳にかけてやや低下する。持久性の指標である最大酸素摂取量はほぼ直線的に低下する。特にバランス能力に関わる閉眼片足立ちは30歳以降急激に低下し，70歳では20歳時の20%にも低下する。このように各体力の要素は一様に低下するのではなく，低下が激しいものとそうでないものがある。よって高齢者にとって，低下の著しいバランス能力，脚筋力や持久性に主眼を置いた計画的な運動指導・トレーニングが重要であることがわかる。

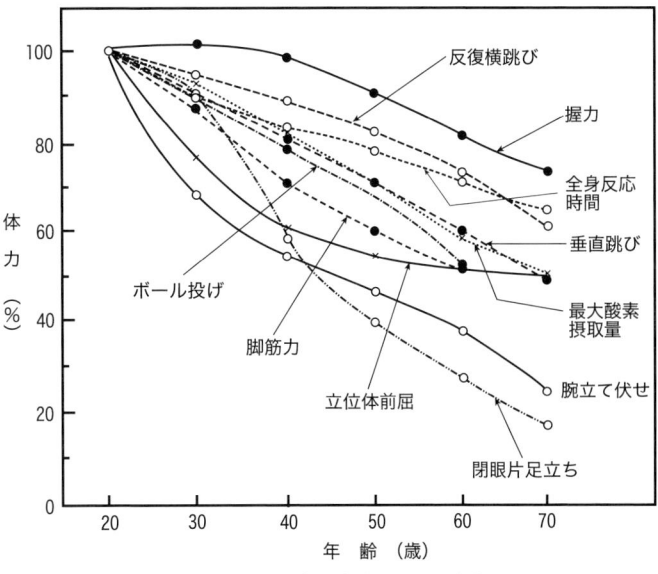

図12-3 体力の加齢による変化
（20歳の体力を100とし，各年齢の体力を相対値で示している）（池上，1987）

❸ 高齢者の歩行と転倒

動物が位置を移すための運動はロコモーション（locomotion）であり，人間の二足移動を歩行walkといい，（歩容gaitともいう）社会的生活を営む上で重要な動作である。歩行には立位姿勢を維持しバランスをとりつつ全身を移動させるという複雑で高度な全身の筋活動が関わる。

健康な高齢者でも脚の筋力が低下し，平衡機能が低下すると歩行能力に低下が認められる。このことに栄養が偏り，骨が脆弱になったり，運動不足が習慣化することが続くと，わずかな段差でつまずいたり，滑って転倒が起きやすくなる（図12-4）。転倒によって大腿骨を骨折し，病院に入院することでさら

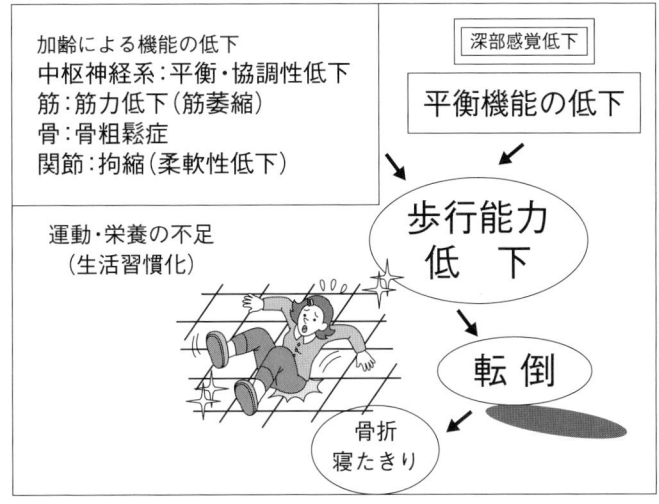

図12-4 加齢，運動・栄養不足が歩行能力を低下させ，転倒や骨折をもたらす

に筋の委縮が進行するので，このような悪循環を断ち切ることが必要である。

[2] 高齢者の健康支援プログラムの実際

❶ 対策としての転倒予防・骨粗鬆症予防教室によるエビデンス研究

　高齢化に伴う医療費の増大および経済の停滞の中で，ヘルス・プロモーション（Health Promotion）に関する根拠に基づいた健康支援プログラムの開発・分析に対する必要性が高まっている。健康的な生活とは適切な食生活と運動それに休養が必要だが，そのための適切な量と質を明らかにする根拠を示すための研究が望まれる。よって健康支援プログラムを開発・分析し，介入前後での体力・健康度や生活習慣の行動変化や健康度の変化を具体的な数値をもって明らかにし，健康支援プログラムを検討し，普及させることが長期的に重要である。ここではわれわれが取り組んだ健康支援プログラムの開発および効果の検証事例を紹介する。

　対象は脚力の低下を訴える高齢者，骨粗鬆症検診で要指導とされた中高齢者160名，年齢55～75歳の男女（男性25名，女性135名）を運動介入群54名，運動＋栄養介入群51名，比較対象群55名である。

　方法として，一般の公募で健康教室を開催し，強介入期（3ヶ月），一般介入期（9ヶ月），観察期（6ヶ月）の前後4回にわたり，①生活・運動習慣等の健康状態の把握，②身体計測，③体力測定，④血液検査，⑤骨密度測定について評価した。

❷ 運動介入について

表12-1　総合トレーニング処方

1. 筋力	イス立ち上がり　ステップ台ボディバー
2. バランス・感覚	バランスボール　ライン歩行　片足立ち　足の新聞紙たぐり寄せ
3. 柔軟性	ストレッチ　体操
4. スタミナ	自転車エルゴ　ステップ台エアロビクス体操
5. 歩行動作	ラダー　ジグザグフットワーク　ミニハードル　水中歩行

　有酸素・抗重力動作（骨刺激）を中心に複合的な運動を目標として300 kcalまで段階的に個人の体力別に処方し，その効果を教室参加（強介入）前後で測定する。その後一般介入期12ヶ月間の中間（6ヶ月期）と最後12ヶ月期で測定することにある。またその後非介入期6ヶ月を設定し，最後に同様の測定を行う。健康増進センター等の施設・設備とスタッフによる組織的な総合トレーニング処方（表12-1）を実施した。

❸ 栄養（食生活）介入について

　骨粗鬆症に直接関わるカルシウム摂取量を所要量の600 mgを確保し，さらに200 mgを目標とした指導を行った。また，骨の成分として重要なタンパク質摂取量を最低65 gと設定し，食生活（栄養）指導した。指導内容は集団指導として栄養講話，調理試食等を実施し，個別指導としては個人の食生活改善のための目標を作り実現させるよう栄養士が指導した。教室の前と後の1週間について栄養摂取状況調査（食事の写真撮影による分析および1日の食事記録表記入）および運動量の調査を実施した。

　測定項目：形態計測（身長，体重，体脂肪率，下肢長，ウエスト／ヒップ比，BMI，血圧，心拍数，

骨密度：踵骨による超音波測定など），運動能力（40 cm 踏み台昇降，最大 1 歩幅，握力，下肢筋力：30 秒間のイスの立ち上がり回数）

血液生化学測定：脂質代謝（総コレステロール，HDL／LDL コレステロール，中性脂肪），糖代謝（空腹時血糖，ヘモグロビン A1c）

転倒防止，筋緊張および歩行トレーニングの実施：ストレッチ，バランスボール，ステップ台，ジグザグフットワーク，水中ウオーキング，歩行など

生活習慣・健康意識・運動習慣に関するアンケート，健康診断，アンケート調査，ライフスタイル・喫煙・食生活，ストレスなどの聞き取り調査，転倒予防のための健康教育を実施

分析手順：「運動栄養介入群」「運動介入群」「比較対照群」の各評価での変化を統計的に分析し，運動や栄養の状況，運動経験，年齢性別についても分析した。

❹ 結果のまとめ

「運動栄養介入群」「運動介入群」の比較では，身体計測値はほとんど変化はなかった。骨密度について「運動栄養介入群」は「運動介入群」に比べ強介入後すぐ改善があった。体力項目，血液検査は両群とも強介入後から改善が認められた。

「運動栄養介入群」「運動介入群」と「比較対照群」の比較では，介入群においては両群とも身体計測，体力測定値，血液項目において，一定の改善があるが，「比較対照群」は変化はない。年間平均歩数が 1 万歩以上実施した人が骨密度が増えた。しこ踏み，ボールリフティングを 1 日 20 回以上した人に骨密度が増えた。平均歩数が 6,000 歩でも Ca を 600～800 mg，タンパク質 65g 摂取でき，また抗重力運動（しこ踏み 1 日 20 回）実施できると，骨密度が維持・改善された。過去に運動経験の少ない人ほど，運動習慣ができ，骨密度の改善に有効であった。これらをまとめると，

○「運動栄養介入群」では骨密度の維持にとどまらず，改善があり，骨量を維持向上させるには運動と Ca アップの食事とタンパク質の適正摂取が不可欠である。

○ 1 日 1 万歩，しこふみ 20 回毎日実施した人は骨密度が有意に増えた。

○「運動栄養介入群」「運動介入群」両群とも体力が向上し，今回の運動プログラムは有効である。特に家でできる運動は効果的である。

○ Ca は 600mg でも一定の効果はみられるが，800mg 以上取るとより効果的であった。

○歩行量の少ない高齢者にとっては骨量維持のために食事の指導としこ踏みが重要であった。

○運動経験のない人に運動の習慣をつけることで骨密度を上げることができる。

[3] 健康づくりのための「運動基準 2006」と「運動指針 2006」

2006 年に国立健康・栄養研究所（厚生労働省）から健康づくりのための基準とその指針が発表された。ここで示された身体活動量，運動量，体力はこれまでの日本を含む世界の研究論文による科学的根拠により求められたものである。これらの指針を適切に実施す

ることで高齢者を含む，広く成人の生活の習慣を適正にし，生活習慣病（現在では糖尿病，高血圧症，高脂血症など）の発症を防ぐと考えられる。

　メタボリックシンドロームという考え方が2005年に関係する8学会より示された。これは内臓脂肪型肥満と上記の生活習慣病を重複すると虚血性心疾患や脳血管疾患などの重大な発症リスクが大きくなるというものである。メタボリックシンドロームの診断基準は腹囲が男性が85cm，女性で90cm以上で，血糖値，脂質異常，高血圧のいずれか2項目以上当てはまると「内臓脂肪型肥満」と判定される。この健診結果からすみやかな指導が必要な群には積極的支援がなされ，中程度には動機づけ支援を行い，生活習慣を見直し，改善計画を立てることとなる。腹囲1cmは，ほぼ体重1kgに相当し，その1kgには3日分の食事のカロリーに相当する約7,000kcalものエネルギーが詰まっている。ここから各自にあった，脱メタボ対策を立てるためには，適正な運動と栄養の具体的知識が必要になる。「身体活動」とはスポーツなどの「運動」と日常生活の家事，階段の上り下り，通勤などの「生活活動」を合わせたものとする。メッツは身体活動の強さを表し，座って安静にしているのは1メッツ，20分歩くと3メッツの強度になる。エクササイズは身体活動

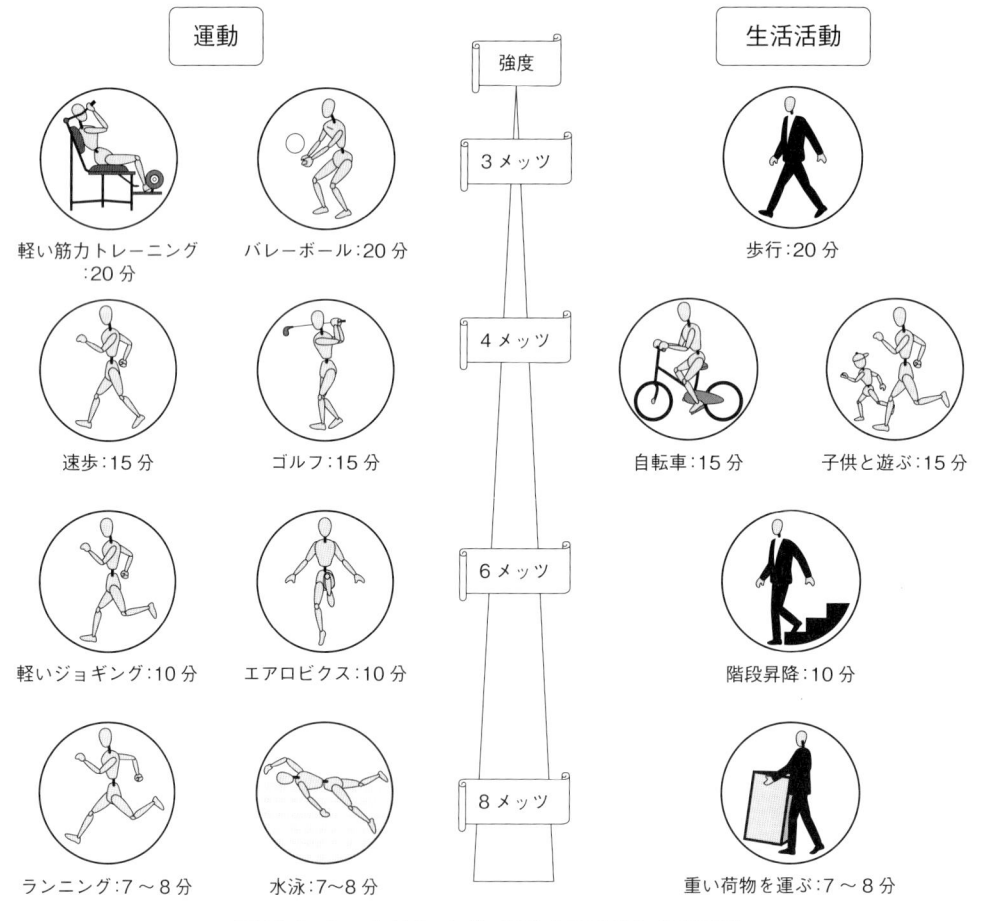

図12-5　1エクササイズに相当する活発な身体活動

（国立健康・栄養研究所 2006）

の量で計算し，メッツと時間の積となる。たとえば速歩（4メッツ）を15分すると，$4 \times 0.25 = 1$エクササイズ（Ex）となる。生活習慣病を予防したい人は，生活活動で19Ex，運動で4Ex 合計23Exが勧められる（図12-5）。

最大酸素摂取量は全身持久性の最も確かな指標であり，運動中1分間に酸素を取ることのできる最大値であり，測定には直接法と間接法がある。これが低いと生活習慣病の発症リスクが高くなり，年代別の基準値や範囲を知り，チェックすることの重要性が知られている（表12-2，表12-3）。

表12-2 健康づくりのための最大酸素摂取量の基準値
($ml \cdot kg^{-1} \cdot 分^{-1}$)

	20歳代	30歳代	40歳代	50歳代	60歳代
男性	40	38	37	34	33
女性	33	32	31	29	28

表12-3 健康づくりのための最大酸素摂取量の範囲
($ml \cdot kg^{-1} \cdot 分^{-1}$)

	20歳代	30歳代	40歳代	50歳代	60歳代
男性	33〜47	31〜45	30〜45	26〜45	25〜41
女性	27〜38	27〜36	26〜33	26〜32	26〜30

表12-4 イス座り立ち10回にかかる性・年代別の時間
（単位：秒）

年齢（歳）	男性			女性		
	速い	普通	遅い	速い	普通	遅い
20〜39	〜6	7〜9	10〜	〜7	8〜9	10〜
40〜49	〜7	8〜10	11〜	〜7	8〜10	11〜
50〜59	〜7	8〜12	13〜	〜7	8〜12	13〜
60〜69	〜8	9〜13	14〜	〜8	9〜16	17〜
70〜	〜9	10〜17	18〜	〜10	11〜20	21〜

老化は脚からといわれるが，脚筋力についての指標でわかる。正しいスクワット姿勢でのイス座り立ちを10回行う。それに要する時間をストップウォッチで時間を測定する。①背筋を伸ばす ②両手は胸の前で腕組み ③膝が伸びるまで立ち上がる ④すばやく①に戻る ①〜④で1回とする。回数による基準を示す（表12-4）。この表によって性別で速い，普通と評価されるとあなたの現在の筋力は生活習慣病予防のための目標となる筋力にほぼ達しているといえよう。また，動作もしやすく安全なので，回数を増やせるトレーニングをすることが可能である。

［4］参加型の高齢者スポーツとマラソン大会

今日まで，年齢を経ても自己の体力・運動能力・志向などに応じて，豊かにスポーツを楽しむことのできる環境が次第に整えられてきたといえよう。スポーツ愛好者の中で，中高齢者がお互いに競い合いながらスポーツに親しみたい人には，日本スポーツマスターズが適している。全国的な総合スポーツ大会で，13種目（水泳，サッカー，テニス，バレーボール，バスケットボール，自転車競技，ソフトテニス，軟式野球，ソフトボール，バドミントン，空手道，ボウリング，ゴルフ）の競技が用意されている。

マイペース志向の人には，生涯スポーツの祭典に出場するとよい。これは全国スポーツ・レクリエーション祭といい，勝敗のみを競うのではなく，だれもが，いつでも，どこでも気軽にスポーツ・レクリエーション活動を楽しみ，交流を深めることを目的として，1988（昭和63）年から各都道府県持ち回り方式で毎年開催されている。

ウォーキングが好きな人には，多くのクラブ組織がある。㈳日本ウオーキング協会，は

日本市民スポーツ連盟の構成団体として毎年多くの催しを開催している。

世界的には国際市民スポーツ連盟（IVV）が，1968年に欧州の4ヶ国によって設立された市民スポーツ大会を主催する地域クラブの国際組織がある。安全な環境としての自然フィールド（Safety），その中での健康づくり（Healthy），自然や人のふれあいによって得る精神的充実感（Amemity），の三つを基本理念に，ウォーキング，水泳，サイクリング，歩くスキーの4種目の大会を実施し，現在では世界で35の国と地域で開かれている。近年ではIVVのイベントには毎年1,500万人の参加者が出るほどに発展し，スポーツを通じて，国と国との親睦・交流を楽しめることが特徴である。

これまでみてきたように多くの高齢者をはじめ，みんながスポーツに参加できるような仕組みが世界的なレベルで進んでいる。今後さらに生涯スポーツのよりいっそうの普及・振興を図り，あわせて，生きがいのある社会の形成と，健全な心身の維持・向上に寄与できると考えられる。

(西薗秀嗣)

2 障害者のスポーツの過去・現在・未来

［1］障害者スポーツの歴史

障害者スポーツの代名詞ともいえる「パラリンピック」という名称は，1964年オリンピック後に東京で第13回国際ストーク・マンデビル競技大会が開催された際に広く知られるようになった。Paraplegia（両下肢麻痺）とOlympicとの合成語である「パラリンピック」というネーミングが新聞などで毎日報道されたことによる。

ストーク・マンデビル競技大会は，ルードウィッヒ・グットマン卿により1948年に始められた。オリンピック・ロンドン大会開会式当日の7月28日，ストーク・マンデビル病院の入院患者である16名の車椅子選手によってアーチェリー競技会が催されたのである。このストーク・マンデビル病院は，第二次世界大戦で多数の障害者が発生することを予見したチャーチル首相により1944年にロンドン郊外に設立された病院である。ナチスによるユダヤ人排斥運動によりイギリスに亡命した医師のグットマン卿は，脊髄損傷病棟の責任者になった。特に「手術よりスポーツを」という方針のもと車椅子スポーツを重視した。大会はその治療の成果を問うためのものでもあった。ストーク・マンデビルの歴史は車椅子スポーツの歴史に等しいとまでいわれる。「It's ability and not disability that counts」というグットマン卿の言葉は，障害者のためのリハビリテーションやスポーツに対する強い決意を感じさせる。

東京大会以後しばらくはオリンピックとは関係なく開催されていたが，1988年のソウル大会でパラリンピック大会と再びネーミングされオリンピックと同じ地で開催された。さまざまな障害者を対象に含むようになっていたため，このときの名称の「パラリンピック」は，並行，同目的，相等しいなどの意のParallelとOlympicとの合成語とされた。

1989年に国際パラリンピック委員会（IPC）が設立され，現在ではオリンピック開催地で引き続き必ずパラリンピックが開催されることに定められている。グットマン卿提唱のもと始められた「リハビリテーションの一環としてのスポーツ大会」は，現在では「障害者が技を競う世界最高のスポーツ大会」として位置づけられている。

　日本の障害者スポーツの発展は，1964年11月に開催されたパラリンピック東京大会が契機となった。それまではごく一部の整形外科医やリハビリテーション専門技術者の間で社会復帰の訓練の一環としてスポーツが取り入れられ行われていたにすぎなかった。大会の大成功を受け，翌1965年第1回全国身体障害者スポーツ大会が岐阜県で開催された。以後この大会はリハビリテーションの成果を発表する場として通称「身障国体」と呼ばれ，毎年秋の国民体育大会に引き続いて開催されてきた。個人競技における選手の出場チャンスは一生に一度限りという制限のある「動機づけ大会」であることが特徴であった。すべての身体障害者を対象とした全国大会が30年以上にわたって継続されたことは世界にもあまり例を見ない。2001年宮城大会からは全国知的障害者スポーツ大会「ゆうあいピック」と統合され「全国障害者スポーツ大会」として開催され，出場回数についての参加制限も撤廃された。

［2］障害者が行うスポーツの種目

　パラリンピック北京大会では前回のアテネ大会での実施種目に加え，ローイング（ボート）が正式競技に追加され，アーチェリー，陸上競技，バスケットボール，ボッチャ，自転車，乗馬，フェンシング，フットボール（脳性まひ者7人制サッカー，視覚障害者5人制サッカー），ゴールボール，柔道，パワーリフティング，車椅子ラグビー，セイリング，射撃，水泳，卓球，テニス，バレーボール，ローイングの19競技が実施された。また冬季パラリンピック大会では，アルペンスキー，バイアスロン，アイススレッジホッケー，クロスカントリースキー，車椅子カーリングの5種目が実施される。

　このような競技種目のほか，登山やカヌー，車椅子ダンスなど多くの身体活動が障害者の間でレクリエーションとして広く行われ人気がある。

　これらのスポーツ種目のうち，障害者が行う場合にはルールの変更や特別な道具の開発がなされている場合がある。

❶一般競技ルールをほとんどそのまま用いる競技

　その中でも大幅なルールの変更や特別な用具を用いることなく実施される競技がある。たとえば車椅子テニスの場合には，ボールを返球するのにツーバウンドまで許される以外は一般の競技ルールがそのまま採用されると考えてよい。また，車椅子使用者の卓球では横方向への移動が困難なため，「サービスはサイドのエッジにかかることなくエンドラインを横切らなければレットになる」以外は一般の卓球とまったく相違ない。視覚障害者柔道の場合にも一般のルールとほぼ同様である。いったん相手と両手で組んだ後，身体を動かすことなく両腕を体側に下ろさせてから開始することだけが違っている。全盲の柔道家

でも健常者（晴眼者）とほぼ対等な実力を持つといわれる。

❷ルールの変更により行われる競技

　視覚障害者のマラソンでは健常な伴走者と50cm以内の長さのロープを握り合って走る。伴走すること以外は一般のマラソンと何ら変わらない。視覚障害者のアルペンスキー競技では，用いる用具は健常者と同じ物である。晴眼者が前あるいは後ろを伴走して声をかけながら誘導する。シッティング（座位）バレーボールは，下肢の障害者が床に座りながら行うバレーボール競技である。コートは片側5m（縦）×6m（横）と一般のバレーボール（縦横9m四方）に比べて小さく，ネットの高さは1m余り（男子1.15m，女子1.05m）である。特にアタックやブロックの際には選手はでん部をコートから浮かせてはいけない。

❸用具の工夫で成立している競技

　車椅子使用者は，アルペンスキー競技ではシットスキー（チェアスキー）を用いる。1本のスキー板の上にショック吸収装置を介して座席を取り付け，クラッチの先に短いスキー板を取り付けたアウトリガーをストックの代わりに用いる（図12-6）。アイススレッジホッケーは下肢の障害者が氷の上で行う競技である。台座の下に2本のブレード（スケートの刃）を取り付けたスレッジ（そり）に身体を固定し，短いスティックでアイスホッケーのようにプレイする。

図12-6　アルペンスキーに用いられるシットスキー（チェアスキー）
（©PHOTO KISHIMOTO）

❹障害者のために考案されたスポーツ

　「ゴールボール」は第二次世界大戦での負傷による視覚障害者のための球技としてヨーロッパで古くから盛んに行われてきた。3人1チームで鈴が入ったボールを転がしあう。敵が転がしたボールをエンドラインに到達させないよう阻止して得点を競う。視力にかかわらず全員にアイマスクの着用が義務づけられている。シュートがなかなかリングに届かない，あるいはプレイのスピードが速すぎるなどの理由で頸髄損傷者が車椅子バスケットボール競技に参加しにくいため，「ツインバスケットボール」が日本で考案された。通常のゴール（高さ3.05m）に加えてフリースローサークルの中心に低いゴール（1.20m）を設置する。障害のレベルに応じて決められた場所から決められたゴールにシュートを打たなければならない。最も障害の重い選手はサークル内で低いゴールにシュートを打つことができる。

　いずれにしろ，このようにいろいろな工夫をこらすことによって，あらゆる障害を持つ人のさまざまなスポーツへの参加が可能になる。

［3］障害のレベルとクラス分け

　わが国の18歳以上の身体障害者数は約350万人で人口比約2.8％にのぼる（平成18年厚生労働省調べ）。この他に知的障害者が約55万人，精神障害者は約300万人で，合わせて700万人以上の障害者が存在する。

　身体障害には，肢体障害，視覚障害，聴覚障害などがある。このうち肢体障害の部位の分類としては，体幹・脊柱の障害，上肢の障害，下肢の障害，およびそれらの複合障害がある。これらの肢体不自由の原因としては，脳性麻痺，脊髄性小児麻痺（ポリオ），脊髄損傷，進行性筋萎縮症，脳血管障害，骨関節疾患，リウマチ性疾患，切断などが含まれる。このうち脊髄損傷は交通事故などの外傷が原因で発生する。いったん損傷されると失われた機能を取り戻すことは不可能だと現在のところ考えられている。

　同じ脊髄の損傷であっても，より高位で損傷を受けた場合には，障害のレベルはより高度になる。たとえば頸髄損傷や上位の胸髄損傷は胸髄下部以下での損傷に比べて，下肢の機能が失われるだけではなく，座位姿勢におけるバランス保持能力が著しく劣る。

　障害者のスポーツの特徴の一つとして，選手の技術レベルがどんなに高くても，障害の種類や程度によって大きな有利・不利が生じることがあげられる。たとえば，両下肢切断の選手と片上肢切断の選手が同じ100m走で勝敗を決する場合には，走る前からすでに勝敗はあらかた決しているのに近い。脊髄損傷者の体力や運動能力も障害部位のわずかな違いによって著しく異なる。そこで，トレーニングや努力によっては解消しえないような障害に基づく能力差によらず，不公平なく勝敗を決することができるように，障害者のスポーツにおいては「クラス分け（障害区分）」や「持ち点制」が採用されている。

　「クラス分け」：障害の種類や程度の差が直接勝敗に影響する競技では，障害の種類や程度，実践動作などによって分類を行い，クラス別に競技を実施し優劣を決する。

　「持ち点制」：団体競技では，選手一人ひとりの障害状況に応じて「持ち点」を決め，出場メンバーの合計点数の上限を定めて競技を実施する。たとえば車椅子バスケットボールでは障害の重い選手から0.5〜4.5の持ち点が定められ，5名の出場選手の持ち点の合計が14点以内になるようにメンバーを編成する。

　一方では，クラス分けをはじめとするこのようなやり方は障害者を差別するものだと反対する意見もある。しかしながらクラス分けをせずに競技が行われた場合にはその結果は障害の軽重を反映するだけで，本人の努力やトレーニングの質はほとんど反映されないことになりかねない。たとえば，車椅子マラソンは一般に三つのクラス分けで競技されるが，それぞれの世界記録は2時間23分08秒（T51クラス），1時間40分07秒（T52クラス），1時間20分14秒（T53/T54クラス）と大きく異なっている。もし同じ土俵で勝負したとすれば，重度の障害者には最初から勝つチャンスは皆無といえよう。

　一般の柔道の試合には体重階級別の試合と無差別の試合が存在し，それぞれに別の面白さ，醍醐味がある。現在では体重別の試合のほうがより一般的である。障害者スポーツに

おけるクラス分けも，基本的には参加者のスポーツを行う喜びや見る楽しみが保障されるようルールを決定すればよいことであり，競技レベルが高度化していく現状ではクラス分けを行うことが一般的である．

クラス分けの方法や考え方も時とともに変化してきた．

初期には主として障害の部位や種類，程度による「医学的クラス分け」によって競技が行われた．最近では「機能的クラス分け」が主流となっている．障害の部位や病因によって分類されるのではなく，参加する競技において発揮されうる機能によってクラス分けが行われる．複数種目に参加する場合には，同じ個人でも参加競技ごとにクラス分けされる．車椅子バスケットボールを例にとると，主として下肢切断，脊髄損傷，ポリオの三種の障害を持つ者がプレイするが，体幹の機能が競技能力に大きく影響するので，病因には関係なく体幹の残存機能によってクラス分けされる．それに対してアーチェリーでは車椅子の改良によって座位バランスは確保されるので，上肢機能に障害があるか否か，すなわち補助具を使うか使わないかの2クラスに分類される．障害の種類を越えて競技を行うわけであるから，クラス分けには医学的知識だけでなくそのスポーツの特性に精通した専門家が必要である．複雑であるが競技における対等性がより明確になりつつあるといえる．

しかしながらトレーニングによる機能の向上によってこれまでに比べて障害が軽いと判断されてより高位のクラスに認定されたりすることがないともいえない．クラス分けは常に障害者のスポーツにおいて，特に国際競技会においては参加者の最大の関心事である．公正なクラス分けを行うためには，今後さらに障害とスポーツ種目の特性との関係についての研究が必要であろう．

［4］アダプテッドスポーツという考え方

障害の部位や程度のわずかな違いで身体能力には非常に大きな個人差が生じるという動かしがたい事実がある．しかしながら1時間20分14秒という車椅子マラソンの世界記録(1999年大分国際車椅子マラソン，H. Frei選手）などによってスポーツで発揮される障害者の素晴らしい能力を知ると，そもそも健常者と障害者という二大別にどれほどの意味があるのか疑問に思えてくる．実際に1952年ヘルシンキ・オリンピックではポリオの選手が馬場馬術競技で銀メダルを獲得し，1984年ロサンゼルス・オリンピックでは車椅子の選手がアーチェリー競技に出場している．最近でも視覚や聴覚に障害のある選手がオリンピックの水泳競技や陸上競技に出場している．このような選手はパラリンピック，オリンピックどちらの競技会をめざすのか，それは他者からの強制や規則によって決定されるべきものではなく，競技者自身の意志に委ねられればよいことであろう．

英語で「障害者」にあたる言葉として古くは "handicapped" が一般的であった．その後 "impaired" や "disabled" が用いられるようになった．国際的にはそうした言葉自体を使わなくなりつつある．近年では「障害者スポーツ」に代わる言葉として「アダプテッドスポーツ」が提唱されている．「アダプテッドスポーツ」という言葉の理念は，障害を持つ人

がスポーツを楽しむためには，その人自身と周囲の人びとや環境のすべてを統合したシステムづくりこそが大切であるという考え方である．すなわち，障害（impairment）が社会的不利（handicap）とならないようにする努力は二つの方向からなされるべきである．一つは「障害による能力不足（disability）」そのものを改善する努力であり，もう一つは「能力不足すなわちハンディキャップ」とならしめている社会環境を改善する努力である．

前者は体力を向上させること，すなわちトレーニングに相当する．後者はより多くの人がスポーツに親しむ機会を持てるように環境を整備することである．バレーボールやバドミントンのラリーポイント制への変更やバスケットボールの3点シュートの採用に見られるように，スポーツのルールは選手や観客の興味がより高められるよう適宜改変される．スポーツのあり方を少し変えて（アダプトさせて，適合させて）すべての人にとってさらに面白く平等に楽しめるようにしようというのが「アダプテッドスポーツ」の考え方である．

「We are all handicapped on the ski slopes：Our feet are not long enough. So we use skis. Our ankles are not rigid enough, so we wear boots. Our arms are not long enough, so we use poles. Without special equipment none of us could challenge mountain slopes or snow-covered trails. We all adapt in special ways, and in this respect, the disabled are no different.」

このような言葉でLeonard（1988）はアダプテッドスポーツの本質を紹介している．「アダプテッドスポーツ」という言葉は従来の「障害者スポーツ」とほぼ同義で用いられることもあるが，対象者として高齢者や子ども，そして健常者まですべて含んで考えることも可能である．

「障害者スポーツ」というジャンルがきわめて特殊なものとして存在するわけではない．すべてのスポーツにおいて，個人の能力や必要性に応じたルールが工夫され，またそれらに応じたクラス分けで競技が行われている．そこでは「障害者という集団」は消失し，障害は「能力の個人差」にすぎなくなる．障害者の中にも健常者の中にも同様に個人差がある．個々の存在を尊重することが「アダプテッドスポーツ」の理念である．

［5］障害者スポーツの現在の動向

パラリンピックを頂点とする障害者の競技スポーツには現在のところ以下のような大きな流れが認められる．

❶IOCとIPC間の協力関係合意

2000年のシドニーオリンピック大会期間中に，IOC（国際オリンピック委員会）のサマランチ会長とIPC（国際パラリンピック委員会）のステッドワード会長により，両者の協力関係が話し合われた．その結果，オリンピック開催都市は，オリンピック終了後に引き続きパラリンピックを開催するという基本的な合意に達した．この合意の中には，パラリンピックは「もうひとつのオリンピック」と呼ばれるにふさわしい世界最高峰の障害者スポーツ大会をめざす，言い換えればパラリンピックのエリート性を高める方向性が含まれて

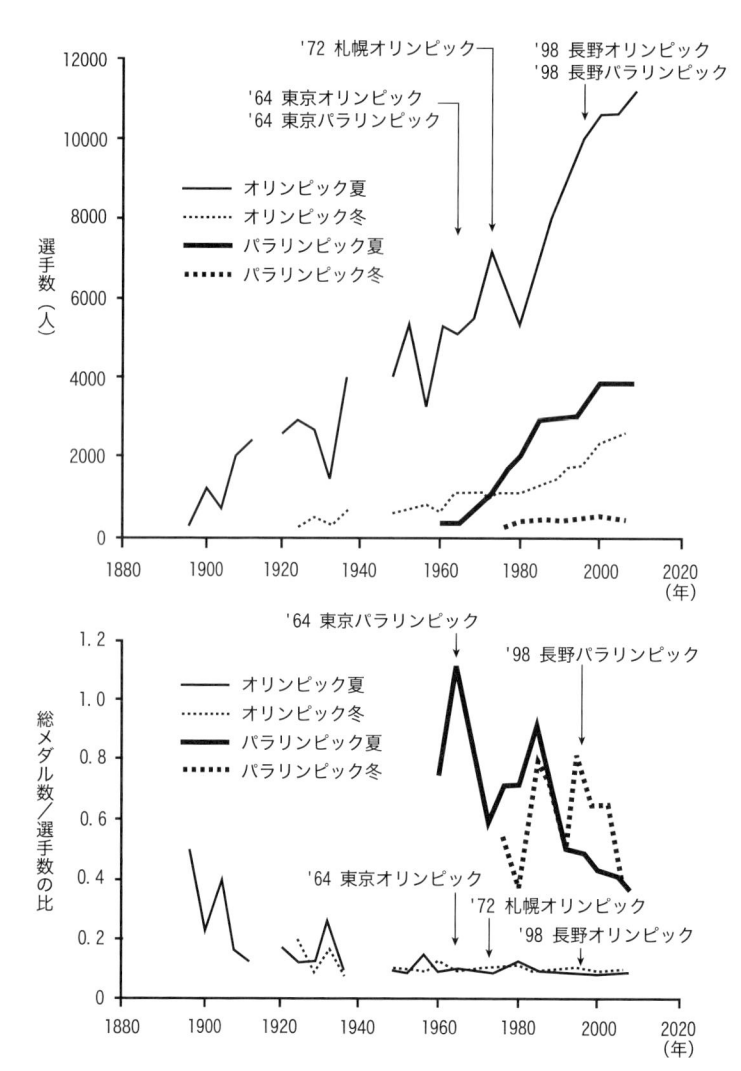

図12-7 オリンピックとパラリンピックの参加選手数（上）および総メダル数／選手数の比（下）の推移

図12-7にはオリンピックとパラリンピックの選手数（上段）および総メダル数／選手数の比（下段）の推移がそれぞれ示されている。オリンピックにおいては夏季冬季大会とも総メダル数／選手数の比はほぼ0.1で一定であるのに対して，パラリンピックではこの比が大きく，種目ごとの参加選手数が少ないことがわかる。選手としての母数が少ない場合が多いのでいたしかたないことではあるが，オリンピックに比べ相対的に種目数が多く比較的容易にメダルを獲得できるとも考えられる。今後はクラス分けを減らし，また競技成立のための参加選手数の下限や競技数・種目数の上限を定める方向に向かっている。

❷ 競技性の追求および一般の競技会との統合

　パラリンピックのエリート性を高める方向性に伴い，マスメディアの扱い方もこれまでと大きく変わった。テレビのスポーツニュースや一般新聞のスポーツ面，スポーツ新聞で扱われる。パラリンピックをはじめとする国際競技大会では標準記録が設定され，参加のためにはその記録の突破が求められる。当然トレーニングは厳しくなり，プロの選手も出現している。競技性が高くより激しいスポーツが観客の注目を集める傾向にある。その一方で地味な競技が切り捨てられていくことのないような配慮が必要であろう。

　一般の競技大会に障害者スポーツ競技を統合（integration）させようとする動きもみられる。健常者の陸上競技大会に車椅子800m競走などの障害者スポーツ競技がエキジビシ

ョンとして行われることがある。賞金額が大きく異なるとはいえ，テニスの四大大会では車椅子テニスのトーナメントも行われる。東京マラソンなどでは車椅子マラソンレースも同時に行われる。

❸ 進むアシスティブ・テクノロジー

競技レベルの向上に伴い，勝利に対する欲求も高まっている。ドーピング検査が行われ，陽性例も数多く報告されている。治療のために薬物を用いている選手も多く，健常者におけるドーピング問題とは別の側面も認められる。また，車椅子をはじめとした機器の改良が強力に進められている。カーボンファイバー製の両脚義足を用いたランナー（南アフリカのオスカー・ピストリウス選手，アテネパラリンピックの金メダリスト）が北京オリンピックに出場できるか否かで注目された。ドーピングにしろ，器具の改良にしろ，障害者スポーツにおいて競技力の向上を狙う医科学技術の進歩は，今後ますます難しい問題を提起していくことが予想される。

❹ 知的障害者のパラリンピック参加

パラリンピックシドニー大会では，陸上競技，水泳，バスケットボール，卓球の４種目で知的障害者について競技が実施された。しかし，バスケットボールにおけるスペイン選手の障害詐称（健常者が知的障害者として出場していたことが，大会終了後に選手自身の告発により明らかになった事件）によって，その後パラリンピックへの知的障害者の参加が凍結された。知的障害の判定基準の明確化を検討することなどによって，今後は知的障害者のパラリンピック参加が再び受け入れられる見通しである。

[6] 障害者スポーツの今後

障害者のスポーツが注目を集めるようになったとはいえ，実際にはまだまだ障害者がスポーツにおいて競争すること自体を否定する意見もある。ケガなどの安全上の問題があり，障害をさらに悪化させる心配があるからである。しかし，ユネスコによる「体育およびスポーツに関する国際憲章」の第１条に述べられている通り，「体育・スポーツの実践はすべての人にとって基本的権利である」。改めて書くまでもなく，競技スポーツをすることについても，見ることについても障害者に同様の権利があり，また社会にはそれを保障する義務がある。安全上の注意を十分に行うことは当然のことである。発育途上にある子どもは別として，高齢者であれ障害者であれ自分自身をコントロールできる大人であれば，スポーツ活動に親しむことはもちろん，記録を追求したり競争したりすることはまったく問題ないように思われる。

障害者がスポーツ活動に参加することは，スポーツがすべての人に開かれたものであることを社会に立証することにつながる。障害者がスポーツ大会に参加することは，記録に挑戦することに加え，競技を通じてお互いを評価しあい希望を見出すことにつながる。能力は違ってもスポーツのフィールドにおいては健常者と障害者とはまったく差別のない個々の人間である。

さて，ここまでパラリンピックを頂点とする障害者による競技スポーツを中心に述べてきた．しかしながら，わが国の身体障害者の50％は70歳以上の高齢者である．60歳以上は実に全体の74％に及ぶ（平成18年度，厚生労働省調査）．パラリンピックをめざすエリート選手の強化育成ももちろん重要ではあるが，高齢化，重度化する多くの障害者に対してスポーツへの参加，ひいては社会参加を促すことも依然として障害者スポーツのとても大切な役割であることに変わりはない．

　オリンピックを頂点とする競技スポーツ偏重への反動からか「生涯スポーツ」や「みんなのスポーツ」が強調された時期がある．健常者のスポーツ活動においてさまざまな楽しみ方があるのと同様に，障害者のスポーツ活動においても，より競争性の強い競技スポーツとレクリエーショナルな身体活動の両者でバランスのとれた発展が今後ますます期待される．グットマン卿に師事しパラリンピック東京大会の開催に尽力した中村裕氏の「チャリティではなくチャンスを」という言葉の重みを今一度噛みしめて考えることが必要であろう．

（桜井伸二）

課題

1. 年齢とともに低下する体力や運動能力について，個人差がどうして生まれるのか考えてみよう．
2. 祖父や祖母などの身近な高齢者について健康状態や望ましい運動や栄養の改善点について話し合おう．
3. あなたの育った地域でのウォーキングやマラソン大会などの参加型のスポーツ大会あるいは歴史的文化的な行事について発表しよう．
4. 「障害者」の種別や人口比，年齢別比率などについて調べ，国際的な比較をしてみよう．
5. 障害者スポーツのクラス分けについて話し合い，各種スポーツ種目についてのより適切なクラス分けシステムを考えてみよう．
6. 車椅子マラソン，車椅子バスケットボール，車椅子テニスなど，各種スポーツで用いられる車椅子に必要な機能を整理し，一般の車椅子と比較してみよう．

【参考文献】

1) 国立健康・栄養研究所，ティップネス『運動基準・運動指針－普及定着ガイドブック3』2009年．
2) DePauw, K.P. and S.J. Gavron "Disability and sport", 1995, Human Kinetics Pub.
3) 日本リハビリテーション医学会監修『障害者スポーツ』1996年，医学書院．
4) 日本身体障害者スポーツ協会編『身体障害者スポーツ指導の手引き』1997年，ぎょうせい．
5) 日本障害者スポーツ協会『障害者スポーツの歴史と現状』2007年，日本障害者スポーツ協会．
6) 矢部京之助，草野勝彦，中田英雄編『アダプテッドスポーツの科学』2004年，市村出版．

第 13 章

運動文化の意義と効用

**本章の
ねらい**

　まず日本の伝統武道の展開を日本史と関連づけて検討することを通して，その本質と伝統性，課題について考察する。次に藩政期薩摩藩では，固有の「郷中(ごじゅう)教育」として学問と心身の錬成が行われた。その精神と形態は，明治維新ののちも受け継がれた。そこで行われていた身体鍛錬とその意義について考察する。
　また，日本の伝統スポーツである蹴鞠や打毬は，大陸から古代日本に伝来したものであると考えられる。そこで，貴族社会の人気スポーツであった蹴鞠と打球戯に着目し，それらが時代とともにどのように行われ移り変わってきたのかを考察する。
　さらに，俘虜（捕虜）生活におけるスポーツ活動に着目し，人間にとってスポーツとは何か，運動文化の意義と在り方について考察する。最後の節では，スポーツの儀礼性について考察を行う。
　　キーワード：伝統文化，武道，薩摩藩，武芸，郷中教育，打球戯，蹴鞠，俘虜（捕虜）スポーツ，儀礼性

1　日本の伝統武道の歴史

　よく長い歴史と伝統があるといわれる武道であるが，その起源はどこにあるのだろう。まず武道の技の元となる戦闘技術については大昔から存在していたことがわかっている。国内各地の石器時代などの遺跡から矢じりや剣などの武器や甲冑が発掘されていて古代から戦闘技術が存在したことがわかる。奈良時代に書かれた『古事記』や『日本書紀』には神々が素手で決闘をするシーンが描かれており，現代の相撲や柔道に通じる格闘技の源流がうかがえる。こういった原初的で素朴な戦闘技術は，日本だけでなく世界各地に存在していて技法や武器に共通点が見出される。むしろ，わが国の戦闘技法は先進的な大陸文明から学んだものであろう。洗練された技と独特の理論や精神文化を持つ武道は，ここからどのようにして発達・変遷してきたのであろうか。

［1］武士の登場と初期の武術

　平安時代に入ると，軍事を専門とする軍事貴族の中から関東などの地方に土着し戦闘技術を磨き実力を高めていった集団が出てきた。この集団を「中世武士団」といい，特に平氏や源氏の一族が地位や財産，技術を世襲しつつ勢力を拡大していった。彼らは馬を巧みに操りながら馬上で弓矢や刀剣を使える高度な専門技術を有し，強い主従関係で結ばれた少数精鋭の武装集団であった。彼らは非常に高いプライドを持っており，戦（いくさ）の時は名乗りをあげ自分の武勇を誇示し，たとえ戦に負けても一族の名を汚すような行為を忌み嫌った。このように武勇と面目を重視し恥を嫌う彼ら独特の精神を「兵（つわもの）の道」と呼び，素朴な形ながら後世の「武士道」につながる新しい価値観を生み出していた。

　続く鎌倉時代は彼ら武士たちによる初めての本格的な政権であった。武士たちは「流鏑馬（やぶさめ）」「笠懸（かさがけ）」「犬追物（いぬおうもの）」など馬上で弓矢を扱う武術修練で腕を磨き，騎馬集団による少人数単位での戦闘方法に特徴があったが，来襲した元軍との戦（元寇（げんこう））で苦戦した経験などから後には歩兵による集団戦へと戦闘形態が変化していった。これに伴い刀剣や甲冑も馬上での取り扱いを考慮したものから，歩兵戦向けのものへと変化していった。

　応仁の乱（1467‐1477）以降は，約120年間にわたって日本国中が内戦状態となる戦国時代に突入する。この時代は戦闘の大規模化が進行し，もはや戦場は武士たちが個人の卓越した戦闘技術を競い合う場ではなくなり，いかに多くの兵士を動員し，訓練し，運用できるかといった用兵術が勝敗を分ける鍵となっていた。つまり，兵士たちに規格化された槍や弓を与え，武器ごとにグループ化して訓練を施し，陣形を整えて戦う戦法へと変化していったのだ。特に1543年の鉄砲伝来以降は，弓より扱いやすく威力も大きい鉄砲が用いられるようになり，標的となりやすい馬での戦闘は減少していった。そうであっても実際の戦闘では陣形が崩れた後は身近にある武器を手にして近接戦闘を行う必要があるため，武士たちは総合的な戦闘技術を身につけていた。

　こういった乱世の時代の武士は，戦場における平常心の維持や日常的な死への覚悟が求められたため，精神修養のために禅宗に傾倒する者が多かった。このため後に誕生する流派武術の思想に禅宗は大きな影響を及ぼすことになる。

［2］武士の戦闘と流派武術の誕生

　鎌倉時代前半までの武士は，馬を乗りこなし弓や刀剣を自在に操る技術，重厚な甲冑を身にまとい大きな槍や刀剣を振り回し戦場を駆けめぐる体力，何度も修羅場（しゅらば）をくぐり抜け一族の危機を守り抜く精神力と判断力を持った個人としての戦闘能力に優れた戦士であった。彼らはその超人的な身体能力と歴戦の経験により磨き上げた技能を誇った。しかし，彼らの優れた技法は後世のような洗練されたものではなく，まだ次世代に伝承するシステムは整っていなかった。たとえば，源平合戦で卓越した弓の技量で名声を高めた那須与一の弓技も後世に伝わっていない。その中で早くから武士のたしなみとされてきた弓馬術に

おいては優れた技量を持った小笠原家や武田家などの一族が知られていた。彼らは時の幕府や有力武将に仕え，流鏑馬などの儀式制定に関わるなかで技法を洗練させていった。刀剣や槍などの名人達人として世間に名をとどろかせた剣豪たちは戦国時代に数多く現れるようになった。飯篠長威斎，塚原卜伝，上泉伊勢守などの剣豪が有名であるが，こうした剣豪たちが流祖となり流派武術が生まれていくことになるのだ。

　たとえば下総国（千葉県）の飯篠長威斎は自らの技術を大成し天真正伝香取神道流を名乗り門下生に指導を行った。その中には塚原卜伝のような剣豪を輩出しその後の神道流系剣術の流れを作った。愛洲移香斎による陰流を学んだ上泉伊勢守はさらに独自の工夫を加えて新陰流とした。また室町初期の達人中条兵庫頭を祖とする中条流は伊藤一刀斎によって一刀流として大成した。江戸末期には750流派以上あるといわれた剣術流派のほとんどは上記三流（神道流，新陰流，一刀流）につながるとされるが，初期に誕生した武術は剣術など特定の武器に限定しない槍や薙刀，組討ちなどを含む総合武術であった。作州（岡山県）で誕生した竹内流が記録に残る最初の柔術流派とされるがこれは素手の格闘ばかりでなくさまざまな武器術を含めた総合武術である。これが時代を下るにつれ細分化（分派）し発展していくのである。たとえば，現存する槍術の名門宝蔵院流は新陰流の系統から槍に特化して独立した流派である。

［3］流派武術の特徴

　流派武術とは流祖が確立した優れた技術を体系化し伝承するシステムを構築した武術であり，流派ごとにそれぞれ他と差別化する特徴を持っている。その流派が成立するためには実はいくつかの共通条件があるとされる。

　◆流派成立の条件
- カリスマ性を持つ天才的流祖の存在
- 流祖に匹敵する技能を持つ後継者の出現
- 高度な技法の存在
- 技法や指導の体系の整備
- 伝授法の整備

戦国時代以降，数多くの剣豪が誕生したが後世に伝わる流派の祖となるにはカリスマ性を持つ強さを誇る人物でなければならない。名声をとどろかせ優秀な門下生を集めるためには圧倒的な強さと人気を持った存在が必要である。その指導を完全に吸収し流派を継承していく力を持った後継者たちと長期間，専門的な修練を要する高度技術でなければ世代を超えた伝承は難しい。その技術は系統的に分類，配置され，型などの指導法や伝授法を整備することでようやく正確な伝承が可能となる。

　伝承法の特徴として「秘伝」と「免許皆伝制」があげられる。技法や思想は技量の向上に伴い選ばれた弟子にのみ「秘伝」として教えられる。秘伝には師範が直接口づてに伝える「口伝」や巻物として伝える「書伝」が知られている。たとえ優秀な弟子が複数いたと

してもその流派を引き継ぐのは「免許皆伝」された一人のみで，しかも師範家のみに限定する「一子相伝制」を採用している流派も多い。こういった伝承制度が完成したことで流祖以来伝統の技法が数百年にわたり守られるようになったのだ。

［4］流派武術の発展

　江戸時代には幕府や諸藩の武術奨励により流派武術は隆盛を極める。特に江戸時代初期には武者修行や他流試合が盛んに行われたことで，主要流派の全国展開がみられるようになった。全国の大名も著名な武術家を積極的に雇い入れた。この時代の武士は士農工商の階級社会の中で，軍事専門家から人を治め，国を治める社会的リーダーの立場へとその役割を変化させていった。

　江戸初期の代表的武術理論として『不動智神妙録』（沢庵），『兵法家伝書』（柳生宗矩），『五輪書』（宮本武蔵）などが有名だが，実戦での技法や精神を見すえつつ武士としての日々の心構えや生き方を示した処世訓となっている。

　武術の技術的には平服着用時や屋内での護身術が工夫されてきた。また素手や小武器での格闘術に特化した柔術など技術の専門化が進んでいった。

　江戸中期になると平和が定着し武士の町人化がみられた時代であった。武者修行などは禁止され，武術の修行も実戦的な稽古を軽んじ理論面が重視されるようになり，武術の形式化や小手先だけの技術にこだわる華法化の弊害が指摘された。

　その中でそれまでの真剣や木刀での型稽古だけでなく，より安全かつ実戦的な稽古ができる竹刀と防具による竹刀打込稽古が登場するようになり武術が再び活性化する原動力となった。

　江戸後期には海外からの圧力の高まりを受けて幕府や諸藩が武力強化に努めるようになり，幕府による講武所，諸藩の藩校などが設置され，武士の武術修行も復活した。特に江戸の三大道場といわれた北辰一刀流の玄武館（千葉周作），神道無念流の練兵館（斉藤弥九郎），鏡新明智流の士学館（桃井春蔵直正）などは全国から門弟が集まり盛況を極めた（表13-1）。

表13-1　現存する主な武術流派

武術	流派	流祖（元祖）	現在の所在地
剣術	天真正伝香取神道流 鹿島新當流 柳生新陰流 小野派一刀流 示現流	飯篠長威斎直家 塚原卜伝高幹 柳生宗厳 伊藤一刀斎景久 東郷重位	千葉県佐倉市 茨城県鹿嶋市 愛知県名古屋市 東京都世田谷区 鹿児島県鹿児島市
柔術	竹内流柔術日下捕手開山 天真真楊流	竹内久盛 磯又右衛門正足	岡山県御津郡 東京都中野区
槍術	宝蔵院流高田派槍術	宝蔵院覚禅房胤栄	奈良県奈良市
薙刀	天道流	斉藤伝鬼坊	京都府木津川市
弓馬術	小笠原流	小笠原長清	神奈川県鎌倉市
砲術	關（せき）流	關八右衛門之信	茨城県土浦市

［5］相撲，弓術，薙刀について

　相撲は奈良時代から宮中や民間の祭礼などで行われてきた。江戸時代初期には神社仏閣の造営や改修費用捻出を目的とした勧進(かんじん)相撲として人気を博したが，治安を乱すなどの問題が出て禁止された。その後解禁され，現在の大相撲につながる発展を遂げた。諸藩は力士育成に尽力し，雷電などの名力士も登場し人気を博した。

　鉄砲の登場により実用性が低下した弓術も流鏑馬や通し矢などの祭礼や行事として盛んに行われた。

　一方，薙刀は平安時代後期に誕生し実戦で多用されたが，槍や鉄砲の登場で脇役の地位に下がった。江戸時代には武家の女性の護身術として盛んに行われていた。

［6］近代武道の誕生

　武家政権が終わり明治時代に入ると，武士階級の消滅，帯刀禁止，西欧式近代兵制の採用などにより武術の実用性が失われた上，政府の欧化政策により日本古来の伝統文化軽視の風潮もあって全国各地で行われてきた武術流派は急速に衰退していった。

　その中で直心影流(じきしんかげりゅう)の榊原鍵吉らは生活に困窮する剣術家を救済する目的で武術を見せ物として行う撃剣興行が一時的に人気を博した。

　1877（明治10）年の西南戦争は旧武士階級と新生日本との間におきた最後の内戦となったが，剣豪たちを集めた警視庁抜刀隊がめざましい活躍を残したため，軍や警察において武術が見直され始めた。特に警察では剣術や柔術が採用され，また武術大会を開催するなど武術奨励に貢献した。

　この時代に登場したのが嘉納治五郎による講道館柔道の創始であった。嘉納は東京帝国大学学生時代に天神真楊流と起倒流という柔術二流派に入門し修行を重ねた。そもそも体を鍛えるために入門した柔術だったが，体力だけでなく精神的にも強くなるなどさまざまな効果があることに気づいた一方で，長い時代を経て細分化した柔術流派の技術や理論には偏りがあり不完全であると感じた。そこで彼はさまざまな流派の特徴を取り入れ独自の工夫を加えた新しいスタイルの柔術を生み出し，1882（明治15）年，講道館柔道と名づけ本格的な指導を始めた。

講道館柔道がこれまでの柔術と異なる主な改良点は以下の通りである。

・危険な技を極力廃して，安全に楽しめるスポーツ・体育として整備したこと。
・科学的でわかりやすい理論や指導法を準備したこと。
・だれでも学ぶことができ，実力に応じた評価制度（昇段制度）を導入したこと。
・新時代に対応した新しい目的を整え，術から道として進化したこと。

　嘉納は講道館柔道の目的を「攻撃防御の技術練習を通じて心身を発達し人間形成を図ること」とし，技術修練はあくまで手段として位置づけた。これは戦闘技術の修練そのものが目的であった武術の「術」から人間形成の「道」としての「武道」へと発展させ，新時

表13-2 戦前の学校武道採用までの流れ

年	出来事
1879（明治12）	学習院で榊原鍵吉が指導
1884（明治17）	撃剣・柔術の教育上における利害適否の答申
1895（明治28）	大日本武徳会の設立
1898（明治31）	撃剣・柔術を課外活動として許可
1905（明治38）	大日本武徳会に武術教員養成所が開設
1911（明治44）	撃剣・柔術を中学正課として採用（随意科）
1926（大正5）	弓道，相撲，薙刀が正課に採用
1931（昭和6）	剣道・柔道が中学で必修

代のニーズに対応させたことに大きな意義があった。当時の教育界で重要な地位にあり，スポーツや体育界のリーダーであった嘉納は，剣術など他武術の普及，近代化や空手の本土紹介などにも多大な貢献をした。

明治時代には新しく学校教育が整備されたがそこに武術の採用を働きかける動きは少なからずあったが，1884（明治17）年の「撃剣・柔術の教育上における利害適否」に関する答申で正課採用は不適切と判断された。そこには当時の体育教育の方策に合わないという理由だけでなく，指導法などが未整備という問題も指摘された。その後徐々に学校教材として整備されていった。また，1895（明治28）年に設立された武道の全国的統括組織，大日本武徳会では武道指導者の養成を始め，1905（明治38）年に武術教員養成所を開校した。そうして，1911（明治44）年，撃剣と柔術を中学校正課として採用されることになった（表13-2）。

大日本武徳会では各武道の形や教授法，試合ルールの制定などを通じて流派間の違いを解消する役割も果たし，戦前における近代武道の発展に大きな影響を及ぼした。

しかし，日本が中国との戦争，そして太平洋戦争に突入する昭和の時代になると，武道は軍国主義体制にとって都合がよいものであった。国家の後押しで武道は盛んに行われていたが，もはや平和指向で人間教育をめざす近代武道としてではなく，国民の愛国精神の高揚や戦闘能力の向上をめざした戦時武道へと変化を遂げていった。

［7］現代武道の発展

第二次世界大戦で敗戦した日本には，連合国最高司令官総司令部（GHQ）による統治体制がしかれた。GHQは軍国主義化を助長したとして大日本武徳会を解散し，学校現場から武道を全面的に排除した。武道に関わる組織活動も禁止され，とにかく「武道」という言葉すら使用できない状態であった。その苦境の中でも柔道は講道館で比較的自由に稽古が行われるなど規制が緩やかであったが，これは戦前から海外に進出していたことや駐留米軍兵士の入門者も多くいたことなどで，好意的に見られていたことが背景にあったようである。一方の剣道は日本刀を振りかざす日本兵のイメージがあり強く警戒され，剣道愛好家たちは目立たないように稽古を継続していた。

こうした背景から，柔道や日本版アーチェリーのイメージがある弓道などは比較的早期に活動再開が認められたのに対し，剣道の場合はスポーツ面を強調した「しない競技」という名前での活動を経てようやく復活することができた。また薙刀は「なぎなた」と平仮名表記に変えた次の年に中学正課として認められた。当時は「格技」という言葉が使われ，

「武道」が学校現場に復活したのは1989（平成元）年になってからであった。時期の違いはあっても武道が学校体育に再び採用されるためには戦前の軍国主義と決別した平和で民主的な体育スポーツであることを宣言することが必要であり，戦前の戦時武道が残した負のイメージから抜け出すには長い年月がかかった。

表 13-3　戦後武道の活動再開の流れ

種目	連盟の設立	第1回全日本選手権	中学正課への復帰
柔道	1949	1948	1950
弓道	1949	1950	1951
剣道	1952	1950（しない競技） 1953（剣道）	1952（しない競技） 1957（剣道）
相撲	1946		1958
なぎなた	1955		1959

　武道種目の競技団体は1949（昭和24）年ころから設立されるようになり，新しい日本社会における武道の復活が始まった（表13-3）。また柔道ではヨーロッパを中心に戦前から盛んに行われてきたが，1951（昭和26）年にヨーロッパ諸国にアルゼンチンを加えて国際柔道連盟が設立され，翌年日本などの参加を経て本格的な世界規模での活動を開始した。

　1962（昭和37）年には財団法人日本武道館が設置され，1964（昭和39）年には日本武道館が完工した。同年の東京オリンピックでは武道種目初となる柔道競技がこの場所で開催された。またこのころから全国の体育系大学で「武道学科」が設置されるようになった。

　1977（昭和52）年に武道団体の統一組織である日本武道協議会が発足し，柔道，剣道，弓道，相撲，空手道，合気道，少林寺拳法，なぎなた，銃剣道の武道9団体が加盟した。これらの武道団体はそれぞれ普及度は異なるもののさまざまな大会や講習会などを開催し普及活動を行っている。

　現代武道はオリンピック種目である柔道を筆頭に競技面で大きな発展を遂げてきたが，空手道や相撲もオリンピック種目化をめざしており，剣道やなぎなたなども世界選手権を実施するなど国際競技としての発展を続けてきている。

　また武道は学校体育の中に定着し武道を通じた人間教育が行われてきているが，最近は日本の伝統的な文化や価値観を知る効果も評価されており，2012（平成24）年から中学校において武道が必修科目となることが決まっている。課外活動も盛んで少年大会から中学，高校，大学とさまざまなレベルでの大会や演武会が開催されている。

　相撲は伝統的に勧進相撲としてプロ競技として発展し，明治維新後はもちろん昭和の激動時代もその人気は続いた。現在はプロ競技としての大相撲を行う日本相撲協会とアマチュア相撲を統括する日本相撲連盟に分かれて活動している。また国際連盟も立ち上げ体重別制や女子の参加など国際スポーツとしての普及に努めている。

　旧来の流派武術は古武道として各地で保存されており，毎年日本古武道演武大会が開催されている。

[8] 空手道，合気道，少林寺拳法，銃剣道について

　空手道は中国拳法の流れを受けて琉球国（沖縄県）で発展してきた武道で，江戸時代の

薩摩藩支配下で極秘に受け継がれてきたが，嘉納治五郎の協力もあり大正時代に全国普及が開始された。早くから海外へ進出しており，現在では柔道と並ぶ国際武道として知られている。

合気道は柔術を学んだ植芝盛平が大正時代に興した武道でその後急速な発展を遂げてきた。戦後，国際連盟も設立され積極的な国際普及活動も行われているが，競技大会は行わず演武大会と講習会を中心に活動している。

少林寺拳法の歴史は比較的浅く，1947（昭和22）年に宗道臣により中国少林寺の拳法を元に創始された当て身技と関節技を中心にした技術体系になっている。勝敗を求める競技は行わない。

銃剣道は，明治時代に海外から導入された銃剣術を元に日本の剣術や槍術をブレンドし創出された武道種目である。終戦後，自衛隊の訓練として採用されるなどして復活すると共に，戦技的要素の代わりに武道，スポーツ性を前面に打ち出し普及を行っている。

［9］ 武道の今後の課題

現代武道は学校体育やスポーツ競技として社会に定着している。しかし過度の競技指向で人格形成という本来の目的が軽視されるケースが問題視されている。また少子化と価値観の多様化などから課外活動としての武道人口も伸び悩んでいる。2012（平成24）年から中学校で武道が必修となるが，的確な指導者の配置や教授内容の充実が求められている。

柔道や空手道以外の種目の国際進出も進んでいるが，過去に柔道が経験したような文化の違いによる問題発生が懸念される。伝統文化としての本質を保持しながらどのように発展させていくかが重要なポイントであろう。

長い年月の間受け継がれてきた武道だが，必ずしも伝統を重視するあまり変化を嫌ってきたわけではない。むしろ時代のニーズに対応し変遷しながら現在の形を作り上げてきたという方が正しいであろう。そうでなければおよそ500年間も生きながらえることは不可能であったはずだ。武道がこれからの時代に生き延びるためには，その本質部分は保ちながらも世の中のニーズに適応していく必要があろう。 （中村　勇）

2 薩摩藩の郷中教育と身体鍛錬

［1］「郷中教育」の目的と構成

藩政期諸藩には藩校が設けられ，子弟の教育が行われていた。藩によっては，道場の設備を有しない藩校もあったが，概して，学問や武芸の稽古が行われていた。

薩摩藩では，このような藩校とは別に，「郷中教育」と呼ばれる薩摩藩に固有の自治的な教育組織が形成されていた（山田，2007年）。

「郷中」（あるいは，「ごうじゅう」）とは，数十戸を単位とする武士の居住地の区画である

「方限(ほうぎり)」を意味する。薩摩藩時代には，同じ区画に居住する青少年の錬成を目的とする団体をさしていた。当時30余の郷中があり，それぞれの郷中で行われていたのが「郷中教育」であった。

「郷中教育」では，文武両道と心身の錬成を目的として，居住区域を同じくする青少年（6,7歳から24,25歳まで）が集まり，年長者が年少者を指導するという形態で，学問や武芸の稽古が行われた。

その構成は，「稚児(ちご)」（「小稚児」は6,7歳～10歳，「長稚児(おせちご)」は11～14,15歳）と「二才(にせ)」（14,15歳～24,25歳）からなり，「二才」が「長稚児」を，「長稚児」が「小稚児」を指導していた。また，「稚児」の代表として「稚児頭(ちごがしら)」が，「二才」の代表としては「二才頭(にせがしら)」が選出され，それぞれの責任者となっていた。「二才頭」は，その郷中の「郷中教育」全体の責任者としての役割も果たしていた。

幕末・維新期に活躍した薩摩藩士・西郷隆盛や大久保利通，海軍大将・東郷平八郎元帥らは，この薩摩の「郷中教育」の代表的な出身者である。西郷はまた，下加治屋町郷中において「二才頭」を務めていた。

[2]「郷中教育」の日課と身体鍛練

「郷中教育」の日課は，各郷中によって若干の違いはあるが，おおむね次のようなものであった。

「稚児」は，朝食の前に先生（先輩の「二才」）の家に行き四書五経などを読み，書を習い帰宅。朝食後再び集合して水泳や山登り，遊戯を行い帰宅する。午後は，「座元(ざもと)」あるいは「席」と呼ばれる持ち回りの当番の家で復習し，その後は午後6時まで主に武芸の稽古を行った。「小稚児」は，それ以降外出を許されなかった。「長稚児」は，夕食後午後8時まで「二才」が集まっている座元に出かけ，指導を受け，また詮議(せんぎ)（武士としての規範や心得などについて論議を行う）を見学し，「二才」に護衛され帰宅する。「二才」は勤務に出たが，勤務を持たない者は藩校・造士館に出席した。午後4時から，「稚児」の武芸の指導や自分たちの稽古を行った。午後8時ごろ「長稚児」を各家まで送り届けた後座元に戻り，さらに詮議を続けた。

稚児たちが午前中に行っていた遊戯としては，角力，川遊び，凧揚(たこあ)げ，綱引，ハマ投げなどがあげられる。

特に，2組に分かれて木の球（「ハマ」）を木の棒で打ち返し合う「ハマ投げ」は，「郷中教育」における勇壮な遊びとして武家の子弟の人気を集め，道路や馬場，空き地などで，冬季を中心に盛んに行われていた。

『薩藩舊傳集(さっぱんきゅうでんしゅう)』巻三（薩藩叢書刊行會編集・発行，1906年）には，延宝5（1677）年正月14日付で「はまをなけ」たことが原因で起きた喧嘩に対する処罰を記した文書がみられる。そこでは，厳しい身分制度のもとに，武家の子弟の遊びである「ハマ投げ」を，それを行う資格のない身分の従者がまねをして遊んだことが原因で起きた喧嘩に対して，本人への

処罰はもとより，主人とその父子ともに遠方の寺領に左遷となったことが述べられている。

また，『薩藩先公遺徳 下』(岩切実和編，1860年)には，浄國院（第4代藩主島津吉貴，治世1704年-1721年：宝永元年-享保6年）が，ある時南泉院馬場において稚児や二才たちがハマ投げを行っているところを観て，衣装や帯刀について指導する必要があると考え，剣術師範を通して指導させ，それ以降このような身だしなみに関して注意するようになったことが記されている。

これらの記述から，ハマ投げが馬場などで稚児や二才たちによって盛んに行われていたことがうかがえる。

武芸の稽古としては，示現流や野太刀自顕流（薬丸流）などの剣術が中心であったが，なかでも示現流が最もひろく行われていた。学問や武芸の稽古などを行わない正月の休みには，その武芸の稽古の代わりに，遊戯「ハマ投げ」が，身体鍛練として行われていたことは注目される。

「郷中教育」の思想と形態は，明治維新の後も「学舎」の教育に継承され，鹿児島の青少年の心身の育成が行われてきた。今日では10の学舎が存続しており，そのうち，鶴尾学舎，四方学舎など4学舎では道場が開かれ，野太刀自顕流の稽古などを通して心身の錬成を図っている。そして，これらの学舎の連合会が中心となって「破魔投げ大会」が運営され，道場の子どもたちも「ハマ投げ」を楽しんでいるということは，伝統スポーツ・遊戯の継承という観点からもきわめて興味深い事例である。

(山田理恵)

3 日本の伝統スポーツの変遷

[1] 蹴鞠（「けまり」または「しゅうきく」）

日本の蹴鞠は平安時代の宮廷貴族のものという印象が強いけれども，決してそうではない。蹴鞠は彼らの手で制式化されたものではあるが，その後，武士層に，また，江戸時代には町人・農民にまで愛好されていた。

❶伝来から蹴鞠道の成立へ

蹴鞠は中国大陸から伝来したとされているが，その時期・場所などについては不明である。周知の『日本書紀』皇極三年正月の法興寺の「打毬」は，これを打毬とする説もあって判然としない。しかし，遅くとも8世紀までには伝来していたであろう。鞠数（後述）を目的とする蹴鞠の記録は，『西宮記』延喜5（905）年3月，内裏天覧鞠で「一座で地面に鞠を落とさず206回蹴上げ続けたので，この者達に絹を賜わった」とあるのが最も古い。

このののち，蹴鞠は貴族の間でも愛好され，11世紀後半からの院政時代に著しく盛んとなった。白河・後白河両院がこれを愛好したことが大きく影響して，この時期に，施設・用具・技法・作法などの蹴鞠故実が蓄積された。そして，13世紀初頭の承元2（1208）年，後鳥羽院を道の長者にいただく蹴鞠道が成立し，これを記念する長者の鞠会が行われた。

やがて蹴鞠故実を伝える難波・飛鳥井・御子左の蹴鞠道三家が立てられ，飛鳥井家の『内外三時抄』や御子左家の『遊庭秘抄』などの蹴鞠書が作られた。以後，天皇・上皇が正式に臨席する鞠会は「晴の鞠会」と呼ばれ，公式行事として室町時代まで続いた。

❷ 蹴鞠のプレイ

ここで，『内外三時抄』に拠って，制式化された蹴鞠のあり方をみておこう。

鞠場と懸：蹴鞠のコートは，通常，邸の南庭に設けられた。図のように約18〜27 m四方の平坦な地域の中央一辺約7 mの正方形の各頂点に，高さ約4.5 mの樹木を一本ずつ植える。これを懸の木，略して懸という。正式の懸は，北西に松・北東に桜・南東に柳・南西に楓の4種類で，四季を表わし，植える方角が決まっていた。

鞠：鞠は外皮が鹿皮一重で中空，長径が20 cmほどの長球型，重さ100〜150 g程度，外皮をニカワ入りの塗料で固めているが気密ではないので，弾力や堅牢さは現代のボールには及ばない。したがって，強い打突や荒っぽい争奪には不向きだった。

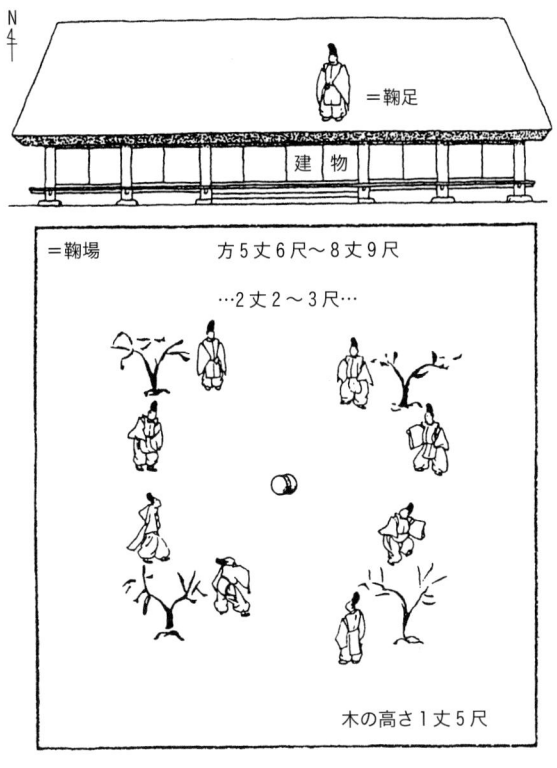

図13-1　鞠場の配置図

鞠足：プレイヤーを鞠足という。正式には8人，開始時には懸の両脇に一人ずつ立つ。

プレイの目的：一座8人で鞠を地上に落とさず蹴り上げ続けることである。上げ続けた回数を鞠数あるいいは数といい，数を数える役人をつけて行うプレイを数鞠という。

技法：キック；したがって，柔らかく蹴り上げて他の鞠足に蹴りやすい鞠を送ることが大切だった。蹴り足は右に限られ，頭・手・左足の使用は禁止されていた。垂直に懸の高さほど蹴り上げるキックを「うるわしく揚る足」といい，基本的な技としていた。また，遠くに落ちる鞠を滑り込みながら蹴るキックを「延び足」，背後の低い鞠を振り返りざま蹴るのを「帰り足」，身体で止めた鞠を足先まで流し下して蹴り上げるのを「身に添う鞠」という。これらは高等技術で「三曲」と呼ばれ，一つでもできれば鞠の上手とされた。

チームプレイ：8人全員で鞠数を稼ぐことが目的だったから，集団の技術も重視された。その代表的なものが「縮開」である。鞠が揚り，蹴る者が決まったとき，残りの7人は，鞠とキッカーの位置によって，次の鞠に備えてキッカーを囲むように移動する。これを縮開と呼び，いくつかのフォーメーションが決められていた。

以上のように蹴鞠は13世紀段階でかなり工夫され，洗練された球戯だったのである。

❸蹴鞠の変容，庶民の鞠へ

鎌倉時代以来続いてきた晴の鞠会は，1453（享徳2）年を最後として行われなくなった。このころには，政治・経済力の上昇につれて文化的欲求も増大した地方の武士達の蹴鞠熱が高まる。これに応えたのが京の飛鳥井家である。当主自ら精力的に陸奥・周防などの遠国まで出向いて蹴鞠を伝えた。結局16世紀中には全国の武士層に蹴鞠が広まった。鞠会も儀式ばらず，身分・格式に拘らない寄合的性格を持つものとなっていった。

江戸時代には，蹴鞠でも免許と取次師匠を媒介とする家元制度が形成され，飛鳥井家はその頂点にあった。そして，町方・村方へも蹴鞠が広まり，茶の湯，俳諧とともに，富裕な農民・町人の閑雅な娯楽となった。

当時の庶民向けの蹴鞠書には「蹴鞠十徳」という教えがあった。蹴鞠から期待できる十の効用という意味である。それは，①神徳，②姿良くなる，③足きく，④目早し，⑤無病，⑥愛敬あり，⑦高家と交わる，⑧一芸足る，⑨独り慰む，⑩成仏だった。

すなわち，蹴鞠をすれば，現世では神のご加護にあずかり，死後は成仏できる。身体的には容姿・脚力・視力がよくなり，病気をしなくなる。社交上では，好ましい人柄になり，身分差を超えた交際ができる。また，教養，娯楽としても有効である，という。つまり，今日の「生涯スポーツ」と同様，時代なりの公益性を主張していたのである。（渡辺　融）

［２］伝統打球戯の展開

日本の伝統打球戯である打毬は，騎馬または徒歩で，毬を毬杖で毬門に入れることを競う遊戯である。この遊戯は，古代西アジアにおいて行われていた馬上から杖で球を打ち合う遊戯が，中国大陸を経て古代日本に伝わり生まれたものであり，その同じ源から，西に伝播したものがポロとなったと考えられる。

打毬は，10世紀末までに衰退するが，それに代わって，打毬から生まれたと考えられる，徒歩で球を打ち合う毬打（「毬杖」とも表記する）が，庶民や子どもたちの遊びとして日本各地にひろまった。この遊戯は，時代や地方によって名称や競技法を変えながら行われ（薩摩のハマ投げなど），特に江戸時代から明治期にかけて盛んであった。

また，衰退していた騎馬打毬は，徳川第八代将軍吉宗によって武芸として奨励され復興，以後幕末にかけて，幕府をはじめ諸藩で広汎に行われていたと考えられる。

これらの日本の伝統打球戯のなかで，今日では，八戸藩の加賀美流騎馬打毬と徒打毬（八戸市・長者山新羅神社），山形藩の騎馬打毬と徒打毬（山形市・豊烈神社），宮内庁主馬班の騎馬打毬，薩摩藩のハマ投げ（薩摩・大隅地方），白河藩の打毬の系譜をひくと考えられる桑名市の打毬戯などが残されている。

冒頭において述べたように，日本の打球戯の原型は，西洋のポロと同じ古代西アジアにおいて行われていた打球戯にさかのぼることができると考えられることから，日本の打球戯の系譜は，世界的にみても同じ源を持つスポーツ文化のひとつとして明らかにする必要

があるといえる。

そこで、ここでは、薩摩のハマ投げ、阿波騎馬打毬を取り上げ、それらの形態と展開について述べてみたい（山田，2007，霞会館他，2009）。

❶薩摩のハマ投げ

「ハマ」と呼ばれる木製の円盤を木の棒で打ち合う日本の民俗遊戯は、すでに述べたように、西洋のポロと同じ源を持つと考えられる。鹿児島県では、「ハマ（破魔）投げ」という名称で、薩摩藩時代以来の伝統的な形態と勇壮な精神を継承して定着してきた。

鹿児島市破魔投げ保存会（後述）によると、この遊戯の名称は、「輪」を意味する方言である「ハマ」に由来するという説から、片仮名で「ハマ投げ」と表記されることが多いが、「破魔弓の的」を「破魔」と呼ぶことに由来する正月の遊戯としてこの名称が生まれたとも考えられており、その場合は「破魔投げ」と表記される。保存会の名称にも、「破魔」に片仮名の読み仮名を付して、「鹿児島市破魔投げ保存会」と表記している。なお、柳田國男は「ハマと云ふ語の意義は今以て不明」としている（「左義長問題」〈定本柳田國男集第11巻『神樹篇』1969年，筑摩書房〉）。

鎌倉時代の初め，島津第一代忠久（1179年-1227年：治承3年-嘉禄3年）の家臣たちが鎌倉で行っていた遊戯を鹿児島に伝えたことが、薩摩のハマ投げの始まりであるとされる。

競技法は、おおむね次の通りである。

競技者が2組に分かれ中央線を境に相対して縦列になり、一方の組の先頭の競技者が、堅い木の枝を輪切りにした「ハマ」と呼ばれる円盤形の木の球を、地面を転がすように相手陣地に投げ入れる。相手の組ではそれを「ボット」（「木刀」の鹿児島の方言）と呼ばれる木の棒で打ち返す。以後、「ハマ」が止まって倒れるまで打ち返し合いが続けられる。打ち返し損ねた「ハマ」が自陣で倒れるとその組の負けとなる。1人が何回打ってもかまわない。

現在、「ハマ」は、樫などの堅い木の幹の直径約6cmの部分を約2.5cmの厚さに輪切りにしたもの、「ボット」は、ヤマグミなどの木の枝（直径約2.5cm）を幹の部分を残して切り、

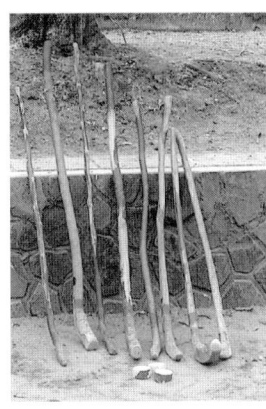

図13-2　ハマとボット
（筆者撮影）

図13-3　「ハマ」を打ち合う
（鹿屋体育大学学長杯破魔投げ大会より：筆者撮影）

その幹の部分をゴルフのクラブのような形に削って作ったもの（長さ約1m）を用いている（図13-2参照）。現在の競技法では，1組は5名，各競技者間は5mで，競技時間内（試合数により5〜10分間程度）の得失点で勝敗を競っている。図13-3は，先頭の競技者がハマを打ち返そうとしているところである。

藩政期薩摩藩においては，官立の藩校とは別に，年長者が年少者を指導しながら，学問や武芸を行う「郷中教育」と呼ばれる薩摩藩に固有の自治的な教育組織が形成されていた。

本章第2節においても述べたように，「郷中教育」では，武道をたしなむことを第一に，文武両道と心身の錬成を目的として，居住区域を同じくする青少年が集まり，年長者が年少者を指導しながら，学問や武芸を行っていた。

「郷中教育」における勇壮な遊戯として武家の子弟の人気を集めていたハマ投げは，道路や馬場，空き地で，特に冬季に盛んに行われていた。また，学問や武芸の稽古などが行われない正月の休みには，このハマ投げが，武芸の稽古に代わる身体鍛錬として行われていたことは注目される。

「郷中教育」の思想と形態は，明治維新の後も「学舎」の教育として継承された。近代鹿児島における社会教育は，この「郷中教育」の精神を受け継いだ「学舎」の教育によって特徴づけられるといえる。

各学舎では，学習（読書・討論など）と運動（相撲や遊戯など）を日課として，青少年の心身の錬成が行われた。運動においては精神を鍛練することが重視されていたが，その運動のなかで，「ハマ投げ」は，薩摩の勇壮な精神を継承する遊戯として盛んに行われていた。しかしながら，危険なために道路で行うことが禁止されたこともあり，ハマ投げは大正末までに衰退する。

第二次世界大戦によって，各学舎では多くの青年舎生を失い，また舎屋を消失するなど打撃を受け，戦後の占領政策のなかで一時活動を停止する。しかしながら，戦後の復興のなかで，「郷中教育」の伝統を受け継ぐ鹿児島の青少年教育のよりどころとして「学舎」再興の気運が高まり，再建されるに至った。この「学舎」の思想を継承した活動のなかから「ハマ投げ」復活の動きが生じ，1963（昭和38）年，鹿児島市学舎連合会が中心となって破魔投げ保存会（現鹿児島市破魔投げ保存会）が発足，伝統に則って用具の大きさと競技法が定められた。翌年の成人の日には「第1回鹿児島市破魔投げ大会」が開催され，今日に至る。薩摩藩以来の思想と形態を受け継いできた鹿児島の教育のなかで，ハマ投げは，薩摩藩士の気風を脈々と伝えてきたのである。

現在鹿児島では，保存会の他に，加治木町老人クラブ連合会（姶良郡加治木町：2011年3月23日姶良郡西部3町の合併により，同町は姶良市加治木町となる），鹿屋体育大学によって，伝統に基づきながらも独自の競技法が工夫され，それぞれの大会では，子どもたちから高齢者に至るまで男女を問わずこの伝統遊戯を楽しんでいる。このことは，生涯スポーツにおける伝統スポーツ・遊戯の在り方を考察するうえでも注目される。

❷阿波騎馬打毬

　冒頭においても述べたように，徳川第八代将軍吉宗が武芸として奨励し復興したと考えられる騎馬打毬は，武芸として諸藩で盛んに行われるようになった（八戸藩，山形藩，加賀藩，福井藩，松前藩，松代藩，和歌山藩，徳島藩，土佐藩，柳川藩など）。時代や地方によって，用具や競技場，競技法に違いがみられた。

　徳島では，藩政期から競馬とならび騎馬打毬が楽しまれていた。近代徳島に伝わっていた騎馬打毬は，当時の新聞資料などから，中老・岩田七左衛門三伯（生年不明。1668〈寛文8〉年60歳で没）が創始した解龍流馬術に基づくものであったと考えられる。徳島藩の馬術は，この解龍流と大坪流の二流派であったことから，大坪流の馬術家もまた騎馬打毬を行っていたと推察される。

　1940年に発行された『阿波國古式打毬競技會規則』（角野琴治編，西阿四郡畜産組合発行）によると，当時の競技法は次の通りであった。

　団体競技では，競技人数は赤白各5名または10名（各組15名から20名，あるいはそれ以上の場合もあった），主将である奉行役は赤白各1名。各組の競技者は，馬上から，竹製の杖の先に網を付けた「匙」と呼ばれる毬杖（長さ約1mの竹の棒の先端に，竹を曲げて琴糸のような糸を5，6本張った毬を打つ部分を取り付けたもの）で自分の組の毬（芯にもみがらやおがくずをつめ，赤白それぞれの色の布で俵型にくるんだ，玉入れの玉とほぼ同じ形状・大きさのもの。重さは1個15匁：約56g。馬数と同数）を自分の組の毬門に打ち込み，決勝戦である敷竹（地面に敷かれた丸竹）を勢いよく通過させ，どちらの組が早く自分の組のすべての毬を毬門に打ち込むことができるかを競う。いずれかの組の1毬が毬門に入れば，それ以降は赤白の奉行役が馬場に乗り入れ，相手の組の競技者を妨害することができる。競技時間は10〜30分であった。

　このほか，個人試合（赤白各1名または各2，3名で4個程度の毬で同様の競技を行う。競技時間は5〜20分）や駆込競技（奉行を先頭に馬場に駆け込み合戦を始める）も行われた。

　現存する八戸，山形，宮内庁の騎馬打毬は，毬をすくい上げ毬門に投げ入れるものであり，山形，宮内庁の毬門は，円を切り抜いた的の毬門を用いるなど，それぞれで毬門や用具の形態は異なり，競技法にも違いがみられる。また，徳島県内でも，地域によって馬場や競技法に若干差異があった。

　明治に入り，欧米近代文化の移入に伴って日本の伝統的なスポーツ文化の多くが細々と行われていたなかで，徳島では騎馬打毬が盛んに行われていた。当時の新聞によると，特に日清・日露戦争の頃には「阿波近世における打毬黄金時代を築いたほどで」あったが，昭和初期には，「軍旗祭，招魂祭，演舞大會などの餘興の範囲を出でぬほんの小規模のものが行はれてゐる」という状況になったようである（1939年1月4日付大阪朝日新聞徳島版）。

　そうしたなかで，1938年5月5日，大日本武徳会徳島支部によって騎馬打毬大会が開催された。以降，軍国主義の高まりに呼応して，武徳会支部による競技大会，馬匹協会や畜産組合などによる騎馬打毬の大会や講習会があいついで開催されるようになった。すで

図 13-4　戦後初めて開催された阿波騎馬打毬の大会（徳島県立穴吹高校にて：徳島新聞社提供）

に述べたように，1940年2月11日は，『阿波國古式打毬競技會規則』が発行されている。

阿波騎馬打毬は，馬の鍛練と改良，乗馬術の向上と団結の精神の高揚などに資する競技であるとして奨励されていた。復興当初は大日本武徳会徳島支部が中心となっていたが，後には郡の馬匹協会や乗馬倶楽部，畜産組合などによっても大会や講習会が開かれた。また農林省からの補助も受けていた。これらの点に，後述するような八戸や山形の騎馬打毬とは異なる阿波騎馬打毬の発展の特色があるといえる。

阿波騎馬打毬の大会は，1943年末まで開催されていた。戦局の悪化のなかで，阿波騎馬打毬は姿を消していったと推察される。第二次世界大戦後は，馬の需要の減少などに伴って徐々に衰退する。

そのような状況のなか，1953年11月21日，前述の「阿波國古式打毬競技會規則」の編者・角野琴治氏は，「徳島県畜産研究会会長，阿波国古式打毬競技保存会会長，美馬郡馬匹協会常務理事」として，徳島県教育長にあてて重要文化財指定申請書を提出した。また，1954年2月7日には戦後初の復活大会が開催された（図13-4）。

このような動きを受けて，同1954年8月6日，徳島県は，「阿波古式打毬」を徳島県無形文化財（1978年2月3日徳島県指定徳島県無形民俗文化財）に指定した。

さらに，同年10月2日には，全国統計大会の日程終了後，全国からの約2,500の参加者に阿波騎馬打毬を披露するために打毬大会が開かれた。

しかしながら，この後阿波騎馬打毬は徐々に衰退していったようである。1961年12月21日には，保存会から用具や装束が徳島県立博物館に寄贈された。

1976年4月4日には，第5回四国馬術競技会（県馬術連盟主催）第2日に阿波騎馬打毬の特別公開試合が行われたが，この試合以降阿波騎馬打毬が行われた記録は見られない。

現在徳島県では騎馬打毬は保存されておらず，騎馬打毬を行うことができる馬と場所の

不足により，復活も困難であるとみられる。2006年11月21日付で，「阿波古式打毬」は徳島県無形民俗文化財の指定が解除され，徳島県立博物館所蔵の関係資料（405点）は，同日付で徳島県有形民俗文化財に指定された。

ところで，現存する八戸，山形の打毬は，祭礼・神事と結びついて行われてきた。

八戸打毬会によると，八戸・長者山新羅神社の加賀美流騎馬打毬は，1827（文政10）年八戸藩第八代藩主南部信真が新羅神社を大改築し落成を祝って奉納したことに始まり，毎年大祭中日の中日（8月2日）に行われている。八戸ではまた，免許制度も確立されている。

また，山形豊烈打毬会によると，山形・豊烈神社の騎馬打毬は，1883（明治16）年の大祭日に奉納されたことがその始まりであるとされ，毎年10月6日に行われている。

八戸と山形の騎馬打毬は祭礼・神事と結びついていること，また八戸では免許制度も確立されていることが，今日まで継承されてきた要因であると考えられる。それに対して，近代徳島で行われていた騎馬打毬の場合は，馬の育成と馬術の訓練を主要目的とし，儀礼的な要素を持っていなかったということが，戦後阿波騎馬打毬が衰退した一因であると考えられる。このようなところに，今日まで継承されてきた八戸・山形の騎馬打毬の展開とは異なる徳島の騎馬打毬の特色があるといえる。

(山田理恵)

4 俘虜（捕虜）生活とスポーツ

［1］第一次世界大戦下の日本におけるドイツ兵俘虜の場合

第一次世界大戦の際，日本は日英同盟を結んでいたため，1914（大正3）年8月ドイツに宣戦布告し，同年11月当時ドイツの租借地であった中国膠州湾の青島要塞を攻略した。降伏したドイツ軍兵士たち約4,700名は，俘虜として日本に送られ，当初は12ヵ所の収容所に，最終的には，習志野（千葉県），名古屋（愛知県），青野原（兵庫県），板東（徳島県），似島（広島県），久留米（福岡県）の6収容所に収容されていた。ドイツ・ワンダーフォーゲルの初期の指導者として知られるカール・フィッシャー（Karl Fischer, 1881-1941）もまた，そのようなドイツ兵俘虜の一人であった。

当時日本では，「俘虜」は，国際条約に基づいて取扱規則等が制定され，人道的に処遇されることが定められていた。しかしながら，具体的な管理方針や対応は，各収容所当局によって異なっていた。したがって，体育・スポーツをはじめとする俘虜たちの文化活動には，所長の管理方針の違いによっても施設や活動内容に差異が生じた。また，収容所の立地条件によっても活動内容に違いがみられた（阿部他，2006年，73-92頁）。

特に，当初設置されていた四国の三収容所を統合して開設された板東俘虜収容所（俘虜数約1,000名。1917年4月9日開設，1920年4月1日閉鎖）では，収容されていたドイツ兵俘虜たちがベートーヴェンの第九交響曲を演奏し，それが同曲のアジアにおける初演であったこととして知られているように，戦時俘虜でありながら，収容所所長の理解と協力の

もとにさまざまな文化活動が許され，比較的ゆとりのある収容所生活を送っていた。その一環として彼らは，祖国で行っていたような仕方で体育・スポーツ活動を行い，それを通して地元の人びととの交流を深めた。

スポーツが大衆化し始めた時期にあった当時の日本の，しかも俘虜収容所という特殊な状況のなかで，板東の俘虜たちは，高度に組織化された体育・スポーツ活動を展開させた。所内に「スポーツ委員会」が組織され，その傘下に各種のクラブが成立，高度に組織化された多彩な体育・スポーツ活動が展開された。俘虜たちの手で収容所内外に運動施設も造られ，競歩大会，水泳大会のほか，「スポーツ週間」や，器械体操・徒手体操などの技を披露する「トゥルネン祭」も開催された。所外への散歩・遠足も実施されている。

健康保持と精神衛生上，身体運動を重視していたドイツ兵俘虜たちは，毎日の自由時間を主に体育・スポーツ活動で過ごしていた。異国での俘虜生活を送る彼らの体育・スポーツ活動に寄せる関心や期待は大きく，これらの活動が俘虜生活にとって大きな意味を持っていたことは，収容所新聞「バラッケ」の随所にうかがえる。異国の俘虜収容所という特殊な状況においてもなお実践された彼らの活動は，運動文化がドイツ人の生活にいかに深く根ざしているかということを示すものであり，今日のわれわれにいろいろな意味で運動文化の在り方や意義を考えさせてくれるものである。

また，俘虜たちの体育・スポーツ活動は，所外との交流においても重要な役割を果たした。大日本武徳会徳島支部は，俘虜たちを招いて「ドイツ武術研究演武会」を開き，武術の研究を行った。地元の人びとも，払い下げられた捕虜のテニスラケットを使ってテニスのまねごとをしたり，重量挙げをまねたりするなど，俘虜たちの活動を通して近代スポーツを愛好するようになっていった。

ところで，前述のように，板東の俘虜たちがアジアで初めてとされるベートーヴェンの第九交響曲の演奏を行った1918年6月1日は，地元の小・中学校の教師と生徒が収容所を訪れ，サッカーやテニス，器械体操などを見学した日でもあった。俘虜たちがのちに板野郡立農蚕学校（現・徳島県立板野高等学校）に出張し，体操の実技指導を行うようになったのもこの日がきっかけになっており，日本の体育・スポーツ史上，重要な日であることを強調しておきたい。板東のドイツ兵俘虜たちの活動は，日本の地方におけるスポーツの近代化を考察するうえでも，きわめて興味深いものであるといえる。

［2］シベリアの日本兵捕虜収容所における体育・スポーツ活動

時代や世界情勢の違い，戦争文化の違いによって，俘虜（捕虜）の取り扱いや俘虜（捕虜）の在り方に違いはあるにしても，第二次世界大戦後シベリアに抑留されていた日本兵捕虜（俘虜と捕虜は同義語だが，第二次世界大戦の場合は慣例に従い「捕虜」とした）の悲惨な収容所生活は，すでに明らかにしてきたようなドイツ兵俘虜たちの収容所生活とはまったく対照的なものであった（阿部他，2009年，73-92頁）。

当時シベリアでは，日本兵捕虜たちが，酷寒と飢餓のもと重労働に耐えながら，「ダモ

イ（帰国）」を合い言葉にひたすら帰国できる日を待ち望んでいた。極東ソ連軍政治部は，シベリアなどソ連各地の収容所に収容されていた約60万人の日本兵捕虜を対象に，収容所新聞「日本新聞」を発行した。この「日本新聞」は，徐々に日本兵捕虜たちの間に浸透し，所内での民主運動の高揚とともに，熱狂的に読まれるようになっていった[4]。「日本新聞」は，その目的や発行に至る経緯から，収容所生活を報じる記事においても，民主運動と結びつけた報道になってしまっていることは否めないが，収容所生活を捕虜の側から明らかにすることができる貴重な史料でもある。

同新聞では，各収容所において体育・スポーツ活動が活発に行われていた状況が報じられている。その内容としては，器械体操，バレーボール，バスケットボール，ラグビーなどの球技や，スキー，スケートなども行われ，また，行進や群舞など，集団による演技も好まれていたようである。民主運動の指導的グループや委員会が中心となって体育委員会などが組織され，その指導のもとに部やチームが活動していた。バレーボールやバスケットボールを知らなかった捕虜たちも，収容所生活のなかでこれらの球技に親しむようになった。蹴球では，独自のルールを制定するなどの工夫もなされていた。朝夕の体操や運動会などでの対戦は，日課である作業の際の班単位で行われ，用具購入のための費用は，その作業報酬をもとに資金カンパを行って出し合った。また，捕虜たちによる手作りの用具も用いられていた。

行事としては，地区体育大会や運動会などが行われていた。これらの行事は，メーデーの集会や民主運動と結びつけて行われていたことも報告されているが，演芸会や音楽会などと並ぶ貴重な娯楽の機会であり，収容所生活を明るくさせるものでもあったことも，「日本新聞」の随所に読み取ることができる。

また，運動施設が整備されるに伴って捕虜たちの体格も向上したこと，集団演技が好まれた運動会などの行事では，収容所生活の連帯と明朗化をめざす目的もあったことなどから，所内での体育・スポーツ活動は，捕虜の仲間意識を向上させ，捕虜の体格の向上にも結びついていたと考えられる。

収容所では，「日本新聞」を通して，日本軍国主義の批判や民主主義思想の啓蒙が行われていた。したがって，そこに掲載されている記事内容は，収容所内における民主運動の気運を煽り推進させる役割を果たしていたと考えられる。体育・スポーツ活動に関する記事も，その内容からみて民主運動との関連で書かれていることは否定できない。また，政治的スローガンが掲げられていた運動会や音楽会の写真からも，これらの活動が民主運動を啓蒙する場となっていたことが窺える。

しかしながら，民主運動との関連において行われていたことが窺える運動会やスポーツ大会であったにしても，それらの活動が捕虜たちに慰安と健康をもたらし，体力を維持するための活動であったことは明らかであり，毎日の体操や休日に行われるスポーツは，音楽会や演芸大会とともに，捕虜たちにとって貴重な娯楽であり重要な文化活動であったこともまた，明らかである。

日本人のシベリア抑留は，日本の戦後史の空白部分として今後さらに解明されていかなければならない問題である。人間であることと生きることを否定されたようなきわめて非人間的な状況の収容所生活にあっても，なお実践された人間的な活動である体育・スポーツなどの文化活動の実態を明らかにすることによって，体育・スポーツとは，ひいては人間の文化とは何か，ということを改めて問い直し，捕虜たちが，失いかけた人間性や生きることを，それらの文化活動を通してどのように回復させようとしたのかを検討することによって，逆に，それらの活動が許された「捕虜」とは，そしてシベリア抑留とは何であったのかを考察する手がかりを得ることができると考えられる。

すでに戦後60年以上が経過したが，戦後生まれの世代の日本人の多くが，近代日本がたどった戦争の歴史や軍事史，国際関係史，捕虜の問題などを充分に理解する機会を持つことができないままであるように思う。筆者もまたそのような世代の一人として，それらの事実や結果の歴史的意義を省察することの重要性を感じている。　　　　（山田理恵）

5 儀礼としてのスポーツ

　儀礼とは本来宗教的な儀式や一定の法に従って行われる礼式をいう。しかし儀礼に関する研究が進んだ結果，近年では適用される範囲が拡張され，宗教と関わりがない行事であっても，その行動様式や社会的機能に着目し，儀礼的な側面から理解する事例が見られるようになった。近・現代のスポーツはこの種の典型的な事例かも知れない。

[1] 儀礼の中のスポーツ

❶古代ギリシアのオリンピア競技祭

　古くからスポーツが宗教や政治儀礼の中で行われてきたことはよく知られている。近代オリンピック競技大会がモデルとした古代ギリシアのオリンピア競技祭はその代表的なものである。よく知られているように，この競技は古代ギリシアの最高神ゼウスへの奉納競技であって，祭典の中でゼウスが好むと考えられていた供犠の牛とともに捧げられたものである。この行事の開催にあたっては，ギリシア各地や植民市から祭典に集まってくる参加者たちに対する通行保障と，開催地であるゼウスの聖地への不可侵の合意が為されていた。出場者はギリシア人男子に限られ，前科者と涜神者は除かれた。また，優勝者への賞品は，主催者側からはオリーブの冠のみだったが，出身都市は様々な厚遇を与えたという。

　これらによっても，この競技が当時のギリシア世界に大きな権威を持ち，その秩序とヘレネスの文化同一性を確認・強化する重要な行事だったことがわかる。

❷モンゴルのナーダム

　シルクロードにそったモンゴルの民族スポーツ，馬・弓・相撲で構成されるナーダムは，今日では国家的な行事となり，革命記念日の前後，7月中旬に国家ナーダム祭として行われている。このナーダムは古くから行われているが，最も素朴なものは遊牧民にとって大

切な産物である乳製品が豊かに生産される夏，土地の神オボーと祖霊に捧げる祭りとして行われた。この祭は，ふだんは広大な平原に散って遊牧生活を送っている人びとが年に一回集まり，遊牧者として最も基本的な能力を競い，民族の団結と文化的な同一性を確かめ合う場だった。つまり，モンゴル社会の連帯を確認・強化する装置だった。

❸古代日本の節会スポーツ

シルクロードの末端に位置する日本でも，モンゴル同様，馬・弓・相撲の三種のスポーツが古代の宮廷儀礼である節会の中で行われていた。それらは一月十七日に行われた射礼（じゃらい），五月五日の端午節会で行われた騎射（うまゆみ）・競馬（くらべうま）等，七月七日（後に下旬）に相撲節会（すまいのせちえ）で行われた相撲である。

射礼は，正月に天皇が親王以下の臣たちの弓射を観覧する行事で，時代によって射るべき者の範囲は変わっているが，天皇を頂点とする律令制の国家秩序を具象化した行事であり，また，中国の例に倣った払魔の儀礼でもあった。

端午節会では，毒気払いの意味を持つ薬猟（くすりがり）の行事とともに，騎射・競馬等の馬芸が行われた。馬芸は奈良時代の騎馬武力強化政策に始まったもので，騎射の射手は，天皇の親衛隊である近衛の少将以下，兵衛府（ひょうえふ）の佐（すけ）以下の武官たちが務め，競馬の騎手もやはり近衛・兵衛の武官たちが務めた。騎射では，後世の流鏑馬（やぶさめ）と同様，馬場の埒（らち）（柵）に添って立てられた3枚の的を疾駆する馬上から射た。競馬は現代のそれと異なり2頭ずつで競争する。しかも2頭の同時出走ではなく，1頭が先に出て後の馬を待ち受け，そこから競走する形式だった。直線的な走力だけでなく，騎手（乗尻（のりじり））の駆け引きも重要だった。

相撲節会は，全国から選抜・貢進された相撲人が左右に分かれ，天皇の前で，回し一本の素裸で相撲を取る行事である。節会に先だち，2，3月ごろに都から相撲部領使（ことりのつかい）が派遣され，諸国が推薦する相撲人を引率して上京する。都では相撲人が左右それぞれに分かれて練習を行い，最強者を最手（ほて），次強者を腋（わき）とした。

初期には当日の番数は20番，最初の三番は占手（うらて），垂髪（うない），総角（あげまき）と呼ばれる子供相撲で，四番目からが正式の相撲人，最後が最手の取組だった。相撲節会は，占手の名称から察せられるように，一方では国家的な年占行事であり，他方では諸国から最強の勇者を貢進させて天皇の前で相撲を取らせる服属儀礼でもあった。

以上のように，節会は，一面では払魔，毒気払い，年占など，季節に合わせた年中行事であり，他面では古代律令制国家の秩序を確認・強化する儀礼だった。

律令制国家の衰弱とともにこれらの行事は漸次消滅したが，これらのスポーツは寺社の祭礼での奉納芸能に引き継がれた。そして，日本民俗学の先達柳田国男が「我が国在来の運動競技は，殆どその全部がこの種，祭りの日の催しから始まっている」（柳田國男全集13巻『日本の祭』所収）というほど伝統スポーツの温床となったのである。

［2］近現代スポーツの儀礼性

本節の冒頭で述べたように，近年の研究では儀礼の行動様式や働きに着目して，これを

次のように要約している。すなわち，儀礼は非日常的な装置や雰囲気の中で，また日常生活から隔絶され限定された時空間で，当該集団の中で定められた形式に則って行われ，重要な価値や事件を強く印象づける働きをすることが特徴である。

現代のスポーツ行事は，宗教や政治儀礼の一部ではなくそれ自体が独立した行事となっているけれども，スポーツでは，第一に，競技者や演技者が発揮する非日常的な力や技が，また帰趨が予測しがたい競技の勝敗の決着が，人びとに強い感動を与える。第二に，こんにちサッカーが「英語に勝る国際語」といわれているように，あらかじめ定められたルールに従って競技することは，参加者たちの文化同一性を確かめることにほかならない。

このようなスポーツの在り方や働きと上記の要約とを勘案すると，近代に至って一つの文化領域として独立したスポーツは，行動様式や機能から見て，それ自体に儀礼的性格が豊かに備わっていると考えられる。

❶儀礼としてみた近代オリンピック競技大会

宗教や政治的行事から独立したものとして行われる近代のスポーツ行事の典型が19世紀末に始まった近代オリンピック競技大会である。そして上述のように，この大会は儀礼としての性格を豊かに備えている。この儀礼性は，1960年代以降，同大会がテレビの衛星中継によって全世界に放映可能になったことでいっそう強力となった。

同大会の最も儀礼的な部分である開会式の聖火台への点火を例としてこれを見よう。オリンピアで採火してこれを開催地まで運ぶ聖火リレーは，同大会創始当初からあったわけではなく，実はナチ・オリンピックとして悪評高い1936年のベルリン大会から始まったことである。点火する最終走者の人選や点火方法には開催地のメッセージが籠っている。

印象が深いものを2, 3上げてみよう。40数年前，1964年の東京大会では，最終走者として当時早稲田大学学生で陸上競技のランナーだった坂井義則が選ばれた。彼は1945年8月6日に広島市近郊で誕生した青年である。その日は史上初の核爆弾が投下され，標的となった広島市が壊滅した日である。ここには日本が世界に送るメッセージ「核兵器の廃絶」と「戦禍からの復興」がある。

ついで1968年のメキシコシティでは，近代オリンピック競技大会史上はじめて女性走者エンリケタ・バシリオが最終走者として選ばれた。彼女はメキシコ先住民族の血を引く女性である。クーベルタンはじめ初期のIOC委員たちが女性の参加に否定的だったこと，初期には女性選手の参加がごく限られていたことを考えると，非常に画期的な人選だった。

あと一例は，1992年のバルセロナ大会である。ここでは点火者は身障者のアーチャー，アントニオ・レボリョだった。そこまで聖火を運んできた走者，バスケットボールの銀メダリスト，エピから矢尻に聖火を受けたレボリョが，聖火台へ向かって火矢を放った姿が印象的だった。この年は国連が設定した「障害者の10年」の最終年であった。

偏狭なナショナリズム色の強いメッセージは最近でもしばしば見かけるけれども，上記の三例は人類全体の共感を呼び起こすメッセージとして印象が深い。まさに現代の儀礼と呼ぶのにふさわしい。

❷學校運動会—近代日本の儀礼

　今から40年ほど前，当時進行中だった日本の高度経済成長政策の好調によって国際的には「近代化の優等生日本」への評価が高まっていた。そして，これを支えた有力な一本の柱が，国民の創出に有効だった近代学校制度であるとされた。その基礎部分である小学校は，統計的には20世紀初頭の1902（明治35）年に就学（在籍）率が90％を越え，1920（大正9）年には99％まで達した。このように日本の津々浦々に行きわたっていた小学校におけるスポーツ行事，運動会の「儀礼機能」は注目に値する。

　先にも紹介した柳田国男は昭和初年に「春秋の遊山が運動会と改まって非常に賑はしく，又活気のある，殊に少年達が悦ぶものになった」（柳田國男全集26巻『明治大正史世相編』）と指摘している。つまり，旧時代に春秋の季節のよい時期に行っていた野山への行楽に代わって，現在では土地の小学校の運動会が，出場する子どもたちにとどまらず，家族や土地の人びとを巻き込んで，当該地域社会全体の楽しみごとになっているという。

　小学校の運動会は1884年に行われた体操伝習所の「体育会」春季大演習会をモデルとして，以後，府県，郡，地域単位で連合運動会として行われ，さらに学校単独行事へと広がっていった。1910年代後半の横浜市元町小学校（尋常科6學年，高等科2學年，生徒数2,200人）の運動会を例としてこれを見ていこう。この運動会は，当時学校に近い横浜公園の芝生の運動場で行われており，町の名物で，毎年万余の観衆が集まっていたそうである。

　会の次第は以下の通りに行われた。

・当日朝7時に学校へ集合。隊列を組み，先頭に校旗とラッパを立て公園運動場まで行進。到着後，開会式：校長訓辞・君が代吹奏。
・午前8時演技開始，午前中35種目，最後に紅白対抗戦があって，11：30～0：30昼休み。
・午後は28種目，最終種目は高等科2年生の中隊執銃演習。
・午後3：40　閉会式：校長式辞・校歌斉唱・両陛下万歳。
・午後4：40　隊列を組んで帰校，解散。

　以上が，高等科を含んでいて規模は大きいほうであるが，典型的な小学校運動会の姿だった。柳田のいうとおり地域の人びとを巻き込んでの行事だったから，地域の連帯感を高めただけでなく，一方では，人びとに洋装・近代軍隊式集団訓練・競争といった西欧的近代や，近代日本の国家秩序を印象づける儀礼装置としても機能したのである。　（渡辺　融）

課題	1. 武術流派はどのように誕生し，発展していったか，時代の移り変わりにそってまとめなさい。 2. 藩政期薩摩藩における身体鍛練の特色と意義についてレポートにまとめなさい。 3. 蹴鞠書：飛鳥井雅有『内外三時抄』（1291年頃）を読み，感想をレポートにまとめなさい。 4. 伝統スポーツを現代において行うことの意義と課題について考察しなさい。 5. 近現代のスポーツの儀礼性について考察しなさい。

【参考文献】
1) 日本オリンピック・アカデミー編『ポケット版オリンピック事典』2008 年，三栄社.
2) 木村吉次（編）『体育・スポーツ史概論』2003 年，市村出版.
3) 桑山浩然・渡辺融『蹴鞠の研究』1994 年，東大出版会.
4) 阿部生雄・山田理恵・榊原浩晃（編）『多様な身体への目覚め』2006 年，アイオーエム.
5) 山田理恵『日本の伝統球戯の形態とその変遷に関する研究』2007 年，科研費報告書.
6) 霞会館・扶桑社（編）『騎馬打毬』2009 年，扶桑社.

column

歴史の中のボールマニア

　今日の日本では，サッカー，野球，ゴルフ，テニスなど球技のファンは多いが，昔も同様であった。ここでは歴史上のボールマニアを訪ねてみよう。

後鳥羽上皇（1180-1239）：その一人は後鳥羽院である。政治的には無謀にも幕府に戦を仕掛けて失敗，隠岐に流され，そこで生涯を終えた人である。個人的には和歌をはじめ琵琶・琴・武芸・水練等の諸芸に優れた多芸多才な人で，蹴鞠もその一つだった。

　院の蹴鞠人生で特筆すべき年は，やはり「道の長者」の称号を受けた承元 2 年である。この年の 2 月 23 日，お気に入りの水無瀬離宮で近臣 7 人とプレイし，何と 2,000 余という大変な鞠数を記録した。この時の模様は「数、二千余上げ了んぬ、天に釣りたるが如く地に落つる事なし、希代の勝事（一大事；渡辺注）、末葉の美談なり」と描写されている。

　この勝事が蹴鞠道の成立に繋がっていくのだが，ここにもう一つの物語があった。それは，10 日ほど後のこと，「去月廿三日二千上ル鞠、今夜五位ニ叙サレ了ンヌ、……此鞠ハ去建永二年四月一日、水無瀬殿ニ於テ一千上ル鞠也、両度斯ノ如シ、無双ノ物也、霊物カ、五郎冠者之括ル（作ル；渡辺注）所也」と側近の記録に記している。つまり，この時使った鞠の製作者は五郎冠者で，去年も水無瀬で千続いた鞠である。神仏が憑依した不思議な鞠であるということで，院が鞠に五位の位を与えたという。

　五位とは昇殿の資格がある位で，いかにも公家社会らしい発想だが，二千の鞠数がいかに大記録であり，これを達成した院の悦びがいかに大きかったかが知れよう。

紀井長左衛門（1708-?）：もう一人は江戸時代中頃の大坂平野町に住む紀井長左衛門である。渡世は江戸問屋，宝暦 11（1761）年に幕府が 170 万両の御用金を大阪の商人たちに課した際，5 千両を割り当てられたほどの富商だった。

　蹴鞠界では鞠取次または目代，すなわち，家元制度下の取次師匠を 70 歳まで 30 年以上も務めた。新しい弟子が入門すると，道家はこれに入門・蹴鞠装束等を免許し，門弟は謝礼を納める。両者を仲介し，さらに地域で門弟たちを指導・監督するのが彼の仕事だった。

　彼は鞠取次として，京・大坂を中心に各地の鞠会に顔を出し，参加者や座組（プレイの組合せ表）などの記録，また，平野町の自邸の鞠場への出席者（多くは彼の弟子）と座組等の記録を残している。

　このなかで目を引くのは，44 歳の宝暦元年晩秋から初冬にかけて江戸へ蹴鞠行脚を行った際の記録である。江戸には約 2 ヶ月逗留し，神田・日本橋・浅草界隈の鞠場 8 箇所を訪れ，90 人余りの町方の鞠足たちとプレイしている。

　蹴鞠道家の当主難波宗城の人物評では，彼は「強情でせっかちなので，人からは好かれていないが，蹴鞠に関しては非常に熱心で，出費に糸目を付けず，また周囲の評判も気にしない」という相当なマニアだったらしい。家元としては頼りになる存在だっただろう。　　　（渡辺　融）

第14章

オリンピックと現代

> **本章のねらい**
>
> 　本章では，今日行われているオリンピック競技会の成立とその変容を理解し，その視点からオリンピックに直面する今日的課題をとらえ，今後のオリンピック・ムーブメントのあり方を模索する。
>
> 　また，「21世紀オリンピズム」はオリンピックの問題ではなく，身体運動の文化現象全体を総称する新しい概念の仮称である。人間の狂いを積極的に評価し，死体化していた身体に再び生をとりもどさせ，人間的な感覚的事実の復権の道を探る。
>
> 　キーワード：古代オリンピック，近代オリンピック，オリンピック教育，棺桶作りの目つき，ホモ・デメンス，感覚的事実，21世紀運動学陶冶

1　オリンピックの展望と課題

　スポーツを行っている人ならだれしもが憧れるオリンピック。オリンピックは多くの種目が一同に会して行われるスポーツの祭典だが，その始まりは3,000年前のギリシャにまでさかのぼる。平和のシンボルとされるオリンピックは，どのようにして始められ，今日に受け継がれてきたのだろうか。

［1］古代オリンピックの復興から近代オリンピックの創設

　今日行われているオリンピック競技大会は，古代オリンピックの復興として始められた。では，古代オリンピックとはどのようなものであったのだろうか。

　古代オリンピックは，ギリシャのペロポネソス半島のオリンピアで，紀元前776年から紀元後393年まで1,200年間の長きにわたって行われた4年に一度の祭典であった。ここで行われた競技は，当初は走競技のみであったが，やがてレスリング，ボクシング，パンクラチオンという格闘技や戦車競走，競馬などの馬の競技が加わった。

　参加資格はギリシャ人であることが基本的な条件であったが，この規定は徐々に緩和され，さまざまな民族が参加できた。

図14-1 オリンピアのスタジアム遺跡（左）とスタジアムへ通じるゲート（下）

　オリンピアの競技祭は，ゼウス神を祀る祭典ということで，宗教的な意味合いを保ち続けたことと，そこにギリシャ人としての帰属意識（アイデンティティ）を感じていたことが，長く続いた理由とされる。古代オリンピックが終焉した理由も，宗教的な理由であった。ローマ帝国の支配下でキリスト教が国教になると，ゼウスを祀ったオリンピアの競技祭は異教の祭りとして禁止された。さらに異教神殿破壊令が出されると，オリンピアに建てられていた神殿が破壊されてしまった。

　さて，古代のオリンピアの祭典が終焉しても，ヨーロッパに住む人びとにとって，オリンピアへの郷愁は絶えることがなかった。各地で行われていた祭り，娯楽などのイベントにオリンピアの名をつけて開催する例がルネサンス期以降から見られる。中でも，1776年にイギリス人チャンドラーがオリンピアの遺跡を発見すると，古代オリンピックを意識した競技会がヨーロッパ，北米などで開催されるようになった。

　これらのうち，近代オリンピックの成立に影響を与えたのは，イギリスのマッチウェンロックで開催されたオリンピア競技祭とアテネで開催されたオリンピア競技祭である。

　前者は，ブルックスという医者が，労働者階層の人びとの教養と社会的立場の向上をめざしたチャーチスト運動に関わり，その一環で，運動競技の競技会を毎年行い，賞を授与したのが始まりであった。1850年に始められ，当初は古代オリンピックを意識したものではなかったが，1860年以降，競技会の名前を"オリンピア競技祭"とし，やり投げ

や五種競技を取り入れるなど，古代オリンピックの復興を意識した。

やがて規模も大きくなり，1865年にイギリス・オリンピア協会を設立した。協会の規約には，大会の都市持ち回りや委員会の設立，国際的な競技会にすること，芸術競技の実施などが盛り込まれていた。ブルックスはアテネで国際オリンピア競技祭を行う計画を発表し，ギリシャ側と交渉した。実施には至らなかったが，10年後の1890年10月，ブルックスはクーベルタンをウェンロックのオリンピア競技祭に招待し，クーベルタンに夢を託した。クーベルタンは競技会の雰囲気に感動し，ウェンロックのオリンピア競技祭が古代オリンピックを継承したもので，ブルックスがその組織化と普及に努力していることを称えた。クーベルタンのオリンピック復興の着想に影響を与えたと思われる。

図14-2　ギリシア競技祭の賞品の壺に描かれた戦車競走

ギリシャでの第1回オリンピア競技祭は1859年に開催された。19世紀初めに，オスマントルコからの独立戦争が起こり，1832年に独立を勝ちとると，それを契機に，ギリシャ人は街づくりや芸術などで古代の文化や伝統を復活させ，古代オリンピックの復興をめざす動きが現れた。貿易商人ザッパスが，財産を提供したことで，ギリシャ人によるオリンピア競技祭が，アテネの公園で1859年に行われた。400年ぶりに独立を果たしたギリシャ人が古代の文化にアイデンティティを求めた行動であった。

当時のギリシャ政府は，経済力に富む近代国家の建設をめざしていたため，スポーツの競技会ばかりではなく，産業製品のコンテストに重点をおく産業博覧会も行った。1870年に第2回オリンピア競技祭が，復元されたパンアテナイ競技場にて開催され，3万人の大観衆が集まり成功をおさめた。この大会から，競技祭の目的が，産業振興のみならず，「身体的な活力」と「ミューズの崇拝」が主張され，身体的な競技と芸術や知性のトレーニング，それらと産業との統合による社会の発展がオリンピア競技祭の理念とされた。そして第3回オリンピア競技祭からは，競技に参加する青少年の育成という視点が盛り込まれ，さらには，オリンピア競技祭による民族を超えての平和意識の醸成ということもこのとき考えられた。1889年に第4回オリンピア競技祭，それ以降，全ギリシャ競技会が1891年と1893年に開催された。これら一連の競技会は，1896年の第1回近代オリンピック競技会の人材や組織の下地となった。アテネ大会の組織委員会の多くはオリンピア競技祭の関係者であり，メダル授与と芸術競技はオリンピア競技祭ですでに行われていた。古代オリンピックの復興は，当のギリシャですでになされていた。クーベルタンは，第1回大会の

終了後に，古代オリンピックがギリシャ民族に限られていたのに対して，近代のオリンピックは全世界の民族に開かれていることを強調した。クーベルタンは，古代オリンピックの復興ではなく，近代オリンピックの創設者というほうがふさわしいといえる。

［2］クーベルタンによる近代オリンピックの創設

ピエール・ド・クーベルタンは，1863年にフランス貴族の三男としてパリで産まれた。少年時代にはイエズス会系の私立学校でギリシャ・ローマ文明に魅了された。20歳のときにはイギリスのパブリックスクールを訪問し，スポーツが青少年の教育に重要な役割を果たしているのを目の当たりにした。やがてクーベルタンは23歳のときに，教育の中へスポーツを導入することで社会を変革できると主張した。

オリンピックの復興という発想は，古代ギリシャに関する教養，スポーツの教育的な役割への注目のほかに，ドイツにより発掘が始められたオリンピア遺跡への関心の高まりという社会状況も影響した。それらを背景として，1890年におけるブルックスとの出会いが，オリンピック競技会復興の直接的な誘因となった。これ以降，クーベルタンはオリンピック競技会について言及し始めた。

第1回近代オリンピックの開催地にアテネが選択されたのは，1894年6月16日から24日までパリのソルボンヌ大学で行われたパリ・アスレティック会議においてであった。主催者はクーベルタンで，この会議は後にオリンピック復興会議と呼ばれた。

会議はアマチュア問題とオリンピック競技会の復興について話し合われた。道徳性や国際化の視点から，オリンピック競技会の復興をめざすことが決議された。開催の周期は四年とし，第1回の競技会を1896年に行うことが決定された。開催地については，6月23日にアテネで行うことが満場一致で可決された。こうして，第1回オリンピック競技大会がアテネで1896年の春に開催された。

図14-3　ピエール・ド・クーベルタン
(1863 - 1937)

［3］初期のオリンピック競技会

第1回大会は1896年にアテネで開催され，9競技43種目，14カ国・地域から241人の選手が参加した。2008年の第29回北京大会は，28競技302種目，204カ国・地域から10,900人の選手が参加したので，競技種目数は5倍，参加国・地域は16倍，選手数は約50倍にも膨れたことがわかる。

第1回大会では，陸上競技のトラックは今とは逆の右回りであった。水泳はプールではなく，海上（ゼア湾）で沖から岸に向かって泳ぎ，体操は屋外で行われるなど，現在と違

(左から2人目のバーク選手〈米〉だけがクラウチング・スタートの姿勢をとっている。ちなみに、優勝したのはこのバーク選手であった)

図14-4　アテネ大会100m走決勝のスタート

っていた。マラソンは古代の「マラトンの戦い」の勇者の故事(戦勝の報告をいち早く伝えるために走った若者)にちなみ、マラソンからアテネまでを競走し、ギリシャ人のルイスが優勝して大会を盛り上げた。

表14-1　大会規模の比較

	1896年（アテネ）	1964年（東京）	2016年（リオデジャネイロ）
日数	10	15	17
競技数	9	19	28
種目数	42	163	306
参加国（地域）数	13	93	207
参加選手数	311	5,151（女性678）	11,277
スタジアム座席定員	4万席	5万席	8万席

女性の参加は第2回の1900年パリ大会からで、テニスとゴルフのみだった。

初期のオリンピックは個人やクラブ単位で参加したため、飛び入り参加の選手もいた。各国オリンピック委員会（NOC）ごとの参加になったのは1908年ロンドン大会からで、これ以降は、ナショナリズムを背景に参加国も増えたが、金メダル獲得をめざした国同士の争いが生じた。陸上の400mや綱引きで判定などをめぐり米国と英国選手が激しく対立した。

「オリンピックで重要なことは勝利するより、参加したことであろう」。各国選手団を前にペンシルベニアの主教が諭した言葉はクーベルタンにより紹介され、オリンピック精神を示すものとして有名になった。

ナショナリズムの高揚を象徴的に示した大会が1936年の第11回ベルリン大会であった。ヒトラー率いるナチスドイツのもとに開かれたオリンピックでは、ドイツ民族の優秀さを示そうと、10万人収容できるメイン・スタジアムが建築された。

それ以外にも、次のことが初めて試みられた。

オリンピアで採火された聖火を青少年のリレー形式で、ベルリンのスタジアムまで運ぶ、聖火リレーが始められた。女流監督レニ・リーフェンシュタールによる記録映画「民族の祭典」が製作された。また、写真判定装置やフェンシングでの電気装置なども開発され、科学技術の導入が本格化していくことになった。ナショナリズムの高揚は、各国のメダル競争にも波及し、オリンピック競技会の意味を問いかけることとなった。

［４］日本におけるオリンピック競技会の受容と展開

　日本のオリンピックへの正式な参加は 1909 年，講道館柔道創設者で東京高等師範学校（現在の筑波大学）校長であった嘉納治五郎にアジア初の IOC 委員就任の要請が届いたことがきっかけである。嘉納は受諾し，1912 年の第 5 回ストックホルム大会に，日本選手団団長として参加した。選手は，金栗四三（東京高師学生）と三島弥彦（東京帝大学生）の 2 名で，マラソンと短距離走に出場した。

　それ以来，日本は高等教育の学生や卒業生を中心に，オリンピック競技会に積極的に参加した。その背景には，嘉納治五郎による教育としての体育・スポーツの普及があげられる。

　嘉納治五郎（1860 - 1938）が，オリンピックを受け入れた理由は，「国際オリンピック大会選手予選会開催趣意書」（1911 年）の中で，「古代オリンピックがギリシャ民族の精神性を築いたように，世界各国民の思想感情を融和し，世界の文明と平和を助くる」「勝敗を超越して，相互に交流を深めて，相互の親善関係を深める」ことであると述べている。

　一方，嘉納は中国（清朝）からの留学生を 1896 年から受け入れた。後に宏文学院という学舎を建て，そこで本格的な教育を施すようになる。日本語や自然科学を学びつつ，柔道や長距離走などの課外活動を行うことも奨励した。嘉納は，中国人と日本人はともに手を携えて世界の文化の発展に寄与すべきである，と述べている。運動会を春・秋の年 2 回開催し，運動部（庭球，弓術，遠足）を設置した。柔道にも力を入れ，1903 年に宏文学院を講道館牛込分場に認定，帰国後文豪となる魯迅などが入門した。宏文学院卒業後，嘉納が校長を務める東京高等師範学校に入学する者も多く，そこでも留学生は運動会に参加し，サッカーのチームをつくって他の学校のサッカー部と対外試合を行っていた。嘉納が受け入れた中国人留学生は 1896 年から 1919 年までの 23 年間，宏文学院と東京高等師範学校あわせて約 8,000 人に達す。留学生にスポーツや柔道を取り入れて日本人と積極的に交流させ，体育・スポーツによる国際教育を，オリンピックに関わる以前からすでに実践していた。

　嘉納が，オリンピック・ムーブメントを統括する団体として，日本オリンピック委員会ではなく，大日本体育協会を設置したが，これは，嘉納がエリート選手の養成以上に，1 人ひとりの体育・スポ

図 14-5　初参加の日本選手団の入場行進（1912 年）

ーツの振興を第一に考えていたからであった。

　さらに嘉納は，オリンピック理念と武道（柔道）的な考えとの融合を考えていた。欧米のオリンピックを，世界のオリンピックにするには，オリンピック精神と武道精神とを一致させることである，と嘉納は晩年に述べている。武道精神とは，精力善用・自他共栄の考えのことであった。

　嘉納は，欧米のスポーツやオリンピック・ムーブメントを彼の体育・スポーツ観を通して受け入れ，さらに西洋のスポーツ文化に，身体と心を練る武道精神を加味することを構想していたといえる。

［5］オリンピックの肥大化と商業化

　第二次世界大戦後は，オリンピック競技会は会を追う毎に拡大した。参加選手の資格であったアマチュア（スポーツによる報酬をもらわない選手）という用語が1974年からオリンピック憲章からなくなった。1984年のロサンゼルス大会で組織委員会が成功させたテレビ放送権料と一業種一企業にロゴマークの使用を認めるスポンサーシップをIOCが取り入れたことにより，大会が赤字になる危険性は薄れた。しかしながら，アスリートよりも，スポンサーやメディアの発言が増したことで，大会の運営にも少なからず影響を与えるようになった。テレビ映りのよいように競技のルールが変更されたり，決勝時間の変更などの問題がしばしば指摘されるようになった。

　肥大化と商業化の中で，いかにオリンピック・ムーブメントを進展させる取り組みができるかが問われているといえる。

　その課題は，オリンピック理念をいかに関係者が理解するかにかかっている。そのためには，そのことを伝えるためのオリンピック教育が重要である。

　15歳から18歳の若者を対象に2010年から始められたユース・オリンピック競技会（YOG）でも，競技のみならず，青少年の教育と交流に力点が置かれた。オリンピック教育をアスリートたちに本格的に行う第一歩といえよう。

［6］日本におけるオリンピック教育：東京大会

　オリンピック教育が各国で行われるようになるのは，1970年代以降であるが，日本ではそれにさきがけて，1964年の東京大会を契機にすでに行われた。東京大会では，「オリンピック国民運動」が総理府，JOC，文部省，民間団体などの協力のもとに実施された。この運動は，オリンピック理解，国際理解，公衆道徳高揚，商業道徳高揚，国土美化，健康増進をめざした運動であった。国をあげてオリンピック・ムーブメントを展開するとともに，オリンピック開催のための市民教育の場でもあった。オリンピック展覧会が各都市を巡回して開催され，公民館などの社会教育施設において，オリンピック大会に関する講演会などが実施された。

　文部省は学校におけるオリンピック国民運動として，児童生徒に「オリンピック精神を

培い，日本人としての自覚にたちながら，国際親善と世界平和への態度を養う」目的で，『オリンピック読本』を作成し，小中学校に配付した。

このようなことを背景とし，各市区町村ではさまざまな試みがなされた。たとえば東京都千代田区では，オリンピック学習委員会を設置し，区内の小・中学校でオリンピック学習を展開した。同委員会では，"オリンピック学習の手引き"という副題のついた「オリンピックと学校」(1964(昭和39)年5月)を発行した。その中でオリンピックを学習する意義について，次のように説明している。

「近代オリンピック精神は，創始者の悲願ともいうべき国際親善と世界平和への熱意がその根底にあり，しかも公正で不撓不屈の運動精神が支柱となっていることはいうまでもないことである。これに加えるに国際社会人としての基本的行動様式とか，文化的国家の国民として身につけるべき道徳的要素等を強調するなど，いくつかの具体的な教育内容を抽出することができうるであろう。」

そしてオリンピック学習の目標として次の四つがあげられている。

(1) 国際親善に尽くす心，世界平和に貢献する素地
(2) 人間尊重の理念や態度，日本人としての自覚と誇り
(3) オリンピックの起源・意義，オリンピック精神の理解
(4) 運動・競技に対する関心，すすんで参加する態度

今日でも通用する立派なオリンピック教育であった。

これらのオリンピック学習を通して，オリンピックの理念を学ぶとともに，近づきつつある東京大会を迎える心構えも教育した。アジアで初のオリンピック競技大会を迎える際に，オリンピックの理念やオリンピック・ムーブメントを広く国民に理解させようとしたとともに，嘉納治五郎以来，スポーツを教育としてあつかってきたレガシー（遺産）であったといえよう。

［7］世界に広がる一校一国運動

1998年の長野冬季大会開催に先立って，長野市ではユニークな取り組みが行われた。それはオリンピックやパラリンピックに参加予定の国や地域と，子どもたちが交流を深める目的で，長野市内の小中学校，特殊学校など約75校で行われた「一校一国運動」であった。長野オリンピックの基本理念の中に「子どもたちを主役にする」という考えがあることに着目した長野国際親善クラブの小出博治会長の提唱が発端となって1996年から具体化した。各学校で交流相手国を決め，その文化や歴史を調べたり，相手国の人たちと交流したり，語学を学んだ

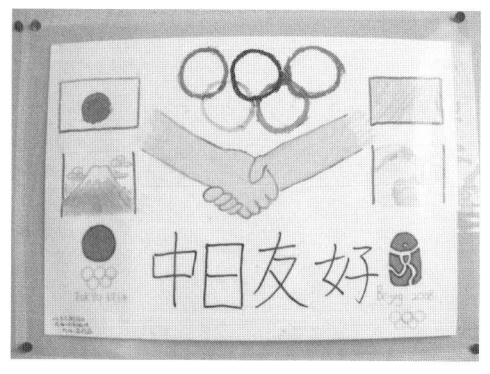

図14-6　中国の子どもが描いた絵画（2007年）

図14-7 ソルトレークシティ冬季大会で行われた日本文化の紹介（2002年）

り，手紙やビデオレターを送るなどの活動が展開された。オリンピックの期間中には，選手村の入村式に参加したり，選手団を学校に招いて交流会を開催する学校もたくさんみられた。これらの活動は，国際理解や平和の尊さ，環境保全意識の向上など，オリンピックの理念を子どもたちに理解させるのに大きく役立った。

長野市の学校では，国際理解教育の一つとして，現在でも一校一国運動を続けている。それらの中には，こうした活動が生徒たちの自主的な地雷撲滅運動に発展した例もある。一校一国運動に参加した児童の中には，それをきっかけにして国際理解や異文化理解に興味を持ち，オリンピック大会の開催地での交流を積極的に行いつつ，大学で文化やスポーツ方面の学習に進んだ人たちも多い。

これらは，オリンピック教育のレガシーとして重要であろう。

その後，この運動は2002年のソルトレークシティ冬季大会でも，ユタ州の小中学校で"One School One Country Program"としてオリンピック教育の一つとして広く実施され，また2006年のトリノ冬季大会でもこの一校一国運動は実施された。

2008年の北京大会をめざした中国では，「同心結プログラム」という名称で，北京市内の200校を超す学校で一校一国運動が展開された。

シンガポールで行われた第1回ユース・オリンピック競技会（YOG）でも，一校一国運動の流れを汲んだ活動が展開された。これはシンガポール内の学校と，各NOC内の学校とが交流するプログラムで，日本からは東京都内の2校が交流活動を行っている。また，2014年のソチでの冬季大会でも一校一国運動が行われた。

日本では，東京オリンピック・パラリンピックの招致活動を機会に設立された「嘉納治五郎記念国際スポーツ研究・交流センター」や筑波大学オリンピック教育プラットフォームで，オリンピック教育やアンチドーピング活動とともに，オリンピズム研究が行われるようになった。ローザンヌにあるオリンピック研究センターや，各国の研究センターと連携して，本格的なオリンピック研究が行われ，オリンピック・ムーブメントの進展に貢献することが期待されている。

（真田　久）

2 「21世紀オリンピズム」の構築

[1] 21世紀オリンピズム？

「21世紀オリンピズム」とは，これまで体育やスポーツなど身体運動，運動文化といわれてきた領域を総括的に表そうとひそかに考えている仮説である。1970年ごろから「体育」と呼ばれていた名称を「スポーツ」に変える提案が生まれた。現在なお未解決のままであるが，これは名称だけでなく内容にも関わる大きな問題である。筆者がかつて所属した学部には救急救命のコースも設置され，「体育」学部のなかにそれを位置づけることに違和感を覚えながらも，「身体運動」にも広がりが生じている現実も感じ，新しい総括概念を考えねばならないと思うようになった。

そのようなとき，筆者が関係した大学の中に「21世紀アジア学部」が新設された。それに刺激されて筆者の頭に，ふと「21世紀オリンピズム」という名称が思い浮かんだのである。それはオリンピックやオリンピズムの「21世紀版」を考えているのではなく，われわれの領域の，つまり広く身体運動全体に関わる文化領域に対する総括概念として考えていたのである。「体育学部」という従来の名称を「21世紀オリンピズム学部」にしてみることも可能ではないか，という夢みたいな発想である。

現在，世の中は明治維新や1945年8月に生じた変化と比較されるほどの変わり方を経験しつつある。われわれの領域においても同様で，名称の問題以上に，仮称「21世紀オリンピズム」の内実が問われねばならない時期を迎えている。本稿はそのことへの試案の提示で，まず「21世紀オリンピズム」を考えるために，変革されねばならないこれまでの状態，人間観を明らかにし，そのあと今後への展望を試みたい。

[2] 近代の体育やスポーツは何であったのか

周知のように近代体育は18世紀末に始まるドイツの汎愛派教育運動から生じた。身体教育に関してはグーツムーツ（1759-1839）が中心人物であった。彼は自分の体育的教育実践をふまえて1793年に "Gymnastik für die Jugend" を出版した。これは各国語に翻訳され，汎愛派の教育思想とともに欧米の教育界に拡がり，影響を与えた。わが国においても成田十次郎が翻訳した（『青少年の体育』1979年）。

グーツムーツはGymnastik（体育）を次のように定義していた。

"Gymnastik ist Arbeit im Gewande jugentlicher Freude."

これを成田は「体育は若々しい喜びにあふれた作業である」（129頁）と訳したが，その後の非人間的な展開を考えると，Gymnastikは「若々しい喜びに見せかけた苦役」と訳さねばならないと思えてしかたがない。成田訳は「若々しい喜び jugentlicher Freude」の部分を強調していたが，後者のは「みせかけて im Gewande」に注目した訳なのである。なお，ケーニヒ（山本徳郎訳『身体‐知‐力，身体の歴史人類学的研究』1997年）の学位論文

にもこの定義は引用されているが，翻訳ではケーニヒの文脈を考慮して「若々しい喜びという衣をまとった労働である」（132頁）とした。これは「労働 Arbeit」に重点を置いているが，ケーニヒは Gymnastik を人間身体の改造作業をする労働だったと解釈していたからである。筆者は，かねてから近代体育を含めて近代の営みはすべて「みせかけ」的にみえ，体育においても「『みせかけ』型体育からの脱皮を！」（『学校体育』2002年3月号）という主張をしたことがあった。

近代スポーツはイギリスのパブリックスクールの校庭で形成された。特にラグビー校の校長トマス・アーノルド（1795‐1842）の影響が大きかったようにいわれている。小説ではあるが，アーノルド時代の生徒であったヒューズの『トム・ブラウンの学校生活』（前川俊一郎訳，1952年）から当時の雰囲気をうかがうことができる。パブリックスクールは比較的裕福なエリート層の子弟が学ぶ中等教育機関で，大学を卒業してからは帝国主義時代のイギリスの指導者として海外へ飛躍したのである。この時代状況がイギリス・スポーツを海外へも進出させた背景だった。

普仏戦争（1870，71年）に敗れたフランスでは，若者の教育に心をいためたクーベルタン（1863‐1937）が，イギリスのパブリックスクール教育を視察し，スポーツの教育的意義を学んで帰国した。それをふまえて彼は1894年にソルボンヌ大学でIOCを組織し，1896年にギリシャのアテネで近代オリンピックを始める決議をした。周知のようにオリンピクは回を重ねるごとに発展し，20世紀はスポーツの世紀とまでいわれるようになった。そのなかで育ってきた近代のスポーツは人間を人間と思わないような方向をたどってきた。競技力向上に追われるスポーツマンは，近い将来DNAドーピングによって記録か生命かの選択を迫られるだろうとさえいわれるようになった。

近代の体育やスポーツがヨーロッパの国々に誕生したことを知ると，サイード（『オリエンタリズム』1986年）の下記の言葉が意地悪く思い出された。

「1815年から1914年までに，ヨーロッパの直接支配下におかれた植民地領土は地表面積のおよそ35％から85％まで拡大した」（41頁）。

ここでいうヨーロッパとは，19世紀に植民地獲得競争に奔走したイギリス，フランス，ドイツを中心とした国ぐにのことである。ドイツは近代体育発祥の地であり，イギリスは近代スポーツ誕生の地であり，そしてフランスは近代オリンピック提唱者（クーベルタン）の祖国であった。われわれの体育やスポーツが，地球上に広まった背景には実に生々しい帝国主義，植民地主義が存在していたことを肝に銘じておかねばならない。しかし，サイードは過去のことを糾弾することが目的ではなかった。今日これと同じようなことを，方法を変えて行っている自分の祖国アメリカへの告発だったのだ。

20世紀を迎えて体育もスポーツも大いに発展した時期に，ホイジンガは「スポーツは遊びの領域から去ってゆく」と述べ，スポーツの文化性への疑念を提示していた。それは「規則はしだいに厳重になり，細目にいたるまで考案されるようになった。記録はどんどん高く延びている」という当時の状況への思いからであった。また，同じような時代にオ

リンピックの創始者でIOCの会長をつとめたクーベルタンも次のようにいっていたという。おそらく，ホイジンガと同じ思いからの発言だったのだろう。

「もし輪廻というものがあって，百年後に再び生を受けるとすれば，私は，現在のこの私が作り上げようと骨を折ってきたものをおそらく破壊するような努力をおこなっているだろう」（森川，2006年）。

［3］近代における人間への眼差し

近代的な人間観はデカルト（1596-1650）に始まる。彼はそれまで中心的存在だった神を天上の座から突き落とし，そこに人間をすえた。「我思うゆえに我あり」といい，「思うものと我，考えるものと広がりをもつもの，認識と身体」という二元論の立場に立っていた。彼は神学の権威に対抗して科学を持ち出し，分析的方法で人間や身体を考えた。彼は死体の解剖や肉屋で動物の解体を見て，人間の身体を抽象的に要素的に各器官に解体し，それを再び設計技術者の眼差しで機械の法則にしたがって一つの身体機械に組み立てた。これでデカルトは身体を機械ととらえた。

機械的正確さを身体に期待したのがグーツムーツであった。「近現代の身体」の節で述べたように，グーツムーツは「感覚」つまり「身体」には欠陥があるので，一定の尺度に合わせて（測定して）修正することが必要だといった。測定された事実（測定的事実）には信頼を置いたが，人間的と思われる「感覚的事実」は評価していなかったことも，近代における人間への眼差しとして確認しておかねばならない。彼は，違いやズレの目立つ人間（感覚，身体）に訓練（ギムナスティーク）をほどこし，再度人間を神のように同質なものに（画一化）することを期待したのだろうか？

ドイツの哲学者カントは18世紀末に大学で教育学も講じたが，そのノートをもとに弟子の一人が1803年に『教育学講義』（梅根悟訳，1976年版）を出版した。本書は「人間とは教育されねばならない唯一の被造物であります」（12頁）と書き出し，人間は他の動物と違って教育されなければ生存がおぼつかない存在だとしている。そして「訓練，あるいは訓育は動物性を人間性に変えて行くもの」（12頁）だとし，「訓練とは，人間がその動物的衝動によって自分の本分である人間性から逸脱することのないように予防することです。たとえば，それは，人間が粗暴に無思慮に危険を冒すことがないように抑制します。それゆえに，訓練はただ消極的なもの，つまり人間から粗暴さを取り除くための行為にすぎません」（13頁）と述べている。ここに示された「訓練」概念は，今日のような積極的に進歩向上を願う訓練と違って，「取り除く」という消極的な用いられ方である。粗暴さとはいえ動物性という人間の基本的生命現象を取り除くという営みは，近代の教育学ではほぼ伝統的に見られた内容である。近代の教育は人間の非人間化であったといえるのではないだろうか。

近代における人間への眼差しとして，ホルクハイマーとアドルノが「棺桶作りの目つき」といっていたことも忘れてはならない。デカルト以来の近代社会では，人間の身体が「機

械」とみなされたり，「棺桶作りの目つき」で見られたりして，人間の身体が非人間的に見られることが常識になっていたのである。

[4] ホモ・デメンス

「21世紀オリンピズム」においては，人間を非人間的に見た眼差しを人間的なものへ向け変えなければならない。したがって，ここで再度人間的とは何かを問い直してみたい。ホイジンガは『ホモ・ルーデンス』の「まえがき」で，人類はホモ・サピエンス（理性）やホモ・ファーベル（作る）という呼び名を持ち出したが不適切で，ホモ・ルーデンス（遊ぶ）を加えることを提唱していた。これはたしかに一理ある提案であったが，筆者には，なぜ人間は理性をもち，物を作り，遊ぶように「なった」のか，または「なれた」のかについての説明がなされていないことが気になった。

この疑問に答えてくれたのが竹内芳郎の『文化の理論のために』（1981年）であった。彼はそこで「ホモ・デメンス」を提案しているのである。この言葉はモラン（古田訳『失われた範列―人間の自然性―』，1975年）によっても用いられていたが，モランの「ホモ・デメンス」は，これまでのホモ・サピエンス，ホモ・ファーベル，ホモ・ルーデンスと同じレベルで人間の特質に一つ加えたにすぎず，その特質を持たねばならなかった根源は問われていなかった。竹内の場合は，もう一段違ったレベルまで掘り下げ，根源に迫ったところに違いがあった。

竹内の次の言葉は印象的である。

「アウシュヴィッツでは，昼の勤務時間中，ユダヤ人をガス室に放り込んで毒殺することに精勤していたナチ党員たちは，夜になると，ユダヤ人たちの皮膚でつくった電気スタンドの笠のもとで，ゆったりとパイプをくゆらせながらモーツァルトの音楽をたのしんでいたという。ユダヤ人虐殺とモーツァルトの音楽と―この二つを不可分のものとしてともに産み出すものこそ，わたしたち人間の文化の本質なのだ」（4頁）。

これが，20世紀が世界の人びとに気づかせた「人間」の現実の姿だった。竹内は人間とは何かを，つまり人間と他の動物とを区別する「文化」とは何かを追究する手法として，他の動物の立場から人間を見るという方法を選んだ。彼はこの方法を「野獣の光学」と呼んでいた。竹内は，同種同士で殺し合いをする人間を他の動物が見たら何というかと問い，動物はおそらく「人間は狂っている」と答えるだろうと考えた。そこから彼は人間を「狂った動物」，すなわちホモ・デメンスと定義した。従来，人間はホモ・サピエンスといわれ，万物の霊長だといわれてきた。アウシュヴィッツは，人間からこのような評価を吹き飛ばしてしまった。21世紀のわれわれは，人間のこの根源的状態を厳しく認識することから出発しなければならない。竹内は，だから人間は，その狂いをおおうような文化という衣を持つようになったのだ，つまりそれが理性を生み出し，作ったり遊んだりさせたりしたのだというのである。

ところで人間に組み込まれている「狂い」は人によってさまざまで，これが人間の個性

の根源でもある。そのような各人によって違いのある狂いや個性を，近代社会をはじめ近代の教育や体育はどのように考えてきていたのだろうか。筆者はこれまでグーツムーツについても論じてきたが，それは彼を近代体育の父として崇め奉るためではなかった。そうではなく彼は科学的，合理的の名のもとに，いかに人間の狂いをなくし，画一化を進めるきっかけを築いていたかを告発するためだった。

［5］「21世紀オリンピズム」構築への助走

　「21世紀オリンピズム」とは，近代社会の中で「死体」と化してしまった人間に，再び「生」を回復させ得る言葉，営みでなければならないと夢想している概念である。体育学もスポーツ科学も，本来「人間の学」であるはずだ。しかし，現在の体育やスポーツの諸活動へ向けられる眼差しは，「棺桶作りの目つき」ではないだろうか。

　その「目つき」の発端となったのはデカルトであったが，彼の少し後に『パンセ』（前田陽一他訳，2004年）の著者であり，その中で「人間は考える葦である」（225頁）という有名な言葉を残しているパスカル（1623-1662）がいた。彼もフランスの哲学者であったが，圧力（気圧）の単位にヘストパスカルという名前を残しているように自然科学者でもあった。彼は『パンセ』において，「私はデカルトが許せない」（56頁），「抽象的な学問が人間には適していない」（103頁）といってデカルトの過ぎた合理主義的で非人間的なことを批判していた。三木清（『パスカルにおける人間の研究』1926年）もパスカルにおけるデカルト批判を紹介し，パスカルが求めた人間像を示していた。それによると，彼は身体を器官や部分に分けて考えるようなことをせず，人間を「絶対に具体的なる現実」（13頁）としてとらえ，総体としての生身の具体的な身体，人間として考えていた。したがって新たな人間の学を構築しようとしている「21世紀オリンピズム」では，パスカルの研究も欠かせないものである。

　われわれの領域では身体のメカニズムを解明し運動学を成立させることはきわめて重要である。その場合でも，現在はデカルトやニュートンの伝統を受け継ぐ科学的で分析的手法を用いるバイオメカニクスが主流である。しかしこの方法に対しては自分の競技者体験からも強い疑問を感じてきた。競技者たちはその成果？　にほとんど関心を示していないからである。つまり「役に立たない」代物なのだ。さらに分析的研究に終始しているので「総体としての生きた人間」への問題が見えてこないからである。

　この欠陥を克服するために，ニュートンの光学に異を唱えて独自の色彩論を展開したゲーテの提唱するモルフォロギー論に少し耳を傾けてみてはどうであろうか。ゲーテは「かたち（モルフェー）を超えていく（メタ）というメタモルフォーゼの基本概念を導入することによって，生きものの基本的器官がその形態を多様に変化させながら，動物の基本構造を形づくり，永遠に生成消滅を繰り返すダイナミックスさを表そうとした」（金子明友『わざの伝承』2002年，180頁）という。筆者はパスカルやゲーテのようなこれまでと違った人間把握に接近しながら，「21世紀オリンピズム」構築の基礎作業の一環として，メタモル

フォーゼ論に立脚した「21世紀スポーツ運動学」構築への試みを学び始めている。

　スポーツ史やスポーツ社会学のような分野においても，これまでの研究が個人を無視して集団として，つまり人間を単に「マス」または「社会」としてしか扱ってこなかったことに反省が向けられねばならない。そのためには，ハートとネグリ（水嶋他訳『〈帝国〉―グローバル化の世界秩序とマルチチュードの可能性―』2003年）の用いた「マルチチュード」という概念が検討に値する。彼らは，啓蒙されることによって死体化したと考えられた「人間」を，この概念を用いながら，何とかよみがえらせようとして，その可能性を探っているからである。

　マルチチュードとは，個が埋没してしまっている群集，大衆，人民ではなく，「多数者が個別性の総体」であることを意味すると定義されている。つまり，従来では集団に埋没していた個や個性が，集団の中でも生かされている集団を考えているようだ。戦後，全体主義（ファシズム的）に対して集団主義（民主的）という概念が教育の世界でも用いられていた。個を埋没させてしまう前者に対して，後者では主体性を持った個の集合体という意味で使っていたと記憶する。「連帯を求めて孤立を恐れず」という懐かしい言葉に，「マルチチュード」へのエネルギーも存在しているのだろうか。

　筆者は学部の卒論以来，ドイツのトゥルネン運動を研究の対象にしてきた。トゥルネンとは19世紀初頭のナポレオンに支配されたドイツ国民の抵抗運動の一つであった。それはヤーン（1778-1852）を中心にしてベルリン郊外で始められた「身体運動を核にした青少年の教育運動」で，ドイツでは今日まで継続的に行われてきた社会体育的スポーツ活動であった。スポーツというと非政治的，非イデオロギー的と考えられがちであるが，「抵抗するスポーツ」が結構存在していた。ドイツのトゥルネンは三月革命（1848年）で弾圧され，多くの労働者トゥルナー（トゥルネンをする人びと）が「48年の人」と呼ばれてアメリカに亡命した。彼らは大挙してリンカーン大統領の奴隷解放運動や南北戦争に加わって抵抗を行っていた。

　また，アジアに欧米スポーツが渡来したとき，日本はかなり好意的にそれを受け入れたが，中国は受け入れに懐疑的だった。中国には古くから民衆の間に武術が存在し，それが今日では日常的な太極拳運動に広がっているが，19世紀半ばの阿片戦争時代には，当時各地に存在していた武術集団が核になってイギリスへの抵抗をしたのである。中国武術を一種の抵抗スポーツと考えることができると思う。このように「21世紀オリンピズム」には「抵抗としてのスポーツ」という項目を入れる必要がある。そこには労働者オリンピック，チェコのソコル運動，さらには部落解放運動の中のピオニール運動，女子オリンピック，そしてアンチ・オリンピック運動まで含ませることができよう。

　最後に「21世紀オリンピズム」に含めるべき大きな課題がある。近年注目され始めた「環境ホルモン」の問題である。村松秀（『環境から身体を見つめる―環境ホルモンと21世紀の日本社会―』2003年）によると，最近環境ホルモンの影響で人間の精子の数がへり，精子の運動能力が低下しているというのである。かなり前には女性の喫煙と受精能力の関係も問

題になっていた。直接は少子化や人口や環境の問題であろうが，人間の生命・身体を問題にするわれわれも無視できない内容である。かつてアドルノが「アウシュビッツのあと詩を書くことは野蛮である」（竹内，前掲書，3頁）といっているそうだが，環境ホルモンや喫煙によって精子の数や精子の運動能力や卵子の受精能力が劣化することを知った今，これまでの調子でスポーツや体育を語ることは可能だろうか。環境問題は CO_2 削減だけではない。これらの問題も含めて「21世紀オリンピズム」が構築されねばならない。

(山本徳郎)

課題

1. 21世紀の体育・スポーツがかかえる諸問題をあげてみなさい。
2. なぜ人びとはオリンピックの復興を成そうとしたのだろうか，その背景を考えてみよう。
3. クーベルタンの思想について論じなさい。
4. ユース五輪とオリンピック憲章について述べなさい。

【参考文献】
1) 日本オリンピック・アカデミー（編）『JOA オリンピック小事典』2016年，メディアパル．
2) マイケル・ペイン著，保科京子・本間恵子訳『オリンピックはなぜ，世界最大のイベントに成長したのか』2008年，トランネット．
3) 清水諭『オリンピック・スタディーズ—複数の経験・複数の政治』2004年，せりか書房．
4) 山本徳郎「わたしと近代の体育・スポーツ—21世紀オリンピズムを求めて」，山本徳郎他監修『多様な身体への目覚め—身体訓練の歴史に学ぶ—』2006年，アイオーエム．
5) 森川貞夫「21世紀のオリンピズムを考える」，山本徳郎（代表）『21世紀オリンピズム構築のための基礎的研究』（科研費報告書，平成18年3月）

column

ネメア競技祭

　古代ギリシアでオリンピア競技祭と同様に四大競技祭の一つに数え上げられていたネメア競技祭が1996年に復興され，それ以降4年ごとに開催されている。カリフォルニア大学の考古学チームがネメアのゼウス神殿と競技場を発掘し終えた後に，記念イベントとして地元の住民と協力して行われることになった。競技種目は競技場を走るスタディオン走（約80m）と競技場の周囲7.5kmを走る長距離走の2種目が行われる。そのほか，文化プログラムとして，舞踊や演奏も行われる。

　古代の姿に近づけるため，競技場内には，スピーカーや広告などがいっさいない。静かな雰囲気で，古代の衣装を着た男女が年齢ごとに裸足で走る。更衣室にはオリーブオイルのつぼが用意されていて，古代さながらの雰囲気である。だれでも参加でき，インターネットでネメア復興競技協会に申し込む。裸足で古代の競技場を走るのは，何とも爽快である。

（真田　久）

復興されたネメアの競技場

選手・審判たちの宣誓

スタディオン走のスタート

オリーブオイルの入ったつぼ（更衣室内）

column
金メダリストになるために

　スポーツの修得には，法則と原理以外に，先駆者が生み出した知恵と工夫がある。その最先端技術をそっくりものまねしてみると，その違いがよくわかり，改善点や妙技が見えてくる。ものまねには価値があり，上達も早いが，修得した技術を維持することが難しく，苦痛と忍耐を伴う。まさに，川の流れの中を泳いで登っているように，少しでも手を抜くとたちまち元の所まで押し流されてしまう。

　身体は鍛えれば強くはなるが，刺激が一定であると向上は止まる。レベルアップには，より強い刺激が必要であり，限界への挑戦という極限環境に自らを追い込み続ける必要がある。この時点が肉体的には最も苦痛で，故障も多く発生し，そのわりに成長が目に見えない。山は頂点に立たないと360度の景色，山の反対側は見せてもらえない。一番と二番，天と地ほどの隔たりがあり，頂点に立てない悔しさがエネルギーを生み出す。

　継続するためには頭の中に，あと少しで達成できると思える情報と悔しさを常に入れ続けること。人は，熱烈な情熱も時間とともに冷め，すぐに忘れてしまう。そこで忘れても思い出させるための仕掛けが必要になる。目標・標語やポスターを常に意識の中に飛び込む場所に貼り，朝夕，声を出して読み上げる。さらに，努力や苦痛の痕跡が一目でわかるように棒グラフに練習量を記入し続ける。また，失敗した時の悔しさを思い起こさせるための言葉やビデオを見ることも効果が高い。勇気や元気のでる音楽や本を読むなど，すべてを日常生活の習慣の中に取り入れ，日々，繰り返し，継続のためのエネルギーを作り続ける必要がある。そのためにも，抽象的な表現や主観的な情報ではなく，具体的でわかりやすく，身近に感じ，心に響く言葉や理論を頭に入れることである。

　速く泳ぐための理論は船と同じで，抵抗の少ない船形，水をつかむスクリューの改良，エンジンのパワーアップに軽量化を図ること。アテネで金メダリストに輝いた柴田亜衣選手は，厳しい練習に耐えただけでなく，身長177cm・体重60kgと参加選手の中で最も軽量化に成功し，掻くための腕の回転動作も世界一速いピッチ泳法，さらに，エネルギー消費の高いわりに推進力に貢献しないキック動作を2キックと，最低限のエネルギー消費に押さえている。金メダルにあと一歩で手が届くところまで，論理的につめていたことがわかる。

　自らの可能性を信じ，執念を燃やし続けて，出場選手全員の実力の差は1％，あとは運しだいと言える。スポーツは運が動く運動会，最後の一歩は，運がないと勝利を手に入れることが難しいだけでなく，みじめな結果も待っている。やっとの思いでオリンピック代表選手に選ばれながら，ちょっとした勘違いで招集時間に遅れ，失格した選手も少なくない。

　どうすれば運のある選手になれるのか。神様を味方につけるには，神様の立場で考えてみると答えが見えてくる。勝利を信じ，時間と労力を惜しむことなく注ぎ込み，命がけで執念を燃やして戦う世界も，神様の立場で考えてみると，自らのために「あなたが好きでやっていることでしょ」となり，支援は受けられないとわかる。まして，神社仏閣を拝み，お布施やジンクスで動くはずもない。

　神様が味方したくなるような選手とは，勝つことだけが目的ではなく，相手に対する配慮や尊敬，人の幸せを心から願い，支援できるような品格を持つ選手ではないだろうか。柴田選手が，人が嫌がった後輩の履いた反吐を，真っ先に清掃している姿を見たことがある。そんな行動がとれる選手だから，金メダルも取れたのではないだろうか。

（田口信教）

column
ドーピングの現状と課題

　ドーピングは古代ギリシャの時代にその起源を有する，スポーツにとって古くからの問題であり，かつ今日に至るまでスポーツの本質に関わる解決すべき重要な問題である。

　国際的には，1960年のローマオリンピック大会の自転車競技において，薬物を大量摂取した選手の死亡事故を契機にIOCはドーピング対策に本格的に着手し，1967年に設立されたIOC医事委員会を中心にアンチ・ドーピングの取り組みがなされてきた。そして，1999年に至り，国際レベルで包括的なアンチ・ドーピングプログラムの調整を目的とする世界アンチ・ドーピング機構（WADA）が設立され，従来各競技連盟，政府等によりまちまちであったアンチ・ドーピング規制の整合化（harmonization）が図られ，国際的な統一基準によりアンチ・ドーピングの活動が推進されている。わが国でも，2000年策定の「スポーツ振興基本計画」において「アンチ・ドーピング活動の推進」が掲げられ，アンチ・ドーピング体制の整備と国際機関との連携強化の促進が盛り込まれた。そして，2001年には日本アンチ・ドーピング機構（JADA）が設立され，文部科学省でも，2007年に「スポーツにおけるドーピング防止のガイドライン」が策定した。

　スポーツにおけるドーピングは，競技者が禁止物質を摂取し，もしくは禁止された方法により自己のパフォーマンスを向上させることである。どのような物質，どのような方法がドーピングとなるかについては，WADAが策定した「世界ドーピング防止規程」に規定されている。それによれば，禁止物質・禁止方法の使用だけでなく，使用を企てることや禁止物質・方法を保有すること，さらにはドーピング検査における検体の採取の拒否や採取の回避もドーピングとなる（同規程1・2条）。

　ドーピングが禁止される理由としては，次のことがあげられている。
①スポーツの基本理念，スポーツ精神に反する。
②選手の健康に有害である。
③社会悪である。

　このようにアンチ・ドーピングの取り組みが国の内外で行われているにもかかわらず，オリンピック・世界選手権などでの有力選手によるドーピング違反事件が後を絶たない状況が続いている。

　このような状況は，現在のドーピング検査の技術では検出できないパフォーマンスを高める新たな薬物の出現とその検出方法の開発という，いわゆる「いたちごっこ」によって助長されている。さらに，将来的には遺伝子ドーピングの検出方法の確立などのアンチ・ドーピング体制の構築も喫緊の課題となっている。

　そのほか，WADAによりアンチ・ドーピング体制の国際的な整合化を推進するためには，各競技によってさまざまな選手寿命を前提として，ドーピングに対する制裁措置の整合化などのように図っていくか，低酸素トレーニングなど，スポーツ科学の成果となる正当な技術をアンチ・ドーピング体制の中でいかに正しく評価するかなど，今後解決すべき課題が残されている。

（森　克己）

参考資料：スポーツと法

1．日本国憲法

第13条（個人の尊重、生命・自由・幸福追求の権利の尊重）
　すべて国民は、個人として尊重される。生命、自由及び幸福追求に対する国民の権利については、公共の福祉に反しない限り、立法その他の国政の上で、最大の尊重を必要とする。

第25条（生存権、国の生存権保障義務）
① すべて国民は、健康で文化的な最低限度の生活を営む権利を有する。
② 国は、すべての生活部面について、社会福祉、社会保障及び公衆衛生の向上及び増進に努めなければならない。

第26条（教育を受ける権利、教育の義務、義務教育の無償）
① すべて国民は、法律の定めるところにより、その能力に応じて、ひとしく教育を受ける権利を有する。
② すべて国民は、法律の定めるところにより、その保護する子女に普通教育を受けさせる義務を負ふ。義務教育は、これを無償とする。

第27条（労働の権利・義務、労働条件の基準、児童酷使の禁止）
① すべて国民は、勤労の権利を有し、義務を負ふ。
② 賃金、就業時間、休息その他の勤労条件に関する基準は、法律でこれを定める。
③ 児童は、これを酷使してはならない。

2．スポーツ基本法（抜粋）

前文
　スポーツは、世界共通の人類の文化である。
　スポーツは、心身の健全な発達、健康及び体力の保持増進、精神的な充足感の獲得、自律心その他の精神の涵養等のために個人又は集団で行われる運動競技その他の身体活動であり、今日、国民が生涯にわたり心身ともに健康で文化的な生活を営む上で不可欠のものとなっている。スポーツを通じて幸福で豊かな生活を営むことは、全ての人々の権利であり、全ての国民がその自発性の下に、各々の関心、適性等に応じて、安全かつ公正な環境の下で日常的にスポーツに親しみ、スポーツを楽しみ、又はスポーツを支える活動に参画することのできる機会が確保されなければならない。
　スポーツは、次代を担う青少年の体力を向上させるとともに、他者を尊重しこれと協同する精神、公正さと規律を尊ぶ態度や克己心を培い、実践的な思考力や判断力を育む等人格の形成に大きな影響を及ぼすものである。
　また、スポーツは、人と人との交流及び地域と地域との交流を促進し、地域の一体感や活力を醸成するものであり、人間関係の希薄化等の問題を抱える地域社会の再生に寄与するものである。さらに、スポーツは、心身の健康の保持増進にも重要な役割を果たすものであり、健康で活力に

満ちた長寿社会の実現に不可欠である。

　スポーツ選手の不断の努力は、人間の可能性の極限を追求する有意義な営みであり、こうした努力に基づく国際競技大会における日本人選手の活躍は、国民に誇りと喜び、夢と感動を与え、国民のスポーツへの関心を高めるものである。これらを通じて、スポーツは、我が国社会に活力を生み出し、国民経済の発展に広く寄与するものである。また、スポーツの国際的な交流や貢献が、国際相互理解を促進し、国際平和に大きく貢献するなど、スポーツは、我が国の国際的地位の向上にも極めて重要な役割を果たすものである。

　そして、地域におけるスポーツを推進する中から優れたスポーツ選手が育まれ、そのスポーツ選手が地域におけるスポーツの推進に寄与することは、スポーツに係る多様な主体の連携と協働による我が国のスポーツの発展を支える好循環をもたらすものである。

　このような国民生活における多面にわたるスポーツの果たす役割の重要性に鑑み、スポーツ立国を実現することは、二十一世紀の我が国の発展のために不可欠な重要課題である。

　ここに、スポーツ立国の実現を目指し、国家戦略として、スポーツに関する施策を総合的かつ計画的に推進するため、この法律を制定する。

第1章　総則
第1条（目的）
　この法律は、スポーツに関し、基本理念を定め、並びに国及び地方公共団体の責務並びにスポーツ団体の努力等を明らかにするとともに、スポーツに関する施策の基本となる事項を定めることにより、スポーツに関する施策を総合的かつ計画的に推進し、もって国民の心身の健全な発達、明るく豊かな国民生活の形成、活力ある社会の実現及び国際社会の調和ある発展に寄与することを目的とする。

第2条（基本理念）
　スポーツは、これを通じて幸福で豊かな生活を営むことが人々の権利であることに鑑み、国民が生涯にわたりあらゆる機会とあらゆる場所において、自主的かつ自律的にその適性及び健康状態に応じて行うことができるようにすることを旨として、推進されなければならない。

② 　スポーツは、とりわけ心身の成長の過程にある青少年のスポーツが、体力を向上させ、公正さと規律を尊ぶ態度や克己心を培う等人格の形成に大きな影響を及ぼすものであり、国民の生涯にわたる健全な心と身体を培い、豊かな人間性を育む基礎となるものであるとの認識の下に、学校、スポーツ団体（スポーツの振興のための事業を行うことを主たる目的とする団体をいう。以下同じ。）、家庭及び地域における活動の相互の連携を図りながら推進されなければならない。

③ 　スポーツは、人々がその居住する地域において、主体的に協働することにより身近に親しむことができるようにするとともに、これを通じて、当該地域における全ての世代の人々の交流が促進され、かつ、地域間の交流の基盤が形成されるものとなるよう推進されなければならない。

④ 　スポーツは、スポーツを行う者の心身の健康の保持増進及び安全の確保が図られるよう推進されなければならない。

⑤ 　スポーツは、障害者が自主的かつ積極的にスポーツを行うことができるよう、障害の種類及び程度に応じ必要な配慮をしつつ推進されなければならない。

⑥ 　スポーツは、我が国のスポーツ選手（プロスポーツの選手を含む。以下同じ。）が国際競技大会（オリンピック競技大会、パラリンピック競技大会その他の国際的な規模のスポーツの競技会をいう。以下同じ。）又は全国的な規模のスポーツの競技会において優秀な成績を収めることができるよう、スポーツに関する競技水準（以下「競技水準」という。）の向上に資する諸施策相互の有機的な連携を図りつつ、効果的に推進されなければならない。

⑦　スポーツは、スポーツに係る国際的な交流及び貢献を推進することにより、国際相互理解の増進及び国際平和に寄与するものとなるよう推進されなければならない。

⑧　スポーツは、スポーツを行う者に対し、不当に差別的取扱いをせず、また、スポーツに関するあらゆる活動を公正かつ適切に実施することを旨として、ドーピングの防止の重要性に対する国民の認識を深めるなど、スポーツに対する国民の幅広い理解及び支援が得られるよう推進されなければならない。

第3条（国の責務）

　国は、前条の基本理念（以下「基本理念」という。）にのっとり、スポーツに関する施策を総合的に策定し、及び実施する責務を有する。

第4条（地方公共団体の責務）

　地方公共団体は、基本理念にのっとり、スポーツに関する施策に関し、国との連携を図りつつ、自主的かつ主体的に、その地域の特性に応じた施策を策定し、及び実施する責務を有する。

第5条（スポーツ団体の努力）

　スポーツ団体は、スポーツの普及及び競技水準の向上に果たすべき重要な役割に鑑み、基本理念にのっとり、スポーツを行う者の権利利益の保護、心身の健康の保持増進及び安全の確保に配慮しつつ、スポーツの推進に主体的に取り組むよう努めるものとする。

②　スポーツ団体は、スポーツの振興のための事業を適正に行うため、その運営の透明性の確保を図るとともに、その事業活動に関し自らが遵守すべき基準を作成するよう努めるものとする。

③　スポーツ団体は、スポーツに関する紛争について、迅速かつ適正な解決に努めるものとする。

第6条（国民の参加及び支援の促進）

　国、地方公共団体及びスポーツ団体は、国民が健やかで明るく豊かな生活を享受することができるよう、スポーツに対する国民の関心と理解を深め、スポーツへの国民の参加及び支援を促進するよう努めなければならない。

第7条（関係者相互の連携及び協働）

　国、独立行政法人、地方公共団体、学校、スポーツ団体及び民間事業者その他の関係者は、基本理念の実現を図るため、相互に連携を図りながら協働するよう努めなければならない。

第8条（法制上の措置等）

　政府は、スポーツに関する施策を実施するため必要な法制上、財政上又は税制上の措置その他の措置を講じなければならない。

第二章　スポーツ基本計画等

第9条（スポーツ基本計画）

　文部科学大臣は、スポーツに関する施策の総合的かつ計画的な推進を図るため、スポーツの推進に関する基本的な計画（以下「スポーツ基本計画」という。）を定めなければならない。

　（②③項省略）

第10条（地方スポーツ推進計画）

　都道府県及び市（特別区を含む。以下同じ。）町村の教育委員会（地方教育行政の組織及び運営に関する法律（昭和三十一年法律第百六十二号）第二十四条の二第一項の条例の定めるところによりその長がスポーツに関する事務（学校における体育に関する事務を除く。）を管理し、及び執行することとされた地方公共団体（以下「特定地方公共団体」という。）にあっては、その長）は、スポーツ基本計画を参酌して、その地方の実情に即したスポーツの推進に関する計画（以下「地方スポーツ推進計画」という。）を定めるよう努めるものとする。（②項省略）

第三章　基本的施策

第一節　スポーツの推進のための基礎的条件の整備等

第11条（指導者等の養成等）
　国及び地方公共団体は、スポーツの指導者その他スポーツの推進に寄与する人材（以下「指導者等」という。）の養成及び資質の向上並びにその活用のため、系統的な養成システムの開発又は利用への支援、研究集会又は講習会（以下「研究集会等」という。）の開催その他の必要な施策を講ずるよう努めなければならない。

第12条（スポーツ施設の整備等）
　国及び地方公共団体は、国民が身近にスポーツに親しむことができるようにするとともに、競技水準の向上を図ることができるよう、スポーツ施設（スポーツの設備を含む。以下同じ。）の整備、利用者の需要に応じたスポーツ施設の運用の改善、スポーツ施設への指導者等の配置その他の必要な施策を講ずるよう努めなければならない。（②項省略）

第13条（学校施設の利用）
　学校教育法（昭和二十二年法律第二十六号）第二条第二項に規定する国立学校及び公立学校の設置者は、その設置する学校の教育に支障のない限り、当該学校のスポーツ施設を一般のスポーツのための利用に供するよう努めなければならない。（②項省略）

第14条（スポーツ事故の防止等）
　国及び地方公共団体は、スポーツ事故その他スポーツによって生じる外傷、障害等の防止及びこれらの軽減に資するため、指導者等の研修、スポーツ施設の整備、スポーツにおける心身の健康の保持増進及び安全の確保に関する知識（スポーツ用具の適切な使用に係る知識を含む。）の普及その他の必要な措置を講ずるよう努めなければならない。

第15条（スポーツに関する紛争の迅速かつ適正な解決）
　国は、スポーツに関する紛争の仲裁又は調停の中立性及び公正性が確保され、スポーツを行う者の権利利益の保護が図られるよう、スポーツに関する紛争の仲裁又は調停を行う機関への支援、仲裁人等の資質の向上、紛争解決手続についてのスポーツ団体の理解の増進その他のスポーツに関する紛争の迅速かつ適正な解決に資するために必要な施策を講ずるものとする。

第16条（スポーツに関する科学的研究の推進等）
　国は、医学、歯学、生理学、心理学、力学等のスポーツに関する諸科学を総合して実際的及び基礎的な研究を推進し、これらの研究の成果を活用してスポーツに関する施策の効果的な推進を図るものとする。この場合において、研究体制の整備、国、独立行政法人、大学、スポーツ団体、民間事業者等の間の連携の強化その他の必要な施策を講ずるものとする。（②項省略）

第17条（学校における体育の充実）
　国及び地方公共団体は、学校における体育が青少年の心身の健全な発達に資するものであり、かつ、スポーツに関する技能及び生涯にわたってスポーツに親しむ態度を養う上で重要な役割を果たすものであることに鑑み、体育に関する指導の充実、体育館、運動場、水泳プール、武道場その他のスポーツ施設の整備、体育に関する教員の資質の向上、地域におけるスポーツの指導者等の活用その他の必要な施策を講ずるよう努めなければならない。（18条省略）

第19条（スポーツに係る国際的な交流及び貢献の推進）
　国及び地方公共団体は、スポーツ選手及び指導者等の派遣及び招へい、スポーツに関する国際団体への人材の派遣、国際競技大会及び国際的な規模のスポーツの研究集会等の開催その他のスポーツに係る国際的な交流及び貢献を推進するために必要な施策を講ずることにより、我が国の競技水準の向上を図るよう努めるとともに、環境の保全に留意しつつ、国際相互理解の増進及び国際平和に寄与するよう努めなければならない。（20条省略）

第二節　多様なスポーツの機会の確保のための環境の整備
第21条（地域におけるスポーツの振興のための事業への支援等）
　国及び地方公共団体は、国民がその興味又は関心に応じて身近にスポーツに親しむことができ

るよう、住民が主体的に運営するスポーツ団体（以下「地域スポーツクラブ」という。）が行う地域におけるスポーツの振興のための事業への支援、住民が安全かつ効果的にスポーツを行うための指導者等の配置、住民が快適にスポーツを行い相互に交流を深めることができるスポーツ施設の整備その他の必要な施策を講ずるよう努めなければならない。（22・23・24条省略）

第三節　競技水準の向上等
第25条（優秀なスポーツ選手の育成等）
　国は、優秀なスポーツ選手を確保し、及び育成するため、スポーツ団体が行う合宿、国際競技大会又は全国的な規模のスポーツの競技会へのスポーツ選手及び指導者等の派遣、優れた資質を有する青少年に対する指導その他の活動への支援、スポーツ選手の競技技術の向上及びその効果の十分な発揮を図る上で必要な環境の整備その他の必要な施策を講ずるものとする。（②項省略）
　（26条省略）
第27条（国際競技大会の招致又は開催の支援等）
　国は、国際競技大会の我が国への招致又はその開催が円滑になされるよう、環境の保全に留意しつつ、そのための社会的気運の醸成、当該招致又は開催に必要な資金の確保、国際競技大会に参加する外国人の受入れ等に必要な特別の措置を講ずるものとする。（②項省略）（28条省略）
第29条（ドーピング防止活動の推進）
　国は、スポーツにおけるドーピングの防止に関する国際規約に従ってドーピングの防止活動を実施するため、公益財団法人日本アンチ・ドーピング機構（平成十三年九月十六日に財団法人日本アンチ・ドーピング機構という名称で設立された法人をいう。）と連携を図りつつ、ドーピングの検査、ドーピングの防止に関する教育及び啓発その他のドーピングの防止活動の実施に係る体制の整備、国際的なドーピングの防止に関する機関等への支援その他の必要な施策を講ずるものとする。

第四章　スポーツの推進に係る体制の整備
第30条（スポーツ推進会議）
　政府は、スポーツに関する施策の総合的、一体的かつ効果的な推進を図るため、スポーツ推進会議を設け、文部科学省及び厚生労働省、経済産業省、国土交通省その他の関係行政機関相互の連絡調整を行うものとする。（31条省略）
第32条（スポーツ推進委員）
　市町村の教育委員会（特定地方公共団体にあっては、その長）は、当該市町村におけるスポーツの推進に係る体制の整備を図るため、社会的信望があり、スポーツに関する深い関心と理解を有し、及び次項に規定する職務を行うのに必要な熱意と能力を有する者の中から、スポーツ推進委員を委嘱するものとする。
②　スポーツ推進委員は、当該市町村におけるスポーツの推進のため、教育委員会規則（特定地方公共団体にあっては、地方公共団体の規則）の定めるところにより、スポーツの推進のための事業の実施に係る連絡調整並びに住民に対するスポーツの実技の指導その他スポーツに関する指導及び助言を行うものとする。
③　スポーツ推進委員は、非常勤とする。

第五章　国の補助等
第33条（国の補助）
　国は、地方公共団体に対し、予算の範囲内において、政令で定めるところにより、次に掲げる経費について、その一部を補助する。
　一　国民体育大会及び全国障害者スポーツ大会の実施及び運営に要する経費であって、これら

の開催地の都道府県において要するもの
　二　その他スポーツの推進のために地方公共団体が行う事業に要する経費であって特に必要と認められるもの（②③項省略）（34・35条省略）

附則
第2条（スポーツに関する施策を総合的に推進するための行政組織の在り方の検討）
　政府は、スポーツに関する施策を総合的に推進するため、スポーツ庁及びスポーツに関する審議会等の設置等行政組織の在り方について、政府の行政改革の基本方針との整合性に配慮して検討を加え、その結果に基づいて必要な措置を講ずるものとする。（以下省略）

3．健康増進法

第1条（目的）
　この法律は、我が国における急速な高齢化の進展及び疾病構造の変化に伴い、国民の健康の増進の重要性が著しく増大していることにかんがみ、国民の健康の増進の総合的な推進に関し基本的な事項を定めるとともに、国民の栄養の改善その他の国民の健康の増進を図るための措置を講じ、もって国民保健の向上を図ることを目的とする。

第2条（国民の責務）
　国民は、健康な生活習慣の重要性に対する関心と理解を深め、生涯にわたって、自らの健康状態を自覚するとともに、健康の増進に努めなければならない。

第3条（国及び地方公共団体の責務）
　国及び地方公共団体は、教育活動及び広報活動を通じた健康の増進に関する正しい知識の普及、健康の増進に関する情報の収集、整理、分析及び提供並びに研究の推進並びに健康の増進に係る人材の養成及び資質の向上を図るとともに、健康増進事業実施者その他の関係者に対し、必要な技術的援助を与えることに努めなければならない。

第4条（健康増進事業実施者の責務）
　健康増進事業実施者は、健康教育、健康相談その他国民の健康の増進のために必要な事業（以下「健康増進事業」という。）を積極的に推進するよう努めなければならない。

第5条（関係者の協力）
　国、都道府県、市町村（特別区を含む。以下同じ。）、健康増進事業実施者、医療機関その他の関係者は、国民の健康の増進の総合的な推進を図るため、相互に連携を図りながら協力するよう努めなければならない。

4．スポーツ振興基本計画（抄）

Ⅱ　スポーツ振興施策の展開方策
2．生涯スポーツ社会の実現に向けた、地域におけるスポーツ環境の整備充実方策
B．政策目標達成のための基盤的施策

　誰もがスポーツに親しむことのできる生涯スポーツ社会を21世紀の早期に実現するための基盤的施策として、各主体がその役割に応じ、スポーツ指導者の養成・確保・活用、スポーツ施設の充実、地域における的確なスポーツ情報の提供体制の整備、住民のニーズに即応した地域スポーツを推進する。
　また、生涯スポーツ社会の実現のためには、学校において、体育の授業や運動部活動等を通じ、児童生徒がスポーツに親しみ、その楽しさや喜びを味わう機会を確保することが極めて重要であり、その充実を図る必要があるが、具体的施策については、「1．スポーツの振興を通じた子ども

の体力の向上方策」に記載されている。
（中略）
(4) 住民のニーズに即応した地域スポーツの推進
　③今後の具体的施策展開

　　総合型地域スポーツクラブの全国展開に向けて、国と都道府県、市区町村のスポーツ振興を担当する部局相互間の連携・協力を推進する。さらに、それぞれのスポーツ振興部局においては、社会福祉・健康づくりやまちづくり等のスポーツ活動に資する施策を行う関係部局との連携・協力を図り、総合的・効率的なスポーツ行政を推進する。

　　また、総合型地域スポーツクラブの全国展開を効果的に推進するためには、住民にとって最も身近な行政主体である市区町村の役割は特に大きい。このため、市区町村においては、次の事項にも留意しつつ、スポーツ行政の見直しを図ることが期待される。

　㋐　総合型地域スポーツクラブの育成計画を盛り込んだ、市区町村のスポーツ振興計画を策定・改定すること。
　㋑　イベント中心に陥りがちなスポーツ行政ではなく、住民に対するスポーツ行政への定期的な需要調査の実施等を通じて、変化する住民ニーズを適時適切に把握し、総合型地域スポーツクラブの育成等のように、地域住民自らが主体的に取り組むスポーツ活動への支援を推進する方向へ行政の重点を移行すること。
　㋒　地域のニーズを反映した行政を推進するためにも、住民と行政の調整役としての役割が期待される体育指導委員の資質の向上及び積極的活用を図ること。
　㋓　総合型地域スポーツクラブの活動を促進するため、指導者の養成・確保・活用や施設の充実、活動の機会の場の提供等の環境整備を行うこと。

　　さらに、スポーツは全ての人が平等に参加できるものであるという理念を踏まえ、地域住民が、障害の有無にかかわらずスポーツ活動に参加できる機会を確保することに努める。また、障害者のスポーツニーズが多様化していることを踏まえ、スポーツ振興部局、福祉関係部局、スポーツ団体や障害者スポーツ団体等の関係団体が連携した障害者スポーツの取組を推進する。

　　また、女性がスポーツに参加しやすい環境づくりのために、関係機関やスポーツ団体がネットワークを形成することを推進する。

　　あわせて、総合型地域スポーツクラブ等が行う女性、高齢者、障害者等がスポーツに参加しやすい環境づくりに関する取組を推進する。

5．教育基本法

第1条（教育の目的）
　教育は、人格の完成を目指し、平和で民主的な国家及び社会の形成者として必要な資質を備えた心身ともに健康な国民の育成を期して行われなければならない。

第2条（教育の目標）
　教育は、その目的を実現するため、学問の自由を尊重しつつ、次に掲げる目標を達成するよう行われるものとする。
一　幅広い知識と教養を身に付け、真理を求める態度を養い、豊かな情操と道徳心を培うとともに健やかな身体を養うこと。
二　個人の価値を尊重して、その能力を伸ばし、創造性を培い、自主及び自律の精神を養うとともに、職業及び生活との関連を重視し、勤労を重んずる態度を養うこと。
三　正義と責任、男女の平等、自他の敬愛と協力を重んずるとともに、公共の精神に基づき、主体的に社会の形成に参画し、その発展に寄与する態度を養うこと。

四　生命を尊び、自然を大切にし、環境の保全に寄与する態度を養うこと。
五　伝統と文化を尊重し、それらをはぐくんできた我が国と郷土を愛するとともに、他国を尊重し、国際社会の平和と発展に寄与する態度を養うこと。

第3条（生涯学習の理念）
　国民一人一人が、自己の人格を磨き、豊かな人生を送ることができるよう、その生涯にわたって、あらゆる機会に、あらゆる場所において学習することができ、その成果を適切に生かすことのできる社会の実現が図られなければならない。

第12条（社会教育）
1　個人の要望や社会の要請にこたえ、社会において行われる教育は、国及び地方公共団体によって奨励されなければならない。
2　国及び地方公共団体は、図書館、博物館、公民館その他の社会教育施設の設置、学校の施設の利用、学習の機会及び情報の提供その他の適当な方法によって社会教育の振興に努めなければならない。

6．学校教育法

第2章　義務教育
第21条（教育の目標）
　義務教育として行われる普通教育は、教育基本法（平成18年法律第120号）第5条第2項に規定する目的を実現するため、次に掲げる目標を達成するよう行われるものとする。
一　学校内外における社会的活動を促進し、自主、自律及び協同の精神、規範意識、公正な判断力並びに公共の精神に基づき主体的に社会の形成に参画し、その発展に寄与する態度を養うこと。
二　学校内外における自然体験活動を促進し、生命及び自然を尊重する精神並びに環境の保全に寄与する態度を養うこと。
三　我が国と郷土の現状と歴史について、正しい理解に導き、伝統と文化を尊重し、それらをはぐくんできた我が国と郷土を愛する態度を養うとともに、進んで外国の文化の理解を通じて、他国を尊重し、国際社会の平和と発展に寄与する態度を養うこと。
四　家族と家庭の役割、生活に必要な衣、食、住、情報、産業その他の事項について基礎的な理解と技能を養うこと。
五　読書に親しませ、生活に必要な国語を正しく理解し、使用する基礎的な能力を養うこと。
六　生活に必要な数量的な関係を正しく理解し、処理する基礎的な能力を養うこと。
七　生活にかかわる自然現象について、観察及び実験を通じて、科学的に理解し、処理する基礎的な能力を養うこと。
八　健康、安全で幸福な生活のために必要な習慣を養うとともに、運動を通じて体力を養い、心身の調和的発達を図ること。
九　生活を明るく豊かにする音楽、美術、文芸その他の芸術について基礎的な理解と技能を養うこと。
十　職業についての基礎的な知識と技能、勤労を重んずる態度及び個性に応じて将来の進路を選択する能力を養うこと。

7．刑　法

第35条（正当行為）
　法令又は正当な業務による行為は、罰しない。

8．みんなのスポーツ憲章（抄）

第１条　すべての個人は、スポーツに参加する権利をもつ。
第２条　スポーツの振興は、人間性を発展させるひとつの重要な要素として奨励されるべきであり、これのための援助は、公的財源からの支出をもってなされなければならない。

9　体育およびスポーツに関する国際憲章（抄）

第１条　体育・スポーツの実践はすべての人にとって基本的権利である。

１・１
　　すべて人間は、人格の全面的発達にとって不可欠な体育・スポーツへのアクセスの基本的権利をもっている。体育・スポーツを通じて肉体的、知的、道徳的能力を発達させる自由は、教育体系および社会生活の他の側面においても保障されなければならない。

１・２
　　すべて人は、自己の身体的適応性を発達させ能力に応じたスポーツ水準を達成するよう、自国のスポーツの伝統に従って体育・スポーツを実践する十分な機会をもたなければならない。

１・３
　　学齢前児童を含む若い人々、高齢者、身体障害者に対して、その要求に合致した体育・スポーツのプログラムにより、その人格を全面的に発達させるための特別の機会が利用可能とされなければならない。

第４条　体育・スポーツの教授、コーチおよび行政は、有資格者によって行われるべきである。

４・１
　　体育・スポーツに専門的な責任を負うすべての人は、適切な資格と訓練を必要とする。彼らは多数の中から慎重に選ばれ、十分な専門的レベルに到達することを確保するよう初歩的および高度な訓練を与えられなければならない。

４・２
　　適切な訓練と指導を受けたボランティアの人々は、スポーツの総合的な発展に非常に貴重な貢献をし、住民が体育・スポーツ活動の実践と組織に参加するのを奨励することができる。

４・３
　　体育・スポーツのための指導者を訓練するための適切な組織が設置されなければならない。かかる訓練を受けた者は、その遂行している任務にふさわしい地位が与えられなければならない。

第５条　十分な施設と設備は体育・スポーツに不可欠である。

５・１
　　学校内および学校外双方の体育・スポーツに関係するプログラムへの密度濃くかつ安全な参加というニーズに合致するように、適切で十分な施設が供給され、設置されなければならない。

５・２
　　あらゆる段階の政府、公当局、学校および適当な私的機関は、協力し、ともに計画して、体育・スポーツの施設、設備、用具を提供し、最適な条件で利用できるようにする義務がある。

５・３
　　自然環境によって与えられた機会を考慮しながら、農村や都市の開発計画は体育・スポーツの施設、設備、用具に関する長期的ニーズへの対策を含むことが必須である。

10. 新ヨーロッパスポーツ憲章（抄）

(出典：池田勝『体協時報』1993年2月号)

第1条　憲章の目的

各国政府は、スポーツの振興が人間の発達に重要な要因であるとみなし、「スポーツ倫理綱領」で宣言された諸原則に従って、次に示した目的を達成するために、本憲章の条項を適用するための必要な措置を講ずる。

i　個人はだれしもスポーツに参加することができる。

とくに

a. すべての青少年が体育の指導を受ける機会と、スポーツの基礎技術を修得する機会を保証する。

b. だれもが安全かつ健康な環境のもとで、スポーツおよび身体レクリエーション活動に参加する機会を保証する。

さらに、適切なスポーツ機関と協力して、

c. スポーツに興味と能力をもつ者はだれでも、個人の定めた到達水準、あるいはまた一般に認められた高度な水準にまで究める機会を保証する。

ii　スポーツおよびスポーツ選手を、政治、商業、金銭上の弊害から守り、薬物乱用などスポーツ界の不正かつ品位を低下させる風潮を抑えることによって、スポーツの道徳的倫理的基盤とスポーツに関与する人びととの尊厳と安全を守り、高めていく。

第3条　スポーツ振興活動

1　公共機関はスポーツ振興活動を支援していくことにその主要な役割を担っている。したがって、本憲章の目的を遂行するために、スポーツの振興と協同のために必要な機構の設置など、非政府機関のスポーツ団体との密接な協力が不可欠である。

2　民間スポーツ団体の活動をとくに支援することにより、ボランティア精神と運動の促進が奨励される。

3　民間スポーツ団体は、法の下での主体的な意志決定過程を確立する権利を有する。政府およびスポーツ団体は、それぞれの決定に対して相互に敬意を払うことを認める。

4　本憲章の条項のいくつかの履行は、政府もしくは非政府のスポーツ機関・団体にその任務が委ねられる。

5　各スポーツ団体が、スポーツおよびスポーツ選手に対する弊害を避けることを保証すると共に、スポーツ団体間相互の、あるいは、スポンサーやマスコミなどの潜在的パートナーとの相互利益をもたらす協力関係を確立することを、奨励すべきである。

第12条　財源

本憲章の目標および目的を遂行するために、公共基金（中央、州（県）、市町村レベルでの）からの適切な支援と財源が必要とされる。スポーツに対する公共ならびに民間の両面から財政援助が奨励される。これには将来の発展に必要なスポーツ部門それ自体による財源の創出も含まれる。

さくいん

アルファベット順

Athletic sports 31
deportare 24
development 142
game 24
health 17
HQOL 3
IOC 122
PHV: Peak Hight Velocity 150
QOL（Quality of Life） 3, 154
sport 24, 27, 28, 30

五十音順

■あ行

アスリート 58
アスリートの心理 55
アスレティシズム（運動競技礼賛） 27, 56
アスレティックトレーナ 137
アダプテッドスポーツ 164
アマチュア 27, 37, 199
アマチュア思想 56
アマチュアリズム 37, 40
アメリカ 84
アリストテレス 15
合気道 176
阿波騎馬打毬 183
イギリス・オリンピア協会 27
イートン校 27
イーリアス 58
生きる力 104
一校一国運動 200
ウィルソン 87
動きのイメージ 4
運動 131
運動栄養介入群 157
運動会 89
運動介入群 157
運動教育 14
運動文化 49
エクササイズ 1, 158
エネルギー的 132
エミール 70

オーバーユース症候群 151
オスグッド病 150
オモ・グルッペ 59
オリンピア競技祭 188, 194
オリンピック 193
オリンピック教育 199
オリンピック精神 197
オリンピックの復興 196
オリンピック復興会議 196
オリンピック・ベルリン 47
オリンピックムーブメント 43, 193, 198
横断的データ 145

■か行

カイヨワ 49, 99
カント 204
開成学校 87
外発的動機 60
科学 1
科学的指導 4
科学的指導法 5
格技 174
学制 76, 86
学校教育法 218
学校スポーツ 37
学校体育 10
学校体育研究同志会 49
学校体育指導要綱 102
学校体操教授要目 80
嘉納治五郎 130, 173, 198
空手道 175
ギムナステーキー 20
ギュムナスティケー 15
紀井長左衛門 192
騎士道精神 41
木下秀明 21
客観的競争 62
弓道 174
教育 18
教育可能性 47
教育基本法 102, 217
教育使節団 84
教科スポーツ 18
教養スポーツ 2
競技者 58
競技スポーツ 2, 28

競技成績 136
競技道 38
競技力 136
競争 55, 58, 60
競争性 61
競闘遊戯 89
協同 58
儀礼 188
近代 67
近代オリンピック 193, 196
近代化 67
近代スポーツ 30, 51, 55, 56, 68
近代武道 173
筋肉的キリスト教 40
グーツムーツ 15, 70, 204
クーベルタン 27, 39, 44, 195, 196, 197
グットマン卿 160
クラス分け（障害区分） 163
クリケット競技 51
車椅子マラソン 163
ゲーテ 206
ケーニヒ 69
軽体操 77, 88
刑法 219
蹴鞠 178
健康 17
健康スポーツ 2
健康増進法 126, 216
コックス 36
ゴールデン・プラン 28, 111
抗重力運動 157
講道館柔道 173
行動体力 132
工部大学校 86
高齢者 8
高齢者スポーツ 159
国際市民スポーツ連盟（IVV） 160
国際仲裁裁判所 119
国際パラリンピック委員会（IPC） 161
国際理解教育 201
国民学校令 82
国民体育大会 29
国立教員養成大学 95
国立体育大学 95
郷中 176

郷中教育 176
古代オリンピック 193
古典的教養 41
骨刺激 156
骨粗鬆症予防教室 156
骨年齢 6
後鳥羽上皇 192
子ども法 130
娯楽 25

■さ行

サイバネティックス的体力 134
サッカー 27, 57
サッカーくじ 125
サトー 30
札幌農学校 87
三育主義 16
産業革命 56
しない競技 174
ジェントルマン 25
ジェントルマン・アマチュア 27
ジョンソン 36
ジョン・ロック 15
視覚障害 163
視覚障害者 162
自己概念（認知）の形成 64
自由教育 41
自由主義体育 81
思春期（puberty） 141
思春期スパート 142
肢体障害 163
児童活動主義（児童中心主義） 99
柴田亜衣 210
市民社会 68
銃剣道 176
集団の健康 17
柔道 198
主観的運動強度 5
主観的競争 62
傷害 148
障害者スポーツ 164
生涯スポーツ 28
小児病 52
女子体育 104
人格陶冶 26
進化論 57
心・技・体 137
神経系曲線 142
身体 18, 67, 68
身体運動 1
身体活動 158
身体機械論 67

身体教育 10, 22
身体障害 163
身体鍛練 176
身体の教育 13
新体操 101
新体力テスト 148
新ヨーロッパスポーツ憲章 1, 122, 220
心理・精神的体力 135
スウェーデン体操 79, 81
スキャモンの発育曲線 142, 143
スキル 134
ストーク・マンデビル競技大会 160
ストレンジ 28, 87
スペンサー 16
スポーツ 1, 9, 18, 23, 31, 45, 120
スポーツマンシップ 36, 37
スポーツ外傷（sports injury） 150
スポーツカウンセリング 138
スポーツ科学 10
スポーツ科学者 11
スポーツ基本法 118, 125, 127
スポーツ教養 11
スポーツ権 121
スポーツコーチ学 11
スポーツ国際法 121
スポーツ国家法 121
スポーツ固有法 121
スポーツ自然科学 11
スポーツ実践科学 11
スポーツ指導者 10
スポーツ障害（sports disorder） 150
スポーツ少年団 29
スポーツ振興基本計画 29, 116, 216
スポーツ振興法 115, 125
スポーツ人文・社会科学 11
スポーツ政策者 11
スポーツに関する教育 14
スポーツの中の教育 14
スポーツ・フォー・オール運動 111
スポーツ法学 120
スポーツマン 35
スポーツマンシップ 27, 38
スポーツ立国戦略 117
スポーツ倫理綱領 29
スポーツを通しての教育 14
スマイルズ 16
スランプ 146
生活の質 3

生活フィットネス 11
生殖型曲線 142
聖火リレー 197
成熟 142
成熟度 6
成長ホルモン 7
正常加齢 155
青少年期（adolescence） 141
性徴 142
世界ドーピング防止規程 211
世界保健機関 154
全国体力テスト 147
ソーシャルダーウィニズム 56, 57
総合型地域スポーツクラブ 29
総合体力 131, 132
創作ダンス 103
測定的事実 71
速筋線維 133

■た行

ダーウィン 57
ダンカン 102
ダンス 100
体育 9, 13, 16, 17, 18, 19, 21, 22
体育およびスポーツに関する国際憲章 219
体育科 19, 20, 83
体育学 10, 30
体育教師 105
体育教師養成 91
体育授業 18
体術 19, 20
体操 19, 20
体操科 82
体操大演習会 90
体操伝習所 22, 76, 88, 91
大日本体育協会 22
体力 132, 136
体力・運動能力 145
体力・運動能力調査 143
体力テスト 147
体練 20
体錬科 20, 82
第二次性徴 142
打毬 180
打球戯 180
武田千代三郎 38
多田道太郎 50
達成 56
チーム・スピリット 42, 43
チャイルド・プロテクション 130

チャールズ・キングズリ 40
知育・徳育・体育 16
遅筋線維 133
聴覚障害 163
デカルト 67, 204
転倒 155
伝統スポーツ 169, 178
伝統武道 169
トゥルネン（Turnen）**20**
ドーピング 57, 137, 211
ドーピング検査 167
トップアスリート 10
トム・ブラウンの学校生活 40
トリム運動 28
動機づけ 60
東京師範学校 88
東京大学 87
東京大学予備門 88

■な行

なぎなた **174**
ナーダム 188
ナチ・オリンピック 47
内臓脂肪型肥満 158
内発的動機づけ 60
21世紀オリンピズム **202**
日本ウオーキング協会 159
日本オリンピック委員会 29
日本国憲法 124, 213
日本スポーツ仲裁機構 119
日本体育協会 29
ノーブレス・オブリージ 57

■は行

パーソナリティ特性 62
パブリック・スクール 26, 56
ハマ投げ 181
パラリンピック 160
バルザック 69
ハンス・レンク 59
パンセ 206
ハンディキャップ 56, 165

発育 (growth) 141, 142
発育期 6, 141
発育速度 145
発育速度曲線 150
発達 142
破魔投げ保存会 182
ピエール・ド・クーベルタン 27, 39, 44, 195, 196, 197
ヒポクラテス 15
ヒューマニズム 37
ヒューマンムーブメント 14
表現 103
フェアプレイ 29, 37, 42
フォークダンス 103
フーコー 69
フットボール 27
プラトン 14
プレイ 45, 46
プレイ・ザ・ゲーム 42
プレイ論 49
フレーベル 99
プロフェッショナル 37
武士道 39
武術 170
武道 169
武道精神 199
舞踊 102
舞踊教育 99
俘虜（捕虜）185, 186
俘虜収容所 186
ヘアウッド 36
ペスタロッチ 15, 99
ベルナール・ジレ 23
兵式体操 78
ホイジンガ 45, 99
ホメーロス 58
ホモ・サピエンス 46
ホモ・デメンス 205
ホモ・ファーベル 46
ホモ・ルーデンス 45, 99
防衛体力 132
封建社会 68

方法序説 71
保健 17
保健体育 17
保健体育審議会 29
歩兵操練科 77

■ま行

マッキントッシュ 42
マラソン 197
マルクス 50, 69
マレー 16
みんなのスポーツ 28
みんなのスポーツ憲章 121, 219
民衆スポーツ 25, 26
民族の祭典 197
メタボリックシンドローム 158
メッツ 158
メンタルトレーニング 138
燃え尽き症候群 152
森有礼 78

■や行

柳田国男 191
ユネスコ 28, 122
遊戯 28, 46
遊戯会 87, 89
遊戯論 45
余暇スポーツ 37

■ら行

ラグビー 27
ラバン 102
リーランド 76, 88
リハビリテーション 161
リンパ型曲線 142
倫理綱領 37
ルソー 15, 99
暦年齢 6
連合国最高司令官総司令部
　　　（GHQ）84, 174

■編著者

福永 哲夫（元鹿屋体育大学学長，教育学博士）
山田 理恵（鹿屋体育大学教授，博士〈体育学〉）
西薗 秀嗣（九州産業大学教授，教育学博士）

■著者

阿部 生雄（筑波大学名誉教授，博士〈教育学〉）
大熊 廣明（筑波大学名誉教授）
掛水 通子（東京女子体育大学教授，博士〈体育学〉）
川西 正志（鹿屋体育大学教授）
木村 吉次（中京大学名誉教授）
桜井 伸二（中京大学教授，教育学博士）
真田 久（筑波大学教授，博士〈人間科学〉）
瀬田 豊文（元鹿屋体育大学講師）
曽我 芳枝（東京女子大学教授）
田口 信教（鹿屋体育大学名誉教授）
中村 勇（鹿屋体育大学講師）
中本 浩揮（鹿屋体育大学准教授，博士〈体育学〉）
藤坂 由美子（鹿屋体育大学講師，博士〈学術〉）
森 克己（鹿屋体育大学教授）
森 司郎（鹿屋体育大学教授，博士〈医学〉）
山本 徳郎（奈良女子大学名誉教授）
渡辺 融（東京大学名誉教授）

（五十音順）

体育・スポーツ科学概論—体育・スポーツの新たな価値を創造する—
ⓒ Fukunaga Tetsuo, Yamada Rie, Nishizono Hidetsugu 2011　　NDC 375/ 4, 223p/26cm

初版第1刷発行 — 2011年4月1日
初版第2刷発行 — 2017年9月1日

編著者 ——— 福永哲夫・山田理恵・西薗秀嗣
発行者 ——— 鈴木一行
発行所 ——— 株式会社 大修館書店
〒113-8541　東京都文京区湯島2-1-1
電話 03-3868-2651（販売部）　03-3868-2299（編集部）
振替 00190-7-40504
［出版情報］ http://www.taishukan.co.jp

編集DTP ——— 和田義智
装丁デザイン ——— 倉田早由美（サンビジネス）
印刷所 ——— 壮光舎印刷株式会社
製本所 ——— ブロケード

ISBN978-4-469-26714-3　　Printed in Japan

Ⓡ 本書のコピー，スキャン，デジタル化等の無断複製は著作権法上での例外を除き禁じられています。本書を代行業者等の第三者に依頼してスキャンやデジタル化することは，たとえ個人や家庭内での利用であっても著作権法上認められておりません。

	年　　月　　日（　　）		時限	
授 業 科 目	担 当 教 員			氏　　　　名

付録①

付録②

授　業　科　目	担　当　教　員			氏　　　　名

年　　月　　日（　　）　　　　時限

付録③

付録④

	年　月　日（　）		時限	
授　業　科　目	担　当　教　員			氏　　　　　名

付録⑤

付録⑥

	年　月　日（　）　　　　時限			
授　業　科　目	担　当　教　員		氏　　　名	

付録⑦

授業科目	担当教員	年　月　日（　）　　時限	氏　　　名

付録⑨